中國學術思想 研究輯刊

三一編

林慶彰 主編

第 7 冊

《孟子》「志氣論」的道德哲學

林怡玲 著

花木蘭文化事業有限公司

國家圖書館出版品預行編目資料

《孟子》「志氣論」的道德哲學／林怡玲 著 — 初版 — 新北市：
花木蘭文化事業有限公司，2020〔民 109〕
目 4+196 面；19×26 公分
（中國學術思想研究輯刊 三一編：第 7 冊）
ISBN 978-986-485-997-9（精裝）
1. 孟子 2. 研究考訂
030.8   109000232

ISBN-978-986-485-997-9

9 789864 859979

中國學術思想研究輯刊
三一編 第 七 冊   ISBN：978-986-485-997-9

《孟子》「志氣論」的道德哲學

作   者　林怡玲
主   編　林慶彰
總 編 輯　杜潔祥
副總編輯　楊嘉樂
編   輯　許郁翎、張雅淋　美術編輯　陳逸婷
出   版　花木蘭文化事業有限公司
發 行 人　高小娟
聯絡地址　235 新北市中和區中安街七二號十三樓
　　　　　電話：02-2923-1455 ／傳眞：02-2923-1452
網   址　http://www.huamulan.tw 信箱 hml 810518@gmail.com
印   刷　普羅文化出版廣告事業
封面設計　劉開工作室
初   版　2020 年 3 月
全書字數　171252 字
定   價　三一編 25 冊（精裝）新台幣 50,000 元

《孟子》「志氣論」的道德哲學

林怡玲 著

作者簡介

林怡玲，輔仁大學哲學博士。任高職國文教師近三十年，教職退休隨即進入輔仁大學哲學系博士班就讀。任教期間，有感於學校落實生命教育的重要性，有志於退休歲月，專注中西哲學的學習與思考，期望以自身實際教學經驗爲基礎，關懷全民生命教育應有的發展方向。全民生命教育相關資料的匯集與寫作，則是個人退休後的生涯規劃，也是持續做社會貢獻的安身立命之處。

提　要

　　《孟子》「志氣論」，是《孟子》的道德哲學，也是《孟子》的生命哲學。「志壹則動氣，氣壹則動志也。」（《孟子・公孫丑上 2》）是孟子談身心問題的核心概念，是生命發展的哲學。「行有不慊於心，則餒矣。」（《孟子・公孫丑上 2》）闡明「道德實踐」的關鍵性，與「道德內在」的決定性。「道德」必須發自內心，才能具有眞正的價值，「道德」必須眞誠實踐，才能發揮眞正的意義。「存養擴充」、「盡心知性」、「求其放心」都是《孟子》的道德實踐工夫，透過努力，生命狀態可以不斷提升，最終而「達之於其所忍」，成爲「安於仁心」、「不愧不怍」的君子，這是《孟子》生命幸福的哲學。《孟子》「志氣論」，將「道德」與「幸福」無縫接軌，緊密地聯繫起來。《孟子》「志氣論」，以「悅」做爲道德產生，開啓生命幸福能量的金鑰匙，這是《孟子》「志氣論」的「悅樂」內涵。當「浩然之氣」產生，則生命中蘊含豐富的內在道德，將被完整地由內而外在生命中表達與運用，這是《孟子》「志氣論」的「形色」內涵。「悅樂」是對於內在的開發，「形色」是對於外在的呈顯，這是道德生命的一個創造過程，是《孟子》「志氣論」的「創生」內涵。「實踐」與「內涵」構成完整的《孟子》「志氣論」理論架構，可以「德心」→「德行」→「德性」的進程來表述。

目次

第一章　緒　論

第一節　研究動機與目的

　　本篇論文的寫作動機首先在做爲筆者個人「人生價值觀」的一種現階段總結，同時希望這個觀念的總結，可以做爲對於兩個女兒「家庭教育」價值觀的一種傳承。再者，對於一個任教近三十年的高中教師，這篇論文也相當程度地代表著個人對於學校教育的理念，有人將「生命教育」表述爲「用生命影響生命」，那麼，《孟子》「志氣論」的學習總結，就是筆者個人對於學校生命教育題材的一種思考。另外，作爲一個教育工作者和社會的一員，筆者退休後的生涯規劃，有志致力於學習有關「道德」與人類幸福提升的相關問題，期許自己在「道德實踐」上能有所精進，也期望能恰如其分地做自己力所能及的「道德」推廣工作。再者，做爲學術研究的著作，本篇論文的目標，專注於中國古代哲學「立志」的重要課題，將做爲自身持續努力的學術研究方向。哲學需要成爲一種可以運用的活動，落實於生命之中，才能展現其眞正的價值，這是本篇論文寫作，將做爲持續努力學習的目標。

一、作爲人生價值觀的表述

　　選擇《孟子》做爲博士論文研究主題，其中一個重要的因素，在於筆者選擇了《孟子》的「心性論」做爲個人「人生價值觀」的重要學習依據。中國哲學中的「心性論」，經常涉及探討關於人的存在和價值的問題。〔註 1〕

〔註 1〕　蒙培元，《中國心性論》，臺北：台灣學生書局，1996 年，頁 1。蒙培元説：「中國心性論，既是本體論，又是價值論；同時還包括許多認識論和心理學問題。

《孟子》的「心性論」與筆者個人的價值認知相符。孟子曰：「人之所以異於禽獸者幾希，庶民去之，君子存之。」（《孟子‧離婁下 47》）孟子所謂「性」者，指的是人之所以異於禽獸的人之所以爲人的「特性」，君子會努力將其在生命中存之。孟子曰：「由是觀之，無惻隱之心，非人也；無羞惡之心，非人也；無辭讓之心，非人也；無是非之心，非人也。」（《孟子‧公孫丑上 6》）人之所以爲人的「特性」就是「惻隱之心、羞惡之心、辭讓之心、是非之心」。孟子又分別所謂的「大體與小體」，大體是人之所以爲人者，小體即與禽獸相同者。

> 從其大體爲大人，從其小體爲小人。耳目之官不思，而蔽於物；物交物，則引之而已矣。心之官則思，思則得之，不思則不得也，此天之所以與我者。先立乎其大者，則其小者不能奪也。此爲大人而已矣。（《孟子‧告子上 15》）

「先立乎其大者」才有可能成爲君子，成爲大人。勞思光說：「大體指自覺心，小體指感官。」〔註 2〕張岱年說：「所謂大體即是心，而性即在於心。」〔註 3〕孟子說：

> 口之於味也，有同耆焉；耳之於聲也，有同聽焉；目之於色也，有同美焉。至於心獨無所同然乎？心之所同然者何也？謂理也義也。聖人先得我心之所同然耳。故理義之悅我心，猶芻豢之悅我口。
>
> （《孟子‧告子上 7》）

張岱年說：「心之所同然者，是理義。理義即所謂性。」〔註 4〕「理義之悅我心，猶芻豢之悅我口。」就是「性即在於心」的表現，這種「悅」是出自於人的「性」，是人生而具有，如果能「先立乎其大者」，「悅」將透由「自覺心」自然產生。

> 口之於味也，目之於色也，耳之於聲也，鼻之於臭也，四肢之于安佚也：性也，有命焉，君子不謂性也。仁之于父子也，義之於君臣也，禮之於賓主也，智之於賢者也，聖人之于天道：命也，有性焉，

它以探究人的本質、本性、使命、價值、理想和人生的終極意義爲根本的內容，以揭示主體精神、主體意識爲特徵的存在認知、本體認知爲基本方法。一句話，它所討論的是關於人的存在和價值的問題。」

〔註 2〕 勞思光，《新編中國哲學史》，臺北：三民書局，1997 年，頁 169。
〔註 3〕 張岱年，《中國哲學大綱》，北京：商務印書館，2015 年，頁 303。
〔註 4〕 張岱年，《中國哲學大綱》，頁 304。

君子不謂命也。(《孟子・盡心下 70》)

　　味色聲臭之欲，亦皆生而有，然君子不謂之「性」；君子所認爲「性」者，乃是「仁義禮智」。張岱年說：「此種人之所以爲人之特徵，實非已完成的，而僅是萌芽，故孟子稱之爲『端』。性中所有者，不過仁義禮智之端。」〔註5〕孟子說：「凡有四端於我者，知皆擴而充之矣。若火之始然，泉之始達。苟能充之，足以保四海；苟不充之，不足以事父母。」(《孟子・公孫丑上 6》)張岱年說：「不充則『不足以事父母』，可見只是一點萌芽。人之所以爲人之特徵，其實不過『幾希』，是有待於擴充的。」〔註6〕此種人之所以爲人的特徵，是未完成的「端」，有待於生命中「擴充」。孟子又說：

　　　雖存乎人者，豈無仁義之心哉？其所以放其良心者，亦猶斧斤之於木也，旦旦而伐之，可以爲美乎？其日夜之所息，平旦之氣，其好惡與人相近也者幾希；則其旦晝之所爲，有梏亡之矣。梏之反覆，則其夜氣不足以存；夜氣不足以存，則其違禽獸不遠矣。人見其禽獸也，而以爲未嘗有才焉者，是豈人之情也哉？(《孟子・告子上8》)

　　如果不能擴充異於禽獸的要素，則此種要素即將被同於禽獸的本能行爲所梏亡。初時猶有「平旦之氣」或「夜氣」，久之則「夜氣」亦不存，便離禽獸不遠了。可見，人之所以爲人的特徵，有待人自身的努力擴充，才能得以完成。張岱年說：

　　　孟子實不贊成以生而完具的行動爲性。他說：「天下之言性也，則故而已矣，故者以利爲本」(《孟子・離婁》)故是已然之形態。論性者多以生來已然之形態爲性，則必以利爲人性之根本了。其實與禽獸相同的本能，不可算作人性。人性乃生來而有的人之所以爲人之特殊可能，如以此種可能爲性，則可見仁義方是性之根本。〔註7〕

張岱年又說：

　　　所謂性善者，乃謂人生來即有爲善之可能。〔註8〕

　　孟子言「性」不是「生而完具的行動」，是人「特殊的可能」，人有爲善之可能，有待努力擴充，加以完成。勞思光說：

〔註 5〕張岱年，《中國哲學大綱》，頁 304。
〔註 6〕張岱年，《中國哲學大綱》，頁 304。
〔註 7〕張岱年，《中國哲學大綱》，頁 306。
〔註 8〕張岱年，《中國哲學大綱》，頁 305。

「端」只是始點；自覺心原含有各德性，但欲使各德性圓滿開展，
則必須有自覺之努力。於此，孟子乃說「擴而充之」一義。四端待
擴充，即見「性善」之說決不能指實然始點。〔註9〕

「四端之心」只是一個「始點」，需要經過自覺的努力，才能使德性圓滿
開展。勞思光又說：

就實際之人講，其成德之進程是由對價值意識內在之自覺，進而擴
充本有之價值意識以達於各德性之完成。並非說，人初生時即具已
完成之德性。德性實為價值意識發展之結果。擴充四端乃工夫中
事。孟子此一理論遂成為後世儒者論工夫之根據。〔註10〕

本篇論文即立足於此種「人之所以為人之特徵，實非已完成的」的重要
觀點，主張所謂「君子存之」是需要用一生的時間，不斷地奉行實踐，方能
有成。而《孟子》「志氣論」的觀點，正是這樣一種道德生命動態提升的觀點，
是君子嚮往的生命狀態。潘小慧說：「『為何應該道德』在儒家看來，是因為
人的本性如此，人在本質上即為道德的存有者。」〔註11〕本篇論文的第一個
寫作動機，乃在於「做為人生價值觀的表述」，《孟子》「志氣論」討論的是「生
命提升」的論題，因此，本篇論文是個人「人生價值觀」現階段的總結，期
待的是個人生命素質可以透過學習不斷地得到提升。

二、作為家庭教育的理念傳承

重視「家庭教育」是中國人的優良傳統，家庭精神的傳承幾乎被每一個
家庭視為重要的任務。中國自古流傳著許多「家訓」，承載著無數中國父母的
家族使命感。中國讀書人藉由撰寫「家訓」傳於子孫，現代人則常以「回憶
錄」的方式將自己一生的心得用文字留給後人。對於古今功成名就者的「立
言」方式，筆者抱持「雖不能至，心嚮往之」的心情，擬將本篇論文，做為
個人的人生觀傳承給兩個女兒，期待她們在積累人生經驗，年歲漸長之時，
可以明白論文的個中內涵，並能加以學習奉行，筆者以此善盡身為母親教養
子女的本分與心願。

〔註 9〕 勞思光，《新編中國哲學史》，頁 165。
〔註10〕 勞思光，《新編中國哲學史》，頁 165。
〔註11〕 潘小慧，〈從儒、墨、道、法四家對「為何道德？」之可能解答略論四家之「道
德」觀〉，《哲學與文化》第 21 卷第 3 期，1994 年，頁 230。

三、作爲生命教育的思考題材

「生命教育」是現代教育關注的重點，有關「生命教育」的內涵與定義，是持續爲眾多學者努力思考研究的教育論題〔註 12〕，而絕大部分都與個體生命價值的提升密切相關。《孟子》「志氣論」以其「心性論」作爲基礎，形成完整的道德哲學理論。《孟子·告子下 22》曹交問曰：「人皆可以爲堯舜，有諸？」孟子曰：「然。」《孟子》謂人皆生而具有四端之心，人人皆可爲堯舜，其理論立基於人情，而達於超凡之境。現實與理想兼具，通達情理，高超卓越，進退有據。孟子曰：

> 人之所以異於禽於獸者幾希，庶民去之，君子存之。舜明於庶物，
> 察於人倫，由仁義行，非行仁義也。（《孟子·離婁下 47》）

潘小慧說：

> 道德行爲之所以是道德的，並不在於他們符合外在規範或標準，而
> 是他們源自於良知本心的惻隱、羞惡、辭讓、是非之心，所以孟子
> 說得好「由仁義行，非行仁義也。」〔註 13〕

源於良知本心的才是眞正的道德，這正是孟子工夫論的理論重點。《孟子》道德哲學思想高尚，卻爲人人皆可於人倫日用之間，具體實踐。筆者選擇以《孟子》「志氣論」做爲生命教育的思考題材，嘗試結合實際教學經驗，廣泛探詢生命教育具體落實於學校教育的可能方式。

四、作爲道德實踐的理論基礎

退休再度進學，這是筆者個人的生涯規劃，主要期望能在完成本職工作任務之後，留下屬於自己的歲月，得以完成個人的重要學習計劃。有關「道德與幸福」的論題，是我學習計劃優先關注的重點，這個論題與前述寫作動機的每一個細項皆息息相關。換句話說，本篇論文寫作的緣起，在於希望釐清筆者的重要人生思考：道德是人生幸福的唯一道路，也是解決人類問題的主要方法。爲這個人生思考建立清楚的邏輯概念，進而在生命中具體實踐並

〔註 12〕有關「生命教育」的定義，眾多專家學者致力研究，而皆有各自的表述，如：吳武雄（1999）、孫效智（2000）、黎建球（2000）、林繼偉、潘正德、王裕仁（2001）、游惠瑜（2002）、陳美伶（2004）等。參見輔仁大學心理學與生命教育網 http://www.excellence.fju.edu.tw/plan/life_edu/intro_define.php。
〔註 13〕潘小慧，〈孟子道德實踐的基本結構——性〉，《哲學論集》第 24 期，1990 年，頁 54。

恰如其分地在生活中與人分享，就是本篇論文最主要的寫作動機。

五、作為學術研究的重要方向

中國古代哲學家常勉人「立志」，子曰：「吾十有五而志于學，三十而立，四十而不惑，五十而知天命，六十而耳順，七十而從心所欲，不踰矩。」（《論語・為政4》）自孔子以來「立志」就是為學的首要任務，本篇論文以「立志」做為研究重點，總結到「立志」其實是中國哲學中關於「身心問題」的大學問。一個人是否能「立志」，所立又為何志，乃直接與「身心問題」密切相關。《孟子》「志氣論」包含有「立志」問題的深刻內涵，值得我們深入探討，將做為筆者個人學術研究，持續努力的重要方向。

第二節　研究範圍與方法

一個重要學說的形成，往往需要經由作者與其生命歷程的時空背景交互影響，逐漸凝聚產生而成，而非瞬間出現，或由作者個人思想所獨力完成，《孟子》「志氣論」也是如此。本論文的研究方法，將以《孟子》「志氣論」為主軸，旁引〈管子四篇〉、〈性自命出〉、〈五行篇〉等相關理論相互對讀，以「德心」→「德行」→「德性」為論述主軸，重構《孟子》「志氣論」以「道德實踐」為重心的道德哲學理論。

一、旁引〈管子四篇〉與《孟子》相互參照的動機

孟子生存的年代與學術活動的範圍與齊國稷下學派有著密切的聯繫，〈管子四篇〉是稷下學術的重要著作，其心氣思想與《孟子》「志氣論」有著顯著相互影響的面貌。〈管子四篇〉是筆者碩士論文的寫作主題，本篇《孟子》「志氣論」論文的寫作，可以說是筆者對於〈管子四篇〉理論思想的延續思考，故旁引〈管子四篇〉與《孟子》相互參照，便是本篇論文不可或缺的重要部分。尤其是〈管子四篇〉的創作思想：「精氣說」，更可做為探討《孟子》「浩然之氣」內涵的重要參考。陳鼓應說：

〈內業〉中關於諸如此類「摶氣」之後所能達成之境界的描述甚多，如「大心而敢，寬氣而廣」、「寬舒而仁，獨樂其身」等，均是就「摶氣」所達成之人格氣象所作的一種極度誇大的描繪。我們也可以在孟子有關「養氣」的理論中發現，「養氣」基本上是一種氣之內聚的

修養工夫，而其展現「萬物皆備於我」的成效則是氣之外放所造成的作用。從由內聚與外放的思考模式來比對孟子與稷下道家，孟子的氣論思想極可能受到稷下道家的影響。〔註14〕

由於〈管子四篇〉與《孟子》產生的年代，孰先孰後至今尚爲學術界未能確定的論題〔註15〕，故對於二者相互影響的先後問題，不在本篇論文討論的計劃之中，而僅就兩者思想相關的論點，相互參照對讀，期望能有更清楚的理解與發現。〔註16〕

二、旁引〈性自命出〉與《孟子》相互參照的動機

當前學術界出土文獻的研究，在先秦儒家系譜的重建中，樹立了由子思和孟子所聯繫出來的思孟學派。曾春海說：

> 戰國時期的儒家可分成三時期。前期爲七十子及其後學，著名的代表人物爲：有子、子弓、子張、子夏、子游、曾子、子思，中期爲孟子。思孟學派聯接了戰國儒學的前期和中期。晚期則由荀子建構了傳經的學術系譜及客觀化的外王思想之論域。〔註17〕

本文採納曾春海的分期方式，將〈性自命出〉及〈五行篇〉視爲孔子與孟子思想的過渡階段。先秦儒家心性學說，在文獻出土之前其理論發展過程並不明晰。自郭店竹簡〈性自命出〉出土，開篇曰「凡人雖有性，心亡奠志，待物而後作，待悅而後行，待習而後奠。」很大程度對於論語第一章，

〔註14〕陳鼓應，《管子四篇詮釋稷下道家代表作》，臺北：三民書局，2003 年，頁 52。

〔註15〕白奚，《稷下學研究——中國古代的思想自由與百家爭鳴》，北京：生活・讀書・新知三聯書店，1998 年，頁 162。白奚說：「……張岱年先生……他說：『〈內業〉有『浩然和平，以爲氣淵』，這『浩然』二字同於孟子所謂『浩然之氣』的『浩然』。〈內業〉又云：『摶氣如神，萬物備存』，意與孟子所講『萬物皆備於我』相仿佛。這是〈內業〉影響了孟子還是孟子影響了〈內業〉，由於兩者的先後不可考，就難以論定了。此時張先生已明確肯定二者之間存在著影響與被影響的關係了。」

〔註16〕白奚，《稷下學研究——中國古代的思想自由與百家爭鳴》，頁 161。白奚說：「孟子的心氣論……除了孟子本人創造性的發揮外，還與此前和同時代人的思想成果有關。特別是《管子》中〈內業〉、〈心術〉上下和〈白心〉四篇中豐富的氣論和心論思想，同孟子養氣、養心的思想有很多相通之處。將兩者對讀，使人難以否認他們之間存在著理論上的影響、吸取和改造的關係。將兩者聯繫起來進行考察，無論對孟子思想還是對《管子》思想的深入研究，都是很有意義的事情。」

〔註17〕曾春海，《中國哲學史綱》，臺北：五南圖書公司，2012 年，頁 37。

子曰：「學而時習之，不亦悅乎？」做了深刻的補充，讓我們對於論語簡約的敘述，有豁然開朗的領悟，給予儒家重「情」思想提供了重要的理論依據。孟子說：「聖人先得我心之所同然耳。故理義之悅我心，猶芻豢之悅我口。」（《孟子・告子上 7》）「悅」來自於「心」與「性」的相合。「心」很容易放失，所以需要「求其放心」、「盡心」、「存心」。蒙培元曾對於孟子的「盡心」與「存心」作了說明：

> 「盡心」是把主體的道德意志加以擴充和發展，並推向客體；「存心」則是通過實踐把道德意志實現出來。因為心是一切善的根源，是主客體統一的能動方面，因此，只有返回到自身，充分認識到自我，才能體驗到「萬物皆備」的最高境界。〔註18〕

將自身的道德意志加以擴充發展，並推向客體，透由實踐將道德意志實踐出來。這就是孟子生命發展的工夫進程。

本篇論文嘗試推論：〈性自命出〉「待悅而後行」的「悅」就是在道德實踐過程中，「心」達到與「性」相合的境界，而感到「悅」。〈性自命出〉「待物而後作」就是需要在人群之中實踐，與物相接才能引發心中之情，「悅」則能自覺自願行之，即孟子所謂「由仁義行」，因為是自覺自願因此「待習而後奠」，此心中之「悅」即成為人的「志」，且能堅定其「志」不動心。本文從〈性自命出〉得到深刻啟發，以「習」→「悅」→「志」的主體發展過程，對於《孟子》「志氣論」做了進一步的思考與理解。因此旁引〈性自命出〉的相關理論，來論述《孟子》「志氣論」主體發展的可能性，是本文採納的重要觀點之一。

三、旁引〈五行篇〉與《孟子》相互參照的動機

> 雖存乎人者，豈無仁義之心哉？其所以放其良心者，亦猶斧斤之於木也，旦旦而伐之，可以為美乎？其日夜之所息，平旦之氣，其好惡與人相近也者幾希；則其旦晝之所為，有梏亡之矣。梏之反覆，則其夜氣不足以存；夜氣不足以存，則其違禽獸不遠矣。人見其禽獸也，而以為未嘗有才焉者，是豈人之情也哉？（《孟子・告子上 8》）

孟子在此處提出「夜氣不足以存」則人之所以為人的特徵就喪失殆盡，

〔註18〕蒙培元，《中國心性論》，頁 11。

與禽獸相去不遠了，讓我們看到孟子點出「氣」與「性」之間的密切關係。出土文獻郭店竹簡及馬王堆帛書中的〈五行〉篇，許多學者皆確認爲思孟系譜的儒家。荀子所謂「子思唱之，孟軻和之」意味著思孟學派的發展與變化，簡帛〈五行〉經，至帛書〈五行〉說的歷程，可說反映了這個說法。〈五行〉之「經」文未明確提及「氣」，「說」文則提出仁氣、義氣、禮氣，以德之氣來詮解經文的「德之行」。曾春海說：「『說』文所提出來的德之氣這一理論，不但具有突破古代氣論局限的意義，也爲孟子不易爲人了解的『浩然之氣』的說法，提供了一項可資以說明的可能途徑。」〔註19〕〈五行〉「說」用「德之氣」來詮解經文的「德之行」，本文認爲〈五行〉「說」文的氣論爲《孟子》「志氣論」做了關鍵性的註腳。所謂「德之行」就是發自內在的「德心」展現爲外在的「德行」，發自內在的「德之行」是內在「氣」呈顯於行爲的結果。「德之行」才是眞正「氣」提升之後「志」在德行上的表現，這樣的「德之行」才能切合「氣壹動志」←→「志壹動氣」的作用原理，「氣壹動志」才是內在道德自然展現的「由仁義行」，而非僅是外在遵行道德條文的「行仁義」，才是眞正具有內在價值的道德。筆者認爲〈五行〉「說」文的「德之氣」與孟子的「夜氣」都與孟子所稱的人之所以爲人的特徵之「性」緊密相關，「性」與「氣」的關係是《孟子》「志氣論」與〈五行篇〉的重要發現，由此，也讓我們推論出「志」與「性」之間的關係，我們可以說「志」是孟子未完成之「性」的階段性完成，所展現出來的生命狀態。陳來說：

> 「不變不悦」變也者，勉也，仁氣也。在經文中，變和勉都是「仁」
> 這一德行在内心的發端，而在說文這裏，把作爲内心發端的變和勉
> 解釋爲「仁氣」，這是說部的發明。不僅對仁是如此，義、禮皆然。
> 〔註20〕

　　陳來說這種作爲仁之端的「變」、「勉」是還未達到明確的「仁」道德意識的階段，它所表達的是前道德意識的內心狀態和意向表現。「仁」才是明確的道德概念，而相對於已經實現的「仁」行爲，從「變」的意向到「仁」的意識，可以說是「前道德行爲」的階段。他說：

> 說文把這些前道德意識和前道德行爲的階段都稱作氣，表示作者對

〔註19〕曾春海，《中國哲學史綱》，頁 47。
〔註20〕陳來，《陳來讀子思　竹簡〈五行〉篇講稿》，香港：香港中文大學出版社，
　　　　2015 年，頁 114。

德行的理解，不是僅僅將之理解爲行爲，而是用氣來表達行爲之前的心理狀態和活動。〔註21〕……在作者看來，一切正在現實化的行爲都依據於氣，故也都可以用氣來表示，因爲一切行爲都是氣所支持和鼓勵的。〔註22〕

在一個人的某種行爲出現之前，內心便會有一種心理狀態和活動，這就是「氣」，這個「氣」需要積聚到一定的程度，才能從行爲表現出來，因爲行爲需要氣的支持與鼓勵。陳來認爲所謂「德氣說」即：「用氣來說明德行的心理動力機制和德行的進行時態」他說：「它也表達出，道德行爲不僅是道德意識的直接現實，也需要某種動力性的身心要素的參與和支持。《孟子》書中講的浩然之氣，正是扮演了這樣的角色。」〔註23〕

道德行爲的表現，需要「氣」來加以實現。孟子說：「夫志，氣之帥也；氣，體之充也。夫志至焉，氣次焉。故曰：『持其志，無暴其氣。』」（《孟子·公孫丑上2》）勞思光說：「『志』即『心』。二詞所指只有動靜之別。……心志指德性我，即含四端之價值自覺；氣指生命我或情意我，即合生命力與才氣而言。德性我應爲生命情意之主宰，故曰，『志，氣之帥也』。」〔註24〕我們也可以說：「志」需要「氣」來加以實現，或者說，「志」表現出來的也是「氣」，「志」表現出來的就是人行爲的氣質、氣勢、氣度、氣量、氣魄。本篇論文以《孟子》「志氣論」爲研究主軸，〈五行篇〉這部分的內容，提供本篇論文重要的參考資料。

四、以「德心」→「德行」→「德性」爲論述主軸

蒙培元說：

當孟子提出「仁，人心也」以及「君子所性，仁、義、禮、智根於心」等命題時，第一次把反映人與人的關係的倫理道德原則變成了人的內在本性，建立了心性合一的道德主體論。從此以後，幾千年來，如何完成道德人格，實現理想境界，便成爲儒家心性論的中心課題。〔註25〕

〔註21〕陳來，《陳來讀子思 竹簡〈五行〉篇講稿》，頁115。
〔註22〕陳來，《陳來讀子思 竹簡〈五行〉篇講稿》，頁116。
〔註23〕陳來，《陳來讀子思 竹簡〈五行〉篇講稿》，頁116。
〔註24〕勞思光，《新編中國哲學史》，頁172。
〔註25〕蒙培元，《中國心性論》，臺北：臺灣學生書局，1996年，頁3。

　　「心」表現的就是「性」，道德根植於心，符合道德的行爲才是人內心眞正的願望。本篇論文嘗試建構《孟子》「志氣論」的理論架構，以《孟子》「心性論」作爲主要基礎發展而成。孟子的「性」是未完成的「性」，孟子「即心言性」，「四端之心」即未完成的「性之端」，「端」猶如初發之芽，需要經過細心呵護、灌漑長養，方能成長茁壯。孟子說：「從其大體爲大人……先立乎其大者」(《告子》)張岱年說：「所謂大體即是心，而性即在於心」。〔註26〕潘小慧說：

　　　　孟子的即心言性，即等於攝「存有」於「活動」，即攝實體性的存有
　　　　於本心的活動。如是，則本心即性，心與性爲一也。〔註27〕……四
　　　　「端」，即只是萌芽、開始，或爲「至善種子」或「仁性種子」。種
　　　　子並不等於果實，……「性善」只保證了可以「行善」……並不等
　　　　於「行善」，也不保證道德實踐在現實上的必然性。〔註28〕

　　本篇論文理論架構中的「德行」是指促使「德心」成長的「道德實踐」工夫，勞思光說：「大體指自覺心」〔註29〕，透過「道德實踐」的「存養擴充」、「盡心知性」、「求其放心」等工夫，提升「自覺心」，「德性」才得以不斷呈顯，最終達於德性圓滿之境。蒙培元說：

　　　　所謂「四端」之情，雖出於心理情感或心理本能，但一旦「擴充」
　　　　而提高、昇華爲仁、義、禮、智之性，便成爲自覺的道德意識而具
　　　　有形而上的必然性。所謂「心之官則思」，……它不是獲得對於客觀
　　　　世界的認識，而是對道德理性的自我直覺。〔註30〕

　　「德性」的呈顯乃經由「擴充」而來的「道德理性的自我直覺」，是「攝『存有』於『活動』」的「心性合一」，是「志」與「氣」的不斷積累提升而來，因此在《孟子》「志氣論」的理論架構中，「心」、「氣」、「性」、「志」環環相扣，息息相關，需要持之以恆，堅持努力，方能學有所成。持之以恆的努力，就是儒家思想中「習」的工夫，本文設定於指「道德實踐」的過程，《論語》：「學而時習之，不亦悅乎？」其中的「學」→「習」→「悅」緊密相關，缺一不可。孟子曰：

〔註26〕張岱年，《中國哲學大綱》，頁 303。
〔註27〕潘小慧，〈孟子道德實踐的基本結構──性〉，頁 51。
〔註28〕潘小慧，〈孟子道德實踐的基本結構──性〉，頁 52。
〔註29〕勞思光，《新編中國哲學史》，頁 169。
〔註30〕蒙培元，《中國心性論》，頁 8。

故天將降大任於是人也，必先苦其心志，勞其筋骨，餓其體膚，空乏其身，行拂亂其所為，所以動心忍性，曾益其所不能。人恒過，然後能改；困於心，衡於慮，而後作；徵於色，發於聲，而後喻。

（《孟子·告子下35》）

孟子此段內容，指的就是「習」的艱苦過程，經過「苦其心志」、「勞其筋骨」、「餓其體膚」、「空乏其身」、「行拂亂其所為」一連串艱苦努力的「習」之後，當「心」因有所領悟而產生了「悅」之後，就能「動心忍性」而達於「志」與「性」自然相合的境界，如「聖人先得我心之所同然耳。故理義之悅我心，猶芻豢之悅我口。」（《孟子·告子上7》）。蒙培元說：

性或者是心所固有的，或者是心所受而具有的，或者是當下現實的經驗存在，或者是自我超越（或絕對超越）的本體存在。總之，人性是要靠心來實現、來完成的；而心是人人所具有的。〔註31〕

「人性是要靠心來實現、來完成的」本文也居於這個重要觀點來展開討論。王陽明說：「心之本體原自不動。心之本體即是性，性即是理。性元不動，理元不動。集義是復其心之本體。」〔註32〕本文主要以陽明「復其心之本體」的概念與孟子「擴充」、「盡心」、「求放心」等方法，建構「德心」→「德行」→「德性」的討論進程，這就是本篇論文的主要論述架構。其間尚有「思」、「權」、「恕」、「誠」、「化」等幾個《孟子》中的關鍵思考，需要結合「德行」工夫來加以闡揚，將更有助於完善《孟子》「志氣論」的整體架構。

第三節　論文架構

本論文研究大綱主要包括以下幾個論題：「《孟子》『志氣論』對於孔子學說的繼承與發揚」、「《孟子》『志氣論』的道德實踐工夫與『志』的關係」、「《孟子》『志氣論』『志』的道德實踐內涵」、「結論」等，以下分別加以簡要說明。

一、《孟子》「志氣論」對於孔子學說的繼承與發揚

孟子曰：「乃所願，則學孔子也。」（《孟子·公孫丑上2》）孟子是孔子學

〔註31〕蒙培元，《中國心性論》，頁11。
〔註32〕陳榮捷，《王陽明傳習錄詳註集評》，臺北：臺灣學生書局，1983年，頁107。

說最重要的繼承者與發揚者。子曰：「吾十有五而志于學，三十而立，四十而不惑，五十而知天命，六十而耳順，七十而從心所欲，不踰矩。」（《論語‧為政 4》）探查《論語》中所謂「學」究竟包含哪些內容，對於探討《孟子》「志氣論」思想內容有著重要的啟示作用。《論語‧學而》子曰：「學而時習之，不亦悅乎？」「習」→「悅」→「志」是本文對於《孟子》「志氣論」實踐工夫的主要邏輯思考路徑，孔孟學說一脈相承，《論語》首章已勾勒出《孟子》「志氣論」思想的重要源頭。「《孟子》『志氣論』對於孔子學說的繼承與發揚」也將成為本論文首要的論述大綱，因此，這是論文第二章緊接著第一章緒論之後，所要表述的內容。

二、《孟子》「志氣論」的道德實踐工夫與「志」的關係

《孟子》「志氣論」的道德實踐工夫，主要包含有：「存養擴充」、「盡心知性」、「求其放心」等幾個重點，本論文將分別由「存養擴充」、「盡心知性」、「求其放心」等道德實踐工夫，來梳理在《孟子》「志氣論」中道德實踐工夫與「志」的關聯性與其可能的發展性，並希望從中對於《孟子》「志氣論」中「志」的定義與內涵，得以進一步地探索與闡釋。嘗試從不同面向，分別切入探討《孟子》「志氣論」道德實踐工夫與「志」的關係以及「志」較為深刻全面的內涵。

三、《孟子》「志氣論」中「志」的道德實踐內涵

「仁」是孔子的核心思想，孔子論「仁」，並無純粹理論性的定義，而是因人、事、時、地之不同，而有不同的指點。「隨機指點」與「躬行實踐」使孔子成為一位道德實踐家。《孟子》「志氣論」繼承與發揚了孔子「仁」學的實踐特質，理論架構建立在「實踐工夫」的基礎上，傳承了孔子學說的特點。曾春海說：

> 學孔子之道，以繼孔子之業為己任的亞聖孟子則為闡揚孔子的仁
> 道，而苦心積慮地立下性善之說，做為行孔子之仁道之普遍性及可
> 能性的依據，為萬世之人建立行「仁」的信心和希望，鼓舞了人們
> 行仁的志趣。〔註33〕

本文以「德心」→「德行」→「德性」做為進路，其中「德行」即以「道

〔註33〕曾春海，《中國哲學史綱》，頁22。

德實踐」為主要進展動力。「仁」乃人人生而具有，「習」則使「仁」得以呈顯，《孟子》「志」的出現猶如孔子「仁」的呈顯，與「道德實踐」直接相關。論文這部份將分別敘述：孟子「志」的創生內涵、孟子「志」的悅樂內涵、孟子「志」的形色內涵，分別說明《孟子》「志」與《孟子》「義」及「浩然之氣」有著相互影響的創生關係、《孟子》「志」的產生與內在「悅樂」精神帶動實踐動力的關係、《孟子》的「志」與《孟子》「身心理論」中「踐形理論」的關係，由此期望更深入闡發《孟子》「志氣論」的「志」所包含的深刻內涵。

四、結論

論文的結論部份，將針對論文內容，做綜合性的回顧與總結，並對論文主題研究的意義、前景與價值做反省、思考與展望。

第四節　文獻回顧

《孟子》為中國哲學的代表思想，整部《孟子》的理論要點，早已為歷代學者專家，做了各樣宏觀微觀的詳盡討論。本論文《孟子》「志氣論」的道德哲學，寫作重點主要在嘗試探討有關「志」與「氣」互動關係的問題，及《孟子》「志」的相關內涵，學界關於這部份的討論，例外地並不多見。《孟子》「志氣論」的軸心思想主要落在《孟子·公孫丑上》「知言養氣」的一段內容，對於此章內容的了解，是掌握《孟子》「志氣論」整體思想的關鍵所在，然而此章內容向來為學界公認為難解篇章，至今仍有許多爭議的難點。本文主要由《孟子》道德心性的本義，集中學習其中相關內容，期望建構《孟子》「志氣論」的道德哲學的理論架構。筆者發現：《孟子·公孫丑上2》：「志壹則動氣，氣壹則動志也。」及「不動心」兩個概念，將會是掌握整體思想脈絡的關鍵要點。筆者因此集中學習參照各方學者的相關論點，再者由郭店出土儒簡〈性自命出〉開篇：「凡人雖有性，心亡奠志，待物而後作，待悅而後行，待習而後奠。」其中「悅」的思想，上溯《論語》首章「學而時習之，不亦悅乎？」，清晰理出儒家一脈相承的心性理論系統，藉此而使筆者對於「志壹則動氣，氣壹則動志也。」及「不動心」的相關內涵，頓覺豁然開朗。因此，不揣淺陋，希望將學習心得完整表述出來，以就教於方家。以下簡述筆者學習過的部份文獻之回顧：

一、孟子「志氣論」的相關文獻回顧

勞思光說：「『志』即『心』。二詞所指只有動靜之別。……心志指德性我，即含四端之價值自覺。」〔註34〕孟子「即心言性」似亦可理解爲「即志言性」。白奚在《稷下學研究——中國古代的思想自由與百家爭鳴》一書中，提出孟子對《管子》心氣論的引進、改造和利用表現在他的「氣志之辨」的提出上。白奚說：

> 在孟子那裏，氣與道德修養的結合是相當明確而緊密的，《孟子》中
> 關於氣的所有議論都是從道德修養的角度來談的，氣論已經成爲孟
> 子心性學說的重要組成部分。孟子受《管子》四篇的啓發和影響，
> 以「氣」言「心」言「性」，無異於爲儒家心性學說開闢了一片新天
> 地。〔註35〕

在孟子這裡所謂「志」必與德性的自覺心有關。《孟子‧盡心上 33》：王子墊問曰：「士何事？」孟子曰：「尚志。」曰：「何謂尚志？」曰：「仁義而已矣。」白奚提出《孟子》以「氣」言「心」言「性」的觀點是本文重要的論點。《管子》心氣論最大的貢獻在於其創造思想「精氣說」，《管子》「精氣」與《孟子》「浩然之氣」都是高層次之氣，將《管子》「精氣說」與《孟子》「志氣論」對讀，筆者發現「志壹則動氣，氣壹則動志也。」必須是迴旋提升的能動概念，才能說明高質量的「精氣」與「浩然之氣」產生的可能。陳鼓應說：

> 〈內業〉中關於諸如此類「摶氣」之後所能達成之境界的描述甚
> 多，……我們也可以在孟子有關「養氣」的理論中發現，「養氣」基
> 本上是一種氣之內聚的修養工夫。〔註36〕

〔註34〕勞思光，《新編中國哲學史》，頁 172。
〔註35〕白奚，《稷下學研究——中國古代的思想自由與百家爭鳴》，頁 181。白奚說：
「《管子》對心氣關係的辯證認識顯然影響了孟子，孟子在引《管子》的心氣
論時也把這種認識納入了自己的心性學說中，……在孟子看來，告子主張『不
得於言勿求於心』之所以錯誤，正是由於他『未嘗知義』，……這正表明了他
不懂得持志之道，……孟子由於受《管子》的影響，又看到了志、氣關係還
有另一個方面——『氣一則動志』，氣也可『反動其心』，從而提出了『持其
志，無暴其氣』的主張。『暴其氣』就是專逞意氣、濫用情感、妄爲喜怒，這
將反過來動搖心志。……孟子的氣志之辨完全吸收了《管子》關於心氣辯證
關係的認識成果，使之儒學化後納入了自己的心性學說體系中。」
〔註36〕陳鼓應，《管子四篇詮釋稷下道家代表作》，頁 52。

　　「養氣」即為「氣」的積聚與提升的工夫。本文希望在這些研究的基礎上，提出「志」乃為一個可以不斷提升的能動概念。

　　在李剛〈從孔子到孟子：儒家「志氣論」思想傳承新探〉〔註37〕一文中，李剛對於《孟子》「志氣論」的整體發展脈絡，從出土文獻上博藏簡〈民之父母〉篇說明儒家「氣志論」始於孔子，而〈性自命出〉的「定志」說，是孔孟的志氣論的中間環節，與筆者觀點相符。李剛認為《孟子》中言「志」與孔子多有不同，李剛說：「孟子是通過『不動心』來彰顯其『志』所包含的『義內』內涵。」〔註38〕孟子的「志」和「不動心」密切相關，李剛這個觀點也與筆者不謀而合。李剛說：「孟子所說的『志』其內涵正是『義』，是行『義』的決心、信心、勇氣的集合……『志』是『心』最為能動性的體現，具有一定的引導性和指向性。」〔註39〕。李剛提出孟子「志」的能動性，本文將嘗試論述「氣」與「志」迴旋提升的能動概念，帶動「不動心」也成為一個可以不斷提升的立志層次。要說明這個能動過程，〈性自命出〉中的「悅」及「心取」兩個概念，可以提供重要的論點。

　　彭戰果〈孟子心氣關係論〉一文提到：「心如氣一般具有量的規定性，養心的過程是一個從端點擴充到四海之內的生發過程。」又說「他所謂的心是有量的變化的，此心如天地之氣一般有消長盈虛，養心也是一個使其增長的生發過程。孟子所言心的這種特性，與氣性的滲透不無關係」〔註40〕彭戰果認為「心」與「氣」都會有「量的變化」，這個論點，對於「心」的發展性與「氣」的關係，與筆者對於孟子「志壹則動氣，氣壹則動志也。」的理解相符，說明了生命的發展性。而筆者認為，「量的變化」極可能會帶來「質的提

〔註37〕 李剛，〈從孔子到孟子：儒家「志氣論」思想傳承新探〉，《廣西社會科學》，2016 年第 8 期（總第 254 期），頁 48〜52。李剛說：「郭店竹簡中被認為是子思及其後學的《性自命出》篇『定志』說，是孔子和孟子『氣志』理論的中間環節。……《性自命出》則認為『持志克己』最關鍵的是要做到心志靜定。《性自命出》的『定志』說直接啟發了孟子的『不動心』之論。孟子詳細論述如何『不動心』，其實就是進一步回答《性自命出》如何『定志』的問題……為此，孟子提出至大至剛的『浩然之氣』來說明『不動心』以及『志』之『定』。在孟子看來，要善養『浩然之氣』，就要處理好『志』和『氣』的關系，使『志』帥『氣』，突出『志』的內涵中『義』的重要性，並一再強調『義內』的主張，從而使儒家『氣志論』進入到一個新的發展階段。」
〔註38〕 李剛，〈從孔子到孟子：儒家「志氣論」思想傳承新探〉，頁 50。
〔註39〕 李剛，〈從孔子到孟子：儒家「志氣論」思想傳承新探〉，頁 50。
〔註40〕 彭戰果，〈孟子心氣關係論〉，《甘肅社會科學》第 2 期，2017 年，頁 23〜24。

升」，以「志與氣」做為生命發展的表徵，「氣」的積聚提升會帶來「志」境界的提高，展現於外在的氣象也將有所不同。胡家祥〈志：中國哲學的重要範疇〉提到：「《孟子》一書講義講氣，都與『志』之拓展有關……正人心者，尚志也。孟子明確地把志提到人之心性的中樞位置」〔註41〕胡家祥注意到孟子「志」、「義」、「氣」有緊密的互動關係。李洪衛〈志氣相依與通達——王陽明心志與氣機關係略論〉一文說：「志與氣的關係，由孟子較為系統提出，經王陽明充分發展與完善。陽明認為，持志即是養氣……持志首先要立志、定心，養氣即在其中。」又說：「王陽明……認為氣也是性。」〔註42〕李洪衛提出「氣也是性」的觀點，也是本文的觀點之一，可以參照孟子：「夜氣不足以存，則其違禽獸不遠矣。」（《孟子·告子上8》）孟子在此點出的即是「氣」與「性」之間的關係。前面幾位學者的論點皆有其獨到的見解，也都與筆者對於「志氣論」的思考極為相近，回顧文獻藉以對筆者的論點作為呼應與輔助說明。

程子曰：「孟子性善、養氣之論，皆前聖所未發。」又曰：「孟子有功於聖門，不可勝言。仲尼只說一個志，孟子便說許多養氣出來，只此二字，其功甚多。」〔註43〕王陽明說：「『志之所至，氣亦至焉』之謂，非極至次貳之謂。持其志則養氣在其中，無暴其氣則亦持其志矣。」〔註44〕程子曰：「志動氣者什九，氣動志者什一。」〔註45〕，《孟子》曰：「行有不慊於心，則餒矣」，似乎都在說明孟子的「志」——「氣」關係中，「心」仍為關鍵要害之處。然而，公孫丑問：「敢問夫子惡乎長？」孟子曰：「我知言，我善養吾浩然之氣。」（《孟子·公孫丑上2》）孟子以「知言」和「養氣」的工夫，為自己比其他人更勝一籌的地方，筆者認為「知言」是對於「志」的內容與方向的掌握，「養氣」是對於「志」的實踐力的身心狀態的培養，而「知言」與「養氣」又可以互為因果，相互提攜。可見，「氣」在《孟子》「志氣

〔註41〕 胡家祥，〈志：中國哲學的重要範疇〉，《江西師範大學學報（哲學社會科學版）》第29卷第3期，1996年，頁38。
〔註42〕 李洪衛，〈志氣相依與通達——王陽明心志與氣機關係略論〉，《哲學分析》，河北工業大學馬克思主義學院，第01期，2015年，頁85～99。
〔註43〕 朱熹，《四書章句集注·孟子序說》。
〔註44〕 王守仁，《傳習錄》，吳光、錢明、董平、姚延福編校，上海：上海古籍圖書公司，1992年，頁22。
〔註45〕 朱熹集註，蔣伯潛廣解，《廣解四書讀本》，臺北：商周出版社，2016年，頁472。

論」中絕對也是不可或缺的決定因素，而「氣」與「心」息息相關，「氣」與「性」亦息息相關，從《孟子》「不動心」的觀點，可以深入理解其中的關鍵要點。

二、孟子「不動心」的相關文獻回顧

勞思光說：「蓋講論有不得理或不得正者，正須求之於心志，以心正言，方是人文化成之精神。而所謂『不動心』者，正在於心志如理自在，非心與事隔之靜歛不動也。明乎此，則知孟子論『不動心』之本旨。」〔註46〕勞思光認爲「心志如理自在」才是「不動心」的關鍵要領。黃俊傑〈孟子知言養氣章集釋新詮〉一文中提到：「孟子『不動心』之要義乃在於『心』之『自主性』與『自發性』」〔註47〕。「不動心」就是「心」如理自在，而能自由靈動，自主自發，不受外界的干擾。

關於孟子的「不動心」，李加武與陳新建〈孟子「不動心」說新探〉一文認爲「不動心」是一種良好的心理素質，例如「足夠的勇氣和毅力，是實現由理論到實踐過渡的關鍵」，文中提到：「『不動心』包含兩層工夫，即知言與養氣。……知言……是理論上的知，……養氣……是實現由理論到實踐過渡的具體工夫。」〔註48〕筆者認爲李加武與陳新建所說的「不動心」，就是一種「價值觀與實踐力」，本篇論文即以「志」來表述，故本文認爲，所謂的「不動心」就是一種「立志」的狀態，「價值觀與實踐力」的相關內容，將於後文加以論述。「知言」與「養氣」便是「立志」與「實踐」的重要條件與因素，正所謂「不動心」之道。「不動心」的狀態能否持續維持，「不動心」的層次能否不斷提高，端賴「知言」與「養氣」工夫。

《孟子・公孫丑上2》公孫丑與孟子討論了「不動心」之道，孟子說：「是不難，告子先我不動心。」孟子認爲要達到「不動心」並不困難，可見光是「不動心」不能代表「心」的高境界。接著，針對公孫丑的提問：「不動心有道乎？」孟子列舉了北宮黝、孟施舍和曾子三人來說明達到「不動心」的方法。一般認爲北宮黝與孟施舍都是以「守氣」來達成「不動心」，孟子說：「夫二子之勇，未知其孰賢」，語詞之間可以看出，孟子對於他們二人的「不動

〔註46〕勞思光，《新編中國哲學史》，頁172。
〔註47〕黃俊傑，〈孟子知言養氣章集釋新詮〉，頁90。
〔註48〕李加武，陳新建，〈孟子「不動心」說新探〉，《濟寧學院學報》第34卷第4期，2013年，頁65。

心」，並沒有給予太多的肯定。孟子接著說：「然而孟施舍守約也」，在兩者之間，孟子似乎仍以孟施舍之「視不勝猶勝」為高。接著孟子又提出曾子的「不動心」來與他們二人做比較說：「曾子謂子襄曰：『子好勇乎？吾嘗聞大勇於夫子矣：自反而不縮，雖褐寬博，吾不惴焉；自反而縮，雖千萬人，吾往矣。』孟施舍之守氣，又不如曾子之守約也。」。周海濤綜合三人的「不動心」說：「孟子把『勇』分為三個層次」「孟子又兩次提到守約」：「然而孟施舍守約也」──「孟施舍之守氣，又不如曾子之守約也」。他說：「朱子把『約』解釋為『要』也，把第一個『約』解釋為『氣』」「朱子把第二個『約』解釋為『所守尤得其要也』，即比『氣』更為『根本』的『根本』。」「這個『尤得其要』中的『要』，就是指『志』、『心』。」〔註 49〕孟施舍比北宮黝能得守氣之「要」，因為孟施舍能「視不勝猶勝」顯然已由心上下功夫，而曾子則全然由心的「縮」與「不縮」來說明「不動心」之道，認為經由自我反省，內心覺得自己理「直」，才能達到「不動心」的境界，得以表現出「雖千萬人，吾往矣。」的極大勇氣。周海濤在此點出，他們三人層次不同的關鍵處即在於是否能從「心」、「志」上下工夫。

公孫丑接著問：「敢問夫子之不動心，與告子之不動心，可得聞與？」公孫丑接著問孟子與告子「不動心」的方法又是如何呢？孟子於是首先分析說明了告子的「不動心」之道──「告子曰：『不得於言，勿求於心；不得於心，勿求於氣。』」「不得於心，勿求於氣，可；不得於言，勿求於心，不可。」「不得於心，勿求於氣」孟子提出告子不動心的方法是：「如果不是心中全然體認的道理，就不要硬從氣上持守而使此心不動」，告子的方法顯然是不贊同北宮黝與孟施舍血氣之勇的「守氣」方法，孟子評論告子此說曰：「可」。對於告子這個說法，孟子並未全然認同，但認為尚可接受；而對於告子所謂「不得於言，勿求於心」，孟子則強力反對曰：「不可！」。朱熹注此句為：「于言有所不達，則當舍置其言，而不必反求其理於心。」〔註 50〕《焦循正義》：毛奇齡《逸講箋》說：「曾子自反，只求心；北宮黝、孟施舍養勇，則但求氣。惟告子則不求心、並不求氣。」蔡祥元說：「告子的不動心是一種對自己意念的死守，為不動心而不動心，死守住一顆空洞的心，姑且可以稱之為『守心』」

〔註49〕周海濤，〈從「守約」看孔孟子心性論的不同及對宋明理學的影響〉，《北京教育學院學報》第 23 卷第 6 期，2009 年，頁 7～10。
〔註50〕朱熹，《四書章句集註》，長沙：岳麓書社，1997 年，頁 332。

〔註51〕，告子守心不動的方法，與孟子以「心」為用功處的方法南轅北轍，故孟子堅決地反對說：「不可」。孟子接著說：「夫志，氣之帥也；氣，體之充也。夫志至焉，氣次焉。故曰：『持其志，無暴其氣。』」，孟子強力反對告子守心不動的方法，並且提出說明「志」與「氣」之間的重要關係，這正是孟子「不動心」於「心」上用功的最主要觀念與方法。

　　有關「動心」趙岐古注為：「丑以此為大道不易，人當畏懼之，不敢欲行也。」《朱子集注》說：「任大責重如此，亦有所恐懼疑惑而動其心乎？」楊伯峻亦注為：「恐懼疑惑。」楊澤波則說：「『不動心』就是『不畏難』、『不畏懼』，完全屬於勇的範疇，和認知沒有直接聯繫，朱熹將『動心』釋為『疑惑』，其不合理是非常明顯的。」〔註52〕筆者亦主張「不動心」應以「不畏難」解之較為適切，本文認為孟子此處所謂的「不動心」，乃是一種「立志」的狀態，程子曰：「心有主，則能不動矣。」〔註53〕陳淳說：「志者，心之所之。之猶向也，謂之正面全向那裡去；如志於道，是心全向於道；志於學，是心全向於學。一直去求討要，必得這個物事，便是志。」〔註54〕「心有定志」故能勇往直前，不因恐懼而稍加改變。北宮黝志在「必勝」，孟施舍志在「必為」，皆能有「志」故皆能「不畏難」，唯其僅用力於「守氣」則不易「持志」。曾子曰：「自反而不縮，雖褐寬博，吾不惴焉」，曾子能守住「不動心」的要領，「反身循理」不讓心有一絲於理不直之處，如此便能持志力行，雖千萬人吾往矣。所謂「自反而不縮」就是一種「價值觀」的自我肯定，就孟子來說，這種價值觀都來自內在的自覺，所謂「無愧無怍」的自我省察，再加上「捨我其誰」的道德勇氣，就能形成一股大無畏的道德實踐力。潘小慧說：

> 是非之心為智之端也，這裡的「智」與建立科學或自然知識是無干的，這個「智」乃純就道德實踐而論的。……在道德實踐發生之初，作為道德主體之良知必然發為是非之心以從事道德判斷。是非之心一旦發用，即思考、反省之後，判斷完成之時，此時方可言「智」。

〔註51〕蔡祥元，〈孟子「不動心」的根源〉，《道德與文明》第 2 期，2013 年，頁 55～61。

〔註52〕黃俊傑，〈孟子知言養氣章集釋新詮〉，《國立臺灣大學歷史學系學報》第 14 期，1988 年，頁 85～150。

〔註53〕朱熹，《四書章句集註》，北京：中華書局，2011 年，頁 213。

〔註54〕宋·陳淳，《北溪字義》，卷上，北京：中華書局，1983 年。

是非之心未發用時，潛存於人本心的「智性種子」、「智之端」，發用
後即有所謂「智」，智在此是一種「德性」。〔註55〕

筆者認爲這種發用的德性，即爲一個人經「道德判斷力」而自覺自願選
擇作爲「志」的一種德性，足以在生命中展現成爲「道德實踐力」。故徐復觀
先生認爲：

僅在不動心這點上，還不能判定一個人的人格上的成就：主要看他
係通過哪種工夫而得到不動心的效果，同是不動心，因工夫的不
同，而不動心的內容與所發生的作用也不同。〔註56〕。

因此，僅就「不動心」並不能作爲人格層次的指標，還要看心的志向何
在，因爲志向的不同，其「不動心」的層次亦將有所不同。唯有掌握了正確
的志向及修養功夫，人格層次才能逐漸提高；當人格層次向上提高，更高層
次的志向還會相應產生，其「不動心」的層次還可以逐步遞升。蒙培元說：
「儒家思想的特點，它主張情感的昇華，或以性節情，而不是取消情感。是
『情者性之動』」〔註57〕蒙培元又說：「動心爲了不動心，忍性爲了培養人
性。」說：「不動心是第一步工夫」〔註58〕。蒙培元提出「動心爲了不動心，
忍性爲了培養人性。」，更讓我們有理由相信，所謂「動心忍性，曾益其所不
能。」就是在艱苦磨練之後，心理層次提升，價值觀提高，「志」也同時提
高。孟子曰：

故天將降大任於是人也，必先苦其心志，勞其筋骨，餓其體膚，空
乏其身，行拂亂其所爲，所以動心忍性，曾益其所不能。人恒過，
然後能改；困於心，衡於慮，而後作；徵於色，發於聲，而後喻。
(《孟子·告子下35》)

孟子特別重視困境對人的影響作用，一個堪當大任的英才，往往需要經
過艱苦卓絕「習」的過程，來鍛鍊他的心志，提升他的能力。「苦其心志」、「困
於心」、「衡於慮」都是「心」在困難之中接受的鍛鍊，在困難之中選擇自己
行爲依據的道德標準，逐步創造自己道德境界的高標準。由此可以看出，孟

〔註55〕潘小慧，〈孟子中的「智德」思想〉，《哲學與文化》第 29 卷第 10 期，2002
年，頁 900。
〔註56〕徐復觀，〈孟子知言養氣章試釋〉，《中國思想史論集》，臺北：台灣學生書局，
1959 年，頁 143。
〔註57〕蒙培元，《中國心性論》，頁 300。
〔註58〕蒙培元，《蒙培元講孟子》，北京：北京大學出版社，2006 年，頁 197。

子肯定的「道德」是在實踐中所習得的能力。黃信二說：「《孟子》文本論『性』的一大特徵即是『性』的可鍛鍊性。此一特徵主要表現在『所以動心忍性，曾益其所不能』的工夫論中」〔註59〕郭梨華說：「『情』與『性』在《性情論》（〈性自命出〉）中，作為一種本源，不是定著不動的，而是不斷在運動當中呈顯的」〔註60〕《孟子》的「動心忍性」就是「志」的提升過程，〈性自命出〉說：「待悅而後行，待習而後奠。」「悅」就是讓「心」動的一種「情」，〈性自命出〉用「心取」來說明這種「心」的運動狀態。〈性自命出〉說：「凡性為主，物取之也。金石之以有聲，〔弗扣不〕〔鳴。人之〕雖有性，心弗取不出」。丁元植說：

> 簡文此數句，似謂：一切都是以人的本性為主體，而外物是引取〔本性的興作〕。〔就像〕金屬或玉石樂器是會發出音聲的，但若不加以敲擊，就不會產生鳴響。人雖然具有天生的本性，若不是心的主導引發，就不會表現出〔各種不同方式的行為取捨〕。〔註61〕

「動心忍性」很可能就是在與外物相接的道德實踐中，所產生的「心取」運動。「動心忍性」足以讓「不動心」的層次提升，所以才得以「曾益其所不能」，就是蒙培元說的：「動心為了不動心，忍性為了培養人性。」經由道德實踐工夫立志層次可以不斷提升，也呼應了黃信二說的，《孟子》「性」的可鍛鍊性並與前述幾位學者的觀點於此而相互呼應。

《孟子》尚有「盡心」概念，也是使「心」提升工夫，孟子曰：「其為氣也，至大至剛，以直養而無害，則塞於天地之間。」（《孟子・公孫丑上 2》）帛書〈五行〉說文云：「不直不適。直也者，直其中心也，義氣也。直而後能適，適也者，終之者也；弗受於眾人，受之孟賁，未適也。」（第十一章）〔註62〕高正偉說：

> 說文作者把孟子仁、義、禮的端緒分別看成是一種內心固有的氣，就是說，仁氣、義氣、禮氣實際上就是孟子的仁之端、義之端、禮

〔註59〕黃信二，《孟子與象山心性學之詮釋意涵》，臺北：里仁書局，2014 年，頁 76。

〔註60〕郭梨華，《出土文獻與先秦儒道哲學》，臺北：萬卷樓圖書公司，2008 年，頁 297。

〔註61〕丁原植，《郭店楚簡儒家佚籍四種釋析》，《性自命出》篇釋析，臺北：台灣古籍出版社，2004 年，頁 32。

〔註62〕高正偉，〈論《五行》說文對孟子仁義觀的發展〉，《孔子研究》第 5 期，2012 年，頁 60。

之端。每種氣經過「養」而逐步提升到一個新的階段，在一系列的
擴充之後達到圓滿境界——仁、義、禮。〔註63〕

依高正偉所言，則「四端之心」即是內心固有的氣，經過「養氣」的過
程，可以擴充完成而爲「仁義禮智」之性。高正偉又說：

每種氣貫穿每一個發展階段，……只是在每一個發展階段，氣都呈
現出不同的特徵，如義氣擴充過程中表現爲直、迆、果、簡、行，……
但各個階段的氣之間並沒有質的區別，只有表現特徵的不同，或者
說只有道德境界的高低之分。〔註64〕

而「氣」在發展的過程，還呈現出不同的特徵。高正偉說，發展過程的
氣，沒有質的區別，只有「道德境界的高低之分」。筆者則認爲：「氣」的發
展過程，是一個「量變到質變」的過程，「量」的積累可能帶來「質」的提升，
「氣」可以不斷「擴充」，而不斷提高主體的道德境界，「志」也將同時得到
不斷提升，最終達於「浩然之氣」充滿的「大丈夫」境界，帛書〈五行〉說
文便提供了上述可以佐證的內容。

居天下之廣居，立天下之正位，行天下之大道。得志與民由之，不
得志獨行其道。富貴不能淫，貧賤不能移，威武不能屈。此之謂大
丈夫。(《孟子・滕文公下7》)

孟子「大丈夫」的生命狀態，展現的就是「不動心」的高層次境界，「富
貴不能淫、貧賤不能移、威武不能屈」，便表現出堅毅不拔的高層次「不動心」
狀態。張岱年說：「『志』即『得志』的志，就是說我是一個有志願的。這表
示了他的主體性思想。……孟子的主體觀念就表現在『大丈夫』上。」〔註65〕
孟子的「志」表現了孟子的主體性思想，成爲一個「浩然之氣」充滿，道德
圓滿的「大丈夫」。「志」是自我定位的主體性思想，就是人之所以爲人，應
該努力追求的人生價值。以上是筆者對於《孟子》「志氣論」學習過程的參考
文獻回顧，在前人的強大研究基礎上，期望能有所發現。

〔註63〕 高正偉，〈論《五行》說文對孟子仁義觀的發展〉，頁 61。
〔註64〕 高正偉，〈論《五行》說文對孟子仁義觀的發展〉，頁 61。
〔註65〕 曾春海，《中國近當代哲學史》，臺北：五南圖書公司，2018 年，頁 433。

第二章　《孟子》「志氣論」對於孔子學說的繼承與發揚

　　《論語》「學而」首章：「學而時習之，不亦悅乎？」其中「學」→「習」→「悅」包含著儒家宏觀與微觀的重要精神。對於此章的詮釋，一向為學界所熱衷，主要就在於此章的內涵，足以指出儒學的重要架構與思想方向。本文嘗試分析「學」→「習」→「悅」三者的內涵，藉以說明儒學乃立足於「個體生命體悟與成長」的學問，而《孟子》「志氣論」正傳承了孔子「仁學」的「道德實踐」特點，發揚了儒家「成己——成德」的生命之學，而形成「學」→「習」→「悅」→「志」的發展路徑。

第一節　《論語‧學而》首章的「道德實踐」內涵

　　《論語》「學而時習之」中的「學」→「習」→「悅」究竟蘊含何種內涵，向來為學者所討論，本文不打算重述「反覆誦習學問」的傳統論點，只從筆者的核心觀點加以申述，指出其「體悟→實踐」的特質。

一、《論語》「學而時習之」：「學」的內涵

　　「學而時習之」所學究竟包含哪些內容，學者專家多所論述，本文認為：所學內容何所指，並不是理解本章的關鍵問題，可以見仁見智而不構成整體思想的太大差異，因為本文主張「學」的內容應該包含一切萬事萬物，對於「學」之涵義的掌握，需要落在「學者——覺也」這個概念上才是決定性的重點，「學」其實是為了喚起內心的醒覺，所學可以很廣泛，並不僅止於知識

的認識或理解。伊藤仁齋《語孟字義》說：「學者，效也，覺也，有所效法而覺悟也。」〔註1〕「學」自然也可以從效法對象而來。黃俊傑說：「仁齋基本上發揮朱子的意見，認爲『學』既是『效』，又是『覺』，前者是工夫與過程，後者是『學』之目標」。仁齋又說：「孟子所謂『存養擴充』之類，皆即是『學』。」〔註2〕「有所效法而覺悟」效法的對象與形式可以多種多樣，並不限定在書本上的學問，因爲「學」只是工夫與過程，「覺」才是「學」的目標。「覺」是主體意識的一種覺醒，必定會與行爲的改變有關。孟子曰：「從其大體爲大人，從其小體爲小人。」（《孟子·告子上 15》）勞思光說：「大體指自覺心，小體指感官。」〔註3〕伊藤仁齋指出孟子的「存養擴充」作爲代表「學」的一種內容，「存養擴充」是「道德實踐」的工夫，足以提升個體的道德自覺，可見所學並非僅止於書本上記憶理解的知識學問，而主要指的是「大人之學」，重在提升主體的道德自覺。皇侃《論語義疏》引《白虎通》訓「學」爲「覺」：「《白虎通》云：『學，覺也，悟也。』言用先王之道，導人情性，使自覺悟也。去非取是，積成君子之德也。」〔註4〕《白虎通》的看法是，從對「先王之道」的理解開始，再內化爲自己的性情，「學」是一個不斷「去非取是」的積德過程，可見重在身體力行。錢時說：「學者，覺其所固有而已，故曰：『大學之道，在明明德。』」〔註5〕錢時認爲「學」是「覺其所固有而已」又說「在明明德」與孟子所講的「存養擴充」有著相似的內涵。黃俊傑說：「在《論語》詮釋史上將『學』字解爲『覺』的人，基本上是本孟子解孔子。南宋楊簡（慈湖，1140～1225）解釋『學』字，就以孟子的『求其放心』的說法解釋『覺』的過程」〔註6〕本孟子解孔子的學者皆認爲，所覺者是自身本來就具有的內在德性，不假外求。與前述「存養擴充」、「求其放心」皆在於自身內在德性的覺察與醒悟。明儒劉宗周說：「學之爲言效也，漢儒曰覺，非也。學所以求覺也，覺者心之體也，心體本覺，有物焉蔽之，氣質之爲病也，學

〔註1〕伊藤仁齋，《語孟字義》，《日本儒林叢書》，東京：鳳出版社，1978 年，卷 6 下，頁 56。

〔註2〕黃俊傑，〈德川日本儒者對《論語》「學而時習之」章的解釋：中日比較的視野〉，《德川日本《論語》詮釋史論》，臺北：台大出版中心，2006 年，頁 470。

〔註3〕勞思光，《新編中國哲學史》，臺北：三民書局，1997 年，頁 169。

〔註4〕皇侃，《論語集解義疏》，卷 1，頁 1～4。

〔註5〕宋·錢時，《融堂四書管見》，臺北：臺灣商務印書館。

〔註6〕黃俊傑，〈德川日本儒者對《論語》「學而時習之」章的解釋：中日比較的視野〉，《德川日本《論語》詮釋史論》，頁 480。

以復性而已矣。」〔註7〕劉宗周認爲「學」在於「復性」，可見「覺其所固有」是重點。黃俊傑說：「劉宗周認爲『心之體』有時易爲外物所蔽，所以，必須經過『學』之工夫與過程，才能達到『復性』之目的。」〔註8〕「覺」則能「去蔽」也才能「復性」，所學並非外求學問，而是內在的覺察與回歸，這樣的學問絕非僅限於記誦之學，而與個體的行爲密切相關。

朝鮮儒者高廷鳳（1743〜1822）說：「夫學而時習，學者所以明明德也。」〔註9〕高廷鳳亦以「明明德」詮釋「學」的內涵。黃俊傑說：朝鮮儒者「高廷鳳、徐吉德、李嶔都將《學而》篇第一章『學而時習之』的『學』理解爲學『大學之道』，也就是指『明明德工夫』。」〔註10〕朝鮮儒者多數認爲所「學」重點在於發揚內在光明的德性，「學」的內容其實就是「德」，並不是刻板的書本知識。馬文增說：「《說文》『覺』、『悟』二字互訓，皆清醒、理解、明白之意。……故曰：『學也者，求以盡吾心也。』（《王陽明全集‧答徐成之》）」〔註11〕將「學」視爲「盡心」的工夫，亦是《孟子》重要的「道德實踐」概念。由此可以看出《孟子》傳承了孔子《論語》「學而」首章的「道德實踐」內涵，儒家之「學」皆在「覺」內在之道德，孟子曰；「從其大體爲大人」（《孟子‧告子上 15》），勞思光說：「大體指自覺心」〔註12〕，「學」使人提升「自覺心」，可見，儒家眞正的學，指的都是「大人之學」。孟子曰：「心之官則思……先立乎其大者。」（《孟子‧告子上 15》）「大人之學」要用「思」的方法，「先立乎其大者」，「思」就是開發「自覺心」的方法，因此，「學者，覺也。」才是「學」眞正的內涵。

二、《論語》「學而時習之」：「習」的內涵

對於「習」的內涵，宋‧鄭汝諧《論語意原》說道：「古人之學必有人處，

〔註 7〕　明‧劉宗周，《論語學案》，臺北：臺灣商務印書館，1986 年，卷 1，頁 1〜2。
〔註 8〕　黃俊傑，〈德川日本儒者對《論語》「學而時習之」章的解釋：中日比較的視野〉，《德川日本《論語》詮釋史論》，頁 484。
〔註 9〕　高廷鳳，〈禦制經書疑義條對一論語〉，《韓國經學資料集成》第 26 冊，論語九，頁 23〜25。
〔註 10〕　黃俊傑，〈朝鮮儒者詮釋《論語》「學而時習之」章的思想基礎〉，《中國詮釋學》第二輯，2004 年，頁 212。
〔註 11〕　馬文增，〈《論語》「學而時習之」章新讀新解〉，《鵝湖月刊》第 39 卷第 10 期，總號第 466，頁 27。
〔註 12〕　勞思光，《新編中國哲學史》，臺北：三民書局，1997 年，頁 169。

於所人處而用力焉,是之謂習。」〔註13〕「習」必定要在與人相接之間展開,沒有人際關係便談不上道德實踐。《禮記‧學記》:「藏焉、脩焉、息焉、遊焉。」林盈君說:

> 不論是在藏、脩、息、遊等四種不同的狀態下,也不暫忘所學,「藏」是心常懷抱所學之時,「脩」是脩習不廢之時,「息」是作事倦息之時,「遊」是閒暇無事遊行之時,都仍心在於學,如此在動靜間,一刻不暫忘所學,而當學習能達到一刻不暫忘的地步,那表示身體的記憶已然成形。〔註14〕

「習」是在「學──覺」之後演練如何將所覺之德恰當地實踐的一種工夫。「習」需要在人倫日用之間,時時刻刻將它實踐運用。「學」使得內在的德心覺醒,「習」則使覺醒之德心透過道德實踐而與德行合而為一,當德行透過不斷地實踐之後,德心與德行合而為一,便會成為一個人的德性呈顯為性格。時刻念茲在茲,掌握時機將所覺之「德心」化為實際的「德行」,還要將「德行」不斷演練操作,使其能恰如其分地達於理想的境界。《說文》:「習,數飛也。」張偉說:

> 孔子在「學而時習之,不亦說(yue)乎?」這句話中,要表達一種境界的提升,一種行為的變化,恰恰要強調「學」與「習」的差異性!那麼,從「學」到「習」的過程,隱含一種從理論到實踐的過程;從思想到行為的一種歸依。……「小鳥反復試飛」這種意境,難道不是他最好的選擇嗎?可見,在這裡,「習」字最佳的解釋就是「實踐和試驗」。〔註15〕

從「學」到「習」就是從「理論到實踐」,對於「習」的理解,猶如成長中的幼雛,當它在初始學習飛行時,對於翅膀的操作並不熟稔,因此可能影響它能否順利起飛,也可能影響它對於飛行的方向操控,或者影響其飛行的速度與距離。子曰:「性相近也,習相遠也。」每個人天生的秉性也許相近,然而因為後天所「習」不同,便有可能形成極大的差異。潘小慧說:

〔註13〕 鄭汝諧,《論語意原》,《景印文淵閣四庫全書》,經部‧四書類,冊193,卷1,〈學而第一〉,頁199~113。
〔註14〕 林盈君,〈學而時習之之「習」與身體〉,《新北大史學》第6期,2008年,頁13。
〔註15〕 張偉,〈學而時習之,不亦說乎中「習」含義辨析〉,《課程教育研究》,2015年。

　　「多瑪斯以為，習慣……是由重複不斷的產生直到變成一個人的第二天性」。〔註16〕不斷的重複，最終將會成為一種天性。可見，讓好的行為不斷地出現是非常重要的。潘小慧又說：「王船山與多瑪斯同，均肯定習慣與本性的關聯性。……王船山除了主張『習與性成』，亦力倡『性日生日成』論，其目的是強調道德理性的與日俱進，直到至善的境界。」〔註17〕王船山的「性日生日成」除了反覆出現的好習慣之外，這個「習慣」的層次顯然是會進步與提升的。潘小慧又說：「此共通普遍之人性只是如『至善種子』或『仁性種子』般（如孟子學說中的四端之心），作為倫理實踐『行善』的基礎；並非『一受成侀』、『不受損益』之已固定完成之人性，而是天命於穆不已，人性亦恆久不息」〔註18〕共通普遍之人性，可以在這不斷提升的「好習慣」中持續成長，而止於至善。潘小慧也提到顏元說：「顏元……不論是事功的創造，抑或道德的成全，均離不開習行（實踐）之功。」〔註19〕「習」指出了無論是「事功的創造」或「道德的成全」，都需要透過不斷地「實踐」，才能形成一個人的品格德性，才足以決定一個人生命的狀態與生命的高度，似乎在中西哲學中我們可以找到其中共識的基礎，而儒家的「習」有生命境界不斷提升的意涵，這一點似乎是儒家道德實踐的重要意義所在。

三、孔子「學→習」的工夫進程

　　子曰：「吾十有五而志於學，三十而立，四十而不惑，五十而知天命，六十而耳順，七十而從心所欲，不踰矩。」（《論語・為政 4》）此章便是孔子對於「學→習」工夫進程的自述。孔子稱自己「三十而立」又說：「不學禮，無以立。」（《論語・季氏 13》）「禮」是立身行事的儀則，如何待人處事與人交往，正是所學的要點，儒家於人倫日用之間皆以「禮」為依歸，可見孔子的「學」必須在人倫日用之間運用與施行，「道德」不能只是自身的認知，還必須是人我關係的和諧，故「學」之後必須「習」，覺察內在德心便要力行實踐，至於何謂理想的「德行」則需要經過他人的不斷檢驗。有子曰：「禮之用，和

〔註16〕潘小慧，〈多瑪斯論習慣之本性〉，《哲學與文化》第 33 卷第 7 期，2006 年，頁 104。
〔註17〕潘小慧，〈多瑪斯論習慣之本性〉，頁 115。
〔註18〕潘小慧，〈「善」的意義與價值——以孔孟哲學為例〉，《哲學與文化》第 29 卷第 1 期，2002 年，頁 39。
〔註19〕潘小慧，〈多瑪斯論習慣之本性〉，頁 115。

爲貴。先王之道斯爲美，小大由之。有所不行，知和而和，不以禮節之，亦不可行也。」（《論語‧學而 12》）「道德」需要在人我之間不斷演練運用，就像鳥兒習飛，是否能夠成爲飛行高手，端看是否能勤於所「習」，而所習必須在與人交往之中進行，使人與人之間的互動達於和諧，忽略了他人，則無法真正實踐道德。劉艷俠說：

> 儒家教育中關切的問題是怎樣去做才是仁的德性，仁表示何種的實踐，什麼樣的人可以成爲仁人君子。所以，儒家更多地把「學」理解爲學習者主動的、貫穿一生的實踐活動。〔註20〕

「學」是學習者主動的、貫穿一生的實踐活動，「學」需要「覺」才能主動去做，「學」需要實踐，則說明「學」之後「習」的重要性。由此可知，如果沒有透過「習」的工夫，所「學」便將落入空處。郭店出土儒簡〈性自命出〉：「凡人雖有性，心亡奠志，待物而後作，待悅而後行，待習而後奠。」林盈君說：「『待物而後作』之『物』，即指所處的『環境』而言，在一定的時空背景下才能實行，也才能決定『志』的方向。」〔註21〕「習」足以決定「志」的方向，我們可以「學」→「習」→「悅」→「志」來表述。〈性自命出〉「待物而後作」說明了只有與外「物」相交接才能真正地「習」，只有在習得人我達到最和諧的德行互動狀態，才是德行最符合本心願望的狀態，此時的德行才能產生發自內心的「悅」。「覺」是德心的覺察，「悅」則是內外交融之後產生人我整體和諧所引發的內在喜悅，這種喜悅會成爲一股道德願望，而形成孟子所謂的「志」。這個「志」有別於《論語》「吾十有五而志於學」的「志」，「志於學」的「志」是志於主動向外學習，而由「悅」產生的「志」則是自然發自內在的道德喜悅與願望。筆者認爲「志於學」的「志」可以說是「有意耕耘」，由「悅」產生的「志」是「無意的自然收穫」，因此，「只問耕耘，不問收穫」便成爲「道德實踐」的重要原則要領。當德心與德行高度合一，此時對於先前所覺察的自覺的德心便不再有任何疑惑，「四十而不惑」便是堅定不移的道德實踐動力與《孟子‧公孫丑上》：「四十不動心。」皆可做爲「志」來理解。勞思光說：「所謂『不動心』者，正在於心志如理自在，非心與事隔之靜歛不動也。明乎此，則知孟子論『不動心』之本旨。」〔註22〕「不動心」

〔註20〕 劉艷俠，〈『學』的內求與外發——從《論語》首章看儒家教育要義〉，《湖南師範大學教育科學學報》第 14 卷第 1 期，2015 年，頁 24。
〔註21〕 林盈君，〈學而時習之之「習」與身體〉，頁 14。
〔註22〕 勞思光，《新編中國哲學史》，頁 172。

與「不惑」顯然皆因「心志如理自在」而來。孔子「十有五而志於學」→「三十而立」→「四十而不惑」→「五十而知天命」→「六十而耳順」→「七十而從心所欲，不踰矩」，與孟子「盡心→知性→知天」都是讓「心志如理自在」的學習進程，為彼此呼應，相互傳承的系統脈絡。

《論語・學而》首章：「學而時習之，不亦說乎？有朋自遠方來，不亦樂乎？人不知而不慍，不亦君子乎？」與《論語・為政 4》子曰：「吾十有五而志於學，三十而立，四十而不惑，五十而知天命，六十而耳順，七十而從心所欲，不踰矩。」皆是孔門道德實踐哲學的進程與發展脈絡，《論語》「從心所欲，不踰矩。」的成德君子，與《孟子》浩然之氣充滿的「大丈夫」，亦是孔孟一脈相承與繼承發揚的思想軌跡，郭店出土儒簡〈性自命出〉的「待悅而後行，待習而後奠。」為這一個思想脈絡，搭起了貫通思想的重要橋樑。

第二節　孔子「仁學」的「道德實踐」內涵

「仁」是孔子思想的核心，《論語》記載有關孔子談仁的內容極為豐富，然而細查這些內容，卻不容易歸納出孔子對於「仁」的明確定義。「仁」在《論語》中只是孔子因人、事、時、地之不同，對於道德實踐的隨機指點，並不具有理論上固定的定義。

顏淵問仁。子曰：「克己復禮為仁。」（《論語・顏淵 1》）子張問仁於孔子。孔子曰：「能行五者於天下，為仁矣。」請問之。曰：「恭、寬、信、敏、惠。」（《論語・陽貨 6》）孔子提出「克己復禮」、「恭、寬、信、敏、惠。」都是「仁」的內涵。不一樣的人問「仁」，孔子給的答案通常是不一樣的。

仲弓問仁。子曰：「出門如見大賓，使民如承大祭。己所不欲，勿施於人。在邦無怨，在家無怨。」（《論語・顏淵 2》）憲問：「克、伐、怨、欲不行焉，可以為仁矣？」子曰：「可以為難矣，仁則吾不知也。」（《論語・憲問 1》）孔子回答仲弓「無怨」為仁。然而原憲問「怨不行」能否稱為「仁」，孔子卻未加以肯定。可見，在不同的情況，不同的對象，孔子對於「仁」的指導是不同的。我們因此認為，不一樣的人、事、時、地所需要實踐的「仁」可能都有不一樣的內容，「仁」並不是一個固定的行為模式，「仁」的實踐需要在人與人的互動關係中，調整其內容與形式，是發自內心的「道德」，而不是外在「道德規範」的遵守。

宰我問:「三年之喪,期已久矣。君子三年不爲禮,禮必壞;三年不爲樂,樂必崩。舊穀既沒,新穀既升,鑽燧改火,期可已矣。」子曰:「食夫稻,衣夫錦,於女安乎?」曰:「安。」「女安則爲之!夫君子之居喪,食旨不甘,聞樂不樂,居處不安,故不爲也。今女安,則爲之!」宰我出。子曰:「予之不仁也!子生三年,然後免於父母之懷。夫三年之喪,天下之通喪也。予也,有三年之愛於其父母乎?」(《論語·陽貨 21》)

宰我問孔子,爲父母守喪三年,時間太久了,對於一般社會「禮樂」制度的學習與遵行必將崩壞,是不是可以將守喪時間改成一年。孔子回答說,爲父母守喪,是出自於內在道德的需要,因爲父母去世,內心哀傷,自然地「食旨不甘,聞樂不樂」,至於「食夫稻,衣夫錦」,內心自然感到不安,因此不這麼做。如果你覺得「安」,你就去做吧。對於宰我回答:「安」,孔子批評宰我爲「不仁」,可見「仁」也包含對父母的「孝」心。孔子謂令尹子文及陳子文:「未知焉得仁?」(《論語·公冶長 19》)孔子說不「智」如何能「仁」,可見「仁」還包含了「智」。子曰:「仁者必有勇。」(《論語·憲問》)「仁」也包含「勇」,而「克己復禮爲仁。」(《論語·顏淵 1》)也說明「仁」包含了「禮」。可知,「仁」還包含「智」、「勇」、「禮」。

因此,我們可以說,「仁」是「德」的最大內涵,包含所有人應該具備的道德,包含所有人應該如何相互對待的道理。一個人想要達到「仁」的境界,唯有透過「習」來不斷的調整提升道德的內涵與層次,才能止於至善。「君子」是孔門重要的修德指標,子曰:「君子之於天下也,無適也,無莫也,義之與比。」(《論語·里仁 10》)「無適也,無莫也」說明並沒有固定的形式,「義之與比」表示合於「義」是最重要的原則。子曰:「君子義以爲質,禮以行之,遜以出之,信以成之,君子哉!」(《論語·衛靈公 18》)「君子」對於所謂道德的判斷,乃依據當下的人、事、時、地、物之不同來做適宜的判斷,再用合於「禮」的恭敬態度表現出來,而能遵守承諾,這才是「君子」之「仁」。《中庸 20》云:「義者,宜也。」指的就是當下最適合的行爲才能稱爲「義」,合於「義」才是眞正的道德。

子路問:「聞斯行諸?」子曰:「有父兄在,如之何,其聞斯行之!」
冉有問:「聞斯行諸?」子曰:「聞斯行之。」公西華曰:「由也問聞斯行諸,子曰有父兄在,求也問聞斯行諸,子曰聞斯行之。赤也惑,

敢問。」子曰：「求也退，故進之，由也兼人，故退之。」(《論語‧
先進 22》)

　　對於子路和冉有提出的同樣問題：「聞斯行諸。」，孔子給了完全不一樣
的答案，公西華提出了他的疑惑，孔子回答說，因爲他們兩個人性格不一樣，
所以需要不一樣的指點，冉有個性退縮，所以鼓勵他積極進取，子路積極躁
進，所以，希望他慎思而後進。孔子隨機指點的「道德實踐」精神，充分地
顯現了「仁」者的高度關懷，也充分說明了「道德」的「實踐」內涵。

第三節　《孟子》「志氣論」的「道德實踐」內涵

　　《孟子》「志氣論」傳承孔子「仁學」的「道德實踐」特點，也發揚光大
了孔子的「君子」概念。孟子曰：「人之所以異於禽獸者幾希，庶民去之，君
子存之。舜明於庶物，察於人倫，由仁義行，非行仁義也。」(《孟子‧離婁
下 47》)《孟子》「學→習」所達到的「君子」境界：「由仁義行」，就是由德性
層次的不斷提升而來。

一、《孟子》「志氣論」對於孔子「學」的傳承

　　《孟子》「志氣論」傳承了孔子對於「學」的思想，擴大了儒家心性論的
理論內容。《孟子》從現象說明，認爲所「覺」者是人心本有的「四端之心」、
「良心」、「不忍人之心」。孟子「即心言性」，提出所謂「性」乃是未完成的
善「端」。孟子曰：

> 所以謂人皆有不忍人之心者，今人乍見孺子將入於井，皆有怵惕惻
> 隱之心。非所以內交於孺子之父母也，非所以要譽於鄉黨朋友也，
> 非惡其聲而然也。由是觀之，無惻隱之心，非人也；無羞惡之心，
> 非人也；無辭讓之心，非人也；無是非之心，非人也。惻隱之心，
> 仁之端也；羞惡之心，義之端也；辭讓之心，禮之端也；是非之心，
> 智之端也。人之有是四端也，猶其有四體也。有是四端而自謂不能
> 者，自賊者也；謂其君不能者，賊其君者也。凡有四端於我者，知
> 皆擴而充之矣，若火之始然，泉之始達。苟能充之，足以保四海；
> 苟不充之，不足以事父母。(《孟子‧公孫丑上 6》)

孟子以「孺子將入於井」說明人人皆有內在本具的善「端」，勞思光說：

「四端待擴充，即見『性善』之說決不能指實然始點。」〔註23〕《孟子》主張在人倫日用之間，在待人處事之間，在與人交往之中，要不斷地去覺察內在的「德心」，進而加以實踐，這就是孟子對於孔子所謂「學」的傳承，孟子發揮了孔子「學者，覺也」的內涵，並擴展了道德「實踐」的意涵。

二、《孟子》「志氣論」對於孔子「習」的傳承

　　《孟子》「志氣論」傳承了孔子對於「習」的實踐概念，亦大大的加以充實與發揚。孟子對齊宣王說：

> 臣聞之胡齕曰，王坐於堂上，有牽牛而過堂下者，王見之，曰：「牛何之？」對曰：「將以釁鐘。」王曰：「舍之！吾不忍其觳觫，若無罪而就死地。」對曰：「然則廢釁鐘與？」曰：「何可廢也？以羊易之！」不識有諸？（《孟子·梁惠王上7》）

　　齊宣王看到一隻將被帶往釁鐘的牛，見它觳觫的情狀，內心不忍，因此請人「以羊易之」。這是齊宣王對於「惻隱之心」的覺察與實踐，然而「以羊易之」是否為針對此事最恰當的「德行」實踐方法，則是孟子與齊宣王進行討論之處，這就是孟子隨機指點德行實踐的方法，也是道德實踐所要「習」的內容。

> 故推恩足以保四海，不推恩無以保妻子。古之人所以大過人者無他焉，善推其所為而已矣。今恩足以及禽獸，而功不至於百姓者，獨何與？權，然後知輕重；度，然後知長短。物皆然，心為甚。王請度之！抑王興甲兵，危士臣，構怨於諸侯，然後快於心與？（《孟子·梁惠王上7》）

　　孟子趁機適時地對齊宣王提出「推恩」的建議，期望齊宣王能將「愛牛之心」「推恩」於百姓，藉此提示齊宣王，「推恩」是一種「道德選擇」，足以提升「道德實踐」的高度。

> 蓋上世嘗有不葬其親者。其親死，則舉而委之於壑。他日過之，狐狸食之，蠅蚋姑嘬之。其顙有泚，睨而不視。夫泚也，非為人泚，中心達於面目。蓋歸反虆梩而掩之。掩之誠是也，則孝子仁人之掩其親，亦必有道矣。（《孟子·滕文公上5》）

　　孟子也曾提出人類對於道德「學習」的幾個例子，其中有一則說到：上

〔註23〕勞思光，《新編中國哲學史》，頁165。

世之人本不知道親人過世應該加以埋葬，而當他們見到丟棄野外的親人屍體，被動物昆蟲侵襲的時候，內心自然產生不忍之心，而意識到應該將去世之人好好安葬，這就是一種「學──覺」也是一種「習」，是一種「覺悟」也是一種道德行為的「調整與修正」，也是一種道德的「習得」。人類就是在這樣的不斷「學→習」的過程中，實踐了內在本具的德心，成就了自己的德性。在《孟子》中的相關內容，乃傳承了孔子對於「習」的觀念。我們可以說《孟子》傳承孔子對於「習」的觀念，闡揚了包含「道德判斷」→「道德選擇」→「道德實踐」等內涵。

三、《孟子》「志氣論」的「學→習」工夫進程

> 故天將降大任於是人也，必先苦其心志，勞其筋骨，餓其體膚，空
> 乏其身，行拂亂其所為，所以動心忍性，曾益其所不能。(《孟子·
> 告子下 35》)

孟子提出「動心忍性」的論點，來表達《孟子》「志氣論」的「學→習」進程，這也是一個人志向提升的過程。《孟子》「志氣論」的道德實踐，就是「習」的工夫，本文以「德心」→「德行」→「德性」表述其進程，其中「德行」即是「道德實踐」的工夫。本文所述「德行」的工夫，主要包含有：「存養擴充」、「盡心知性」、「求其放心」等。「仁」乃人人生而具有，「習」使「仁」得以呈顯，《孟子》「志」的出現猶如孔子「仁」的呈顯，皆與「道德實踐」直接相關。「學」→「習」→「悅」→「志」→「學」→「習」→「悅」→「志」→「學」→「習」→「悅」→「志」迴旋上升，其中「志」是不斷提升的動態變化過程，「學」→「習」→「悅」三者的層次也會不斷提升，而《孟子》對於《論語》最大的補充，則在於「氣」為其中極為重要的變量。這便是《孟子》「志氣論」對於孔子學說的重要繼承與發揚。

第三章 《孟子》道德實踐工夫與「志」的關係

第一節 「存養擴充」與「志」

　　《孟子・公孫丑上》〈知言養氣章〉篇幅簡短而義蘊豐富，是代表孟子學術思想的重要篇章。探析〈知言養氣章〉中的「志氣」理論，可以讓我們清楚地勾勒出孟子於此章所傳達的具體而微的「進德之道」。《孟子》曰：「志壹則動氣，氣壹則動志也。」（《孟子・公孫丑上 2》），「志」與「氣」之間有著緊密的互動關係。本文認為孟子的「不動心」與「志」緊密相關，「志」能否長久持守，「志」的層次能否不斷提升，端看「氣」的質量能否積聚成長，而「氣」質量的積聚成長，也可以使「不動心」的層次不斷提升。「集義」就是「志壹動氣，氣壹動志」的「養氣」過程，「集義」要由「知言」來掌握其正確的方向，「持其志，無暴其氣」就是知言、養氣並行不悖的「集義」進程，在此進程中「氣」才能不斷地積累變化，「志」也將隨之向上層層遞升。「浩然正氣」即是「志」環環璇升，氣不斷量變→質變而來。如果「四端」是人異於禽獸的「德心」，那麼「集義」就是擴充「德心」的「德行」，經由持之以恆的「德行」實踐，方得成為「浩然正氣」充滿，「德性」充分呈顯，人格圓滿完成的君子。「德心」→「德行」→「德性」，在《孟子》「志氣論」中形成了一個清晰的進德歷程，而其中揭示了「道德實踐」在孟子成德思想中的關鍵性地位。

　　〈知言養氣章〉是《孟子・公孫丑上》孟子與公孫丑的一段對話，向來

為學者研究孟子學說的重要篇章，黃俊傑曾說這段孟子與公孫丑的精彩對話，是「以『原始生命的理性化如何可能』為主軸，涉及儒學諸多根本而重大之問題。」〔註1〕孟子由此道出自己有關「志氣」的思想理論，也架構了其「行道成德」的獨門工夫。程子曰：「孟子性善、養氣之論，皆前聖所未發。」又曰：「孟子有功於聖門，不可勝言。仲尼只說一個志，孟子便說許多養氣出來，只此二字，其功甚多。」〔註2〕王陽明說：「『志之所至，氣亦至焉』之謂，非極至次貳之謂。持其志則養氣在其中，無暴其氣則亦持其志矣。」〔註3〕王陽明認為，可以「持志」就是一種「養氣」的工夫，「持志」就可能達到「養氣」的效果，而「無暴其氣」就掌握了「持志」的要領。「志氣論」是孟子思想的重要貢獻，為哲學重要論題，「志」與「氣」是一種相互依存的關係。《孟子》曰：「志壹則動氣，氣壹則動志也。」程子曰：「志動氣者什九，氣動志者什一。」〔註4〕《孟子》曰：「行有不慊於心，則餒矣」在孟子的「志」與「氣」的關係中，「心」為關鍵之處。然而對於《孟子》「志氣論」的整體思想，「氣」亦為必不可少的要件。黃俊傑曾論及朝鮮儒者鄭齊斗的觀點，說：

> 鄭齊斗解釋孟子「養氣」說，最精要的在於「氣在乎心，心通乎氣，一焉無二」這句話。……鄭齊斗認為，孟子思想中「氣」與「心」合而為一，「一體不可偏無」，他的詮釋完全掌握孟子學的要義。〔註5〕

「心」與「氣」合一是「養氣」的要義，故「無暴其氣」才能「持志」，「持志」就能「養氣」，「心」與「氣」合一，「氣」的積聚同步帶動「志」的提升。孟子認為君子成德必在於其「浩然正氣」充滿之時，而「心」的重要性在於其能帶動「氣」的積聚成長，「氣」與「志」在孟子思想中皆為不可或缺極為重要的內涵。本章內容主要在探討孟子「志氣論」中「存心養氣」、「擴

〔註1〕 黃俊傑，〈從東亞儒學視域論朝鮮儒者鄭齊斗對孟子「知言養氣」說的解釋〉，《東亞儒學史的新視野》，臺北：台大出版中心，2004年，頁375。

〔註2〕 朱熹，《四書章句集注・孟子序說》。

〔註3〕 王守仁，《傳習錄》，《王陽明全集》（上），吳光、錢明、董平、姚延福編校，上海：上海古籍出版社，1992年，頁22。

〔註4〕 朱熹集註，蔣伯潛廣解，《廣解四書讀本》，臺北：商周出版社，2016年，頁472。

〔註5〕 黃俊傑，〈從東亞儒學視域論朝鮮儒者鄭齊斗對孟子「知言養氣」說的解釋〉，鄭仁在、黃俊傑編：《韓國江華陽明學研究論集》，臺北：臺大出版中心，2005年，頁276。

充四端」與「志」之間的關係。

一、「不動心」與「志」

《孟子·公孫丑上》〈知言養氣章〉由公孫丑與孟子討論「不動心」的問題開始。公孫丑問：「夫子加齊之卿相，得行道焉，雖由此霸王不異矣。如此，則動心否乎？」孟子曰：「否。我四十不動心。」並說，「是不難，告子先我不動心。」在此孟子提出一個論點：要達到「不動心」並不困難。接著，針對公孫丑的提問：「不動心有道乎？」孟子列舉了北宮黝、孟施舍和曾子三人來說明達到「不動心」的方法。

（一）北宮黝、孟施舍和曾子三人的「不動心」之道

> 北宮黝之養勇也，不膚撓，不目逃，思以一豪挫於人，若撻之於市朝。不受於褐寬博，亦不受於萬乘之君。視刺萬乘之君，若刺褐夫。無嚴諸侯。惡聲至，必反之。孟施舍之所養勇也，曰：『視不勝猶勝也。量敵而後進，慮勝而後會，是畏三軍者也。舍豈能為必勝哉？能無懼而已矣。』孟施舍似曾子，北宮黝似子夏。夫二子之勇，未知其孰賢，然而孟施舍守約也。昔者曾子謂子襄曰：『子好勇乎？吾嘗聞大勇於夫子矣：自反而不縮，雖褐寬博，吾不惴焉；自反而縮，雖千萬人，吾往矣。』孟施舍之守氣，又不如曾子之守約也。（《孟子·公孫丑上2》）

北宮黝的「不動心」表現在，面對任何外在的挑戰絕不退縮，不因對方的身分而有所動搖，孟施舍則是面對任何情況都能不計成敗，一往無前。一般認為北宮黝與孟施舍都是以「守氣」來達成「不動心」，孟子曾評論他們二人的「不動心」說：「夫二子之勇，未知其孰賢」，語詞之間可以看出，孟子對於他們二人的「不動心」，並沒有給予太多的肯定。孟子接著說：「然而孟施舍守約也」，在兩者之間，孟子似乎仍以孟施舍之「視不勝猶勝」為高。接著孟子又提出曾子的「不動心」來與他們二人做比較說：「曾子謂子襄曰：『子好勇乎？吾嘗聞大勇於夫子矣：自反而不縮，雖褐寬博，吾不惴焉；自反而縮，雖千萬人，吾往矣。』孟施舍之守氣，又不如曾子之守約也。」周海濤綜合三人的「不動心」說：

> 孟子把「勇」分為三個層次……孟子又兩次提到守約……然而孟施舍守約也……孟施舍之守氣，又不如曾子之守約也……朱子把

「約」解釋爲「要」也，把第一個「約」解釋爲「氣」……朱子把
第二個「約」解釋爲「所守尤得其要也」，即比「氣」更爲「根
本」的「根本」。……這個「尤得其要」中的「要」，就是指「志」、
「心」。〔註6〕

孟施舍比北宮黝能得守氣之「要」，因爲孟施舍能「視不勝猶勝」顯然已
由心上下功夫，而曾子則全然由心的「縮」與「不縮」來說明「不動心」之
道，認爲經由自我反省，內心覺得自己理「直」，才能達到「不動心」的境界，
得以表現出「雖千萬人，吾往矣。」的極大勇氣。周海濤在此點出，他們三
人層次不同的關鍵處即在於是否能從「心」上下工夫。曾子能「反身循理」
孟子讚許其「守約」，也就是說他最能掌握「不動心」的要領。由此可見，孟
子認爲「不動心」之道，即要從「心」上下工夫，而「存養擴充」即是孟子
對於「心」的修養工夫。

（二）告子的「不動心」

公孫丑接著問：「敢問夫子之不動心，與告子之不動心，可得聞與？」公
孫丑接著問孟子與告子「不動心」的方法又是如何呢？孟子於是首先分析說
明了告子的「不動心」之道──「告子曰：『不得於言，勿求於心；不得於
心，勿求於氣。』」「不得於心，勿求於氣，可；不得於言，勿求於心，不可。」
「不得於心，勿求於氣」告子不動心的方法是：「如果不是心中全然體認的道
理，就不要硬從氣上持守而使此心不動」，告子顯然是不贊同北宮黝與孟施舍
血氣之勇的「守氣」方法，孟子評論告子此說曰：「可」。對於告子這個說
法，孟子並未全然認同，但認爲尚可接受；而對於告子所謂「不得於言，勿
求於心」，孟子則強力反對曰：「不可！」。朱熹注此句爲：「于言有所不達，
則當舍置其言，而不必反求其理於心。」〔註7〕告子對於不能明白的，不能接
受的言論，就擱置它，不再去尋求明白其中之理。《焦循正義》：毛奇齡《逸
講箋》說：「曾子自反，只求心；北宮黝、孟施舍養勇，則但求氣。惟告子則
不求心、並不求氣。」黃俊傑說：「告子『不得於言，勿求於心；不得於心，
勿求於氣』的養氣工夫，實乃切斷『個人』與『社會』之有機關聯，大悖儒

〔註6〕 周海濤，〈從「守約」看孔孟子心性論的不同及對宋明理學的影響〉，《北京教
育學院學報》，北京，第 23 卷第 6 期，2009 年，頁 7～10。
〔註7〕 朱熹，《四書章句集註》，長沙：岳麓書社，1997 年，頁 332。

門一貫之傳統。」〔註8〕黃俊傑認爲告子這種「不得於言，勿求於心；不得於心，勿求於氣」的「不動心」的方法，就是在切斷自己與外界社會的有機關聯，也就是說，告子用封閉自己的方法，讓自己不受干擾，以求得「不動心」。孟子說「是不難，告子先我不動心。」顯然認爲，告子的方法很容易做到，但並不是一個根本之道，並不足取。徐復觀說：

> 告子的不得於言，勿求於心，是對於社會上的是非得失，一概看作與己無關，不去管他，這便不至使自己的心，受到社會環境的干擾。他之所以如此，是與他的「義外」說有關，義是對於事情應當或不應當的判斷，及由此判斷而引發的行爲。孟子的「義內」說，乃認爲此判斷係出於吾人之內心，不僅判斷之標準爲吾心所固有，否則不會作此判斷；並且以爲吾心既有此判斷，即係吾心有此要求；人之行義，乃所以滿足吾心之要求。〔註9〕

告子主張道德標準來自外在，孟子則主張道德標準來自內在的自我立法，所以，孟子以「心」來做爲道德判斷的標準，「心」與外界需要不斷融合溝通，讓自己的心眞正如理自在，無愧無怍，才能立定志向不動心，徐復觀說「人之行義，乃所以滿足吾心之要求」即是孟子「不動心」掌握的方向。蔡祥元說：「告子的不動心是一種對自己意念的死守，爲不動心而不動心，死守住一顆空洞的心，姑且可以稱之爲『守心』」〔註10〕，告子守心不動的方法，與孟子以「心」爲用功處的方法南轅北轍，故孟子堅決地反對說：「不可」。孟子接著說：「夫志，氣之帥也；氣，體之充也。夫志至焉，氣次焉。故曰：『持其志，無暴其氣。』」，孟子強力反對告子守心不動的方法，並且提出說明「志」與「氣」之間的重要關係，這正是孟子「不動心」於「心」上用功的最主要觀念與方法。

（三）「不動心」的要義：「志」

有關「動心」趙岐古注爲：「丑以此爲大道不易，人當畏懼之，不敢欲行也。」《朱子集注》說：「任大責重如此，亦有所恐懼疑惑而動其心乎？」楊

〔註8〕 黃俊傑，〈從東亞儒學視域論朝鮮儒者鄭齊斗對孟子「知言養氣」說的解釋〉，頁384。

〔註9〕 徐復觀，〈孟子知言養氣章試釋〉，《中國思想史論集》，臺北：臺灣學生書局，1975年，頁147。

〔註10〕 蔡祥元，〈孟子「不動心」的根源〉，《道德與文明》，2013年第2期，頁55～61。

伯峻亦注爲：「恐懼疑惑。」楊澤波則說：「『不動心』就是『不畏難』、『不畏懼』，完全屬於勇的範疇，和認知沒有直接聯繫，朱熹將『動心』釋爲『疑惑』，其不合理是非常明顯的。」〔註11〕筆者認爲「不動心」應以「不畏難」解之較爲適切，本文主張孟子此處所謂的「不動心」，乃是一種「立志」的狀態，程子曰：「心有主，則能不動矣。」〔註12〕「心有定志」故能勇往直前，不因恐懼而稍加改變。北宮黝志在「必勝」，孟施舍志在「必爲」，皆能有「志」故皆能「不畏難」，唯其僅用力於「守氣」則不易「持志」。曾子曰：「自反而不縮，雖褐寬博，吾不惴焉」，曾子能守住「不動心」的要領，「反身循理」不讓心有一絲於理不直之處，如此便能持志力行，雖千萬人吾往矣。故徐復觀認爲：

> 僅在不動心這點上，還不能判定一個人的人格上的成就；主要看他係通過哪種工夫而得到不動心的效果，同是不動心，因工夫的不同，而不動心的內容與所發生的作用也不同。〔註13〕

僅就「不動心」並不能作爲人格層次的指標，還要看讓此心不動的工夫爲何，而唯有在道德實踐中，在「學——習」中，不斷地反身循理，讓心如理自在，方能安於內心的行事準則與道德標準。而當「心」對於道德的領悟有所提升，其「不動心」的層次亦將有所不同。唯有掌握了正確的志向及修養工夫，人格層次才能逐漸提高；當人格層次向上提高，更高層次的志向還會相應產生，其「不動心」的層次還可以再度遞升。孟子逐層分析幾個「不動心」的方法之後，公孫丑進一步問及孟子「不動心」之道有何特殊過人之處，孟子提出了「知言」及「養氣」。「知言」及「養氣」即是孟子「存養擴充」的工夫，直接影響著「志」的定向與提升。

二、「知言養氣」與「志」

公孫丑問：「敢問夫子惡乎長？」曰：「我知言，我善養吾浩然之氣。」孟子認爲「知言」和「養氣」的工夫，便是自己比其他人更勝一籌的地方。首先公孫丑問：「何謂知言？」孟子回答說：「詖辭知其所蔽，淫辭知其所陷，邪辭知其所離，遁辭知其所窮。生於其心，害於其政；發於其政，害於

〔註11〕楊澤波，〈孟子氣論難點辨疑〉，《中國哲學史》，2001 年第 1 期，頁 55。
〔註12〕朱熹集註，蔣伯潛廣解，《廣解四書讀本》，頁 469。
〔註13〕徐復觀，〈孟子知言養氣章試釋〉，《中國思想史論集》，臺北：台灣學生書局，1959 年，頁 143。

其事。聖人復起，必從吾言矣。」

（一）「養氣」以「知言」→「知言」以「立志」

黃宗羲說：「知者，氣之靈者也。氣而不靈則昏濁之氣而已。養氣之後，則氣化爲知，定靜而能慮，故『知言』、『養氣』，是一項工夫。」〔註14〕黃宗羲認爲「知言」是由「養氣」而來，「知言」和「養氣」是合而爲一的一項工夫。「養氣」可以使人體氣清靈，進入「定靜而能慮」的身心狀態，進而產生對於「言」的靈敏判斷感知能力。伊藤仁齋說：「蓋知言則心存。心存則智明。智明則放之是非邪正，自無所迷惑，故知言爲存心之功。」〔註15〕「知言」就是對於「詖辭、淫辭、邪辭、遁辭」這些不正當的辯解之辭都能夠洞察其偏頗之處，而不受其迷惑的工夫，能夠「知言」便能對於道德做正確的判斷與選擇，得以立下正確的人生「志向」。鄭齊斗說：

> 詖，偏陂也；淫，放蕩也；邪，邪僻也；遁，逃避也；四者，言之病也。蔽，遮隔也；陷，沉溺也；離，叛也；窮，困屈也；四者，心之失也。凡四者皆相因。言人之有言，皆出於心，苟非其心純於正理而無蔽者，其言不得平正通達而必有是四者之病矣。即其言之病，而知其心之失。〔註16〕

鄭齊斗說「言出於心」，所以從「言之病」就可以知「心之失」，此謂「知言」。

岑溢成說：「『知言』即是知反映人生態度的道德之語言之正誤」。〔註17〕岑溢成認爲「知言」者，能判斷言說者的人生態度，及其道德觀念是否正確。明・張岱《四書遇》云：「養氣者養心，知言者知心，此孟子之得於心者也。」〔註18〕因此張岱認爲「知言」即是「知心」。孟子認爲一切不當的言論皆來自於偏頗邪僻的心，他說：「生於其心，害於其政；發於其政，害於其事。」不當的言論，對於人群社會有著極大的危害，能「知言」就能心智清明，不陷溺其中。因此孟子曾立志：「我亦欲正人心，息邪說，距詖行，放淫辭，以承三聖者；豈好辯哉？予不得已也。」（《孟子・滕文公下14》）孟子認爲自己有「知言」的特長，就是孟子能在人倫日用間，判斷道德的正確性、

〔註14〕黃宗羲，《孟子師說》卷二，《黃宗羲全集》第一冊，頁64。

〔註15〕伊藤仁齋，《孟子古義》，《日本名家四書註釋全書》，卷二，頁56。

〔註16〕鄭齊斗，〈浩然章上解一〉，《霞谷集》，卷14，頁400。

〔註17〕岑溢成，〈孟子「知言」初探〉，《鵝湖月刊》第40期，1978年，頁40。

〔註18〕明・張岱，《四書遇》，杭州：浙江古籍出版社，1985年，頁399。

正確選擇行事作爲的準則、做出正確的道德行爲，他還善於養浩然之氣，「養氣」的工夫，讓孟子的道德實踐得到「氣」的支持，而得以有充足的「實踐力」足以將道德理想實踐出來。持之以恆的「知言養氣」工夫，讓孟子建立穩固的道德基準，內心「不愧不怍」，「不動心」的工夫與境界自然超立挺拔，足以繼承三聖爲己任。

（二）「知言養氣」與「志」的發展方向

《大戴禮記解詁》云：「子曰：發志爲言。」〔註19〕《左傳·昭公九年》：「『氣以實志，志以定言』」，《禮記》、《左傳》都認爲「言」是「志」的一種表徵。孟子曰：「夫志，氣之帥也」，「言」是「志」的表徵，「志」是「氣」的領導，「志」、「氣」、「言」三者息息相關，環環相扣。夏世華說：「志、氣、言三者有緊密的內在聯繫，志通過氣發現於外就是言，言則具有表現志的信息的功能」〔註20〕，丁原植說：《文子》認爲：『其中有信』的意義，可以哲學性地解釋爲『其中顯示著明確的信息，人得以藉此表現在言說之中』」〔註21〕夏世華和丁原植都認爲，「言」所傳達的是內心志向的信息。夏世華還認爲：「人外在的視聽言動都是內在志與氣的表徵」〔註22〕人的志與氣都能從外在的視聽言動表現出來，《孟子·盡心上21》說：「四體不言而喻」，夏世華說：「人並不一定是說話才能體現其氣質，一舉一動都會顯現內心的信息」。〔註23〕《孟子·離婁上15》說：「聽其言也，觀其眸子，人焉廋哉！」除了口中的言說，人的眼神也能傳達內在的志與氣，眼神也能如言語一樣，可以傳遞出道德是否正確的信息，傳遞出善惡的信息。夏世華還說：「言爲心聲，眼睛是心靈的窗戶，所以孟子認爲要了解一個人以此二者最爲透徹。」〔註24〕一個人內在的思想，會透由言行舉止各種方式表現出來。善於「養氣」而心智清明的人，能夠正確掌握說話的人心中的思維信息，所以「知言」其實就

〔註19〕 王聘珍，《大戴禮記解詁》，臺北：中華書局，1983年，頁171。
〔註20〕 夏世華，〈論孟子之不動心——讀《孟子》「知言養氣章」及朱子注的一些思考〉，《鵝湖月刊》第31卷第12期，總號第372，頁48。
〔註21〕 丁原植，〈竹簡《文子》哲學思想〉，《文子新論》，頁57。
〔註22〕 夏世華，〈論孟子之不動心——讀《孟子》「知言養氣章」及朱子注的一些思考〉，頁48。
〔註23〕 夏世華，〈論孟子之不動心——讀《孟子》「知言養氣章」及朱子注的一些思考〉，頁48。
〔註24〕 夏世華，〈論孟子之不動心——讀《孟子》「知言養氣章」及朱子注的一些思考〉，頁48。

是「知心」。再進一步看,「知心」應該就是「知德」,不管是自己或他人的言行,「知言」者都能從說話者的「起心動念」之處知道其內心的偏頗與不足之處。一個能夠「知言」的人,就具備了「自知」與「知人」之明,就能洞察自己的和他人的不當的言行,進而調整其不當之處,掌握正確的修德進業的方向。黃俊傑說:

> 鄭齊斗解釋「知言」,有兩個論點值得我們討論。第一,人的語言沒有自主性,語言是人的心靈運思的產物,他說「人之有言,皆出於心」即指此而言。第二,「心」是一種具有價值判斷功能的「道德心」,鄭齊斗說:「蓋孟子之所以如此者,惟其以仁義為吾心」,指此而言。〔註25〕

「知言」的「知」並不是知識上的「知」,而是透過「養氣」而提高「心的自覺性」的「知」。《論語·為政》言孔子五十而知天命,孔子五十能「知天命」乃是經過長期進德修業,提升生命層次之後的自我德性的覺察,與孟子「知言」的「知」都是一種生命成長後的心靈明覺。勞思光說:「孟子之意在於『生命情意廣受德性我之統率,故心志定其所向,而氣隨之』此即所謂『志至焉,氣次焉』」〔註26〕提高心「由仁義行」的自覺性,就能「知言」,這是「德」的提升,也是「志」的層次的提昇。朱熹指出:

> 知言者,盡心知性,於凡天下之言,無不有以究極其理,而識其是非得失之所以然也。蓋惟知言,則有以明夫道義,而於天下之事無所疑;養氣,則有以配夫道義,而於天下之事無所懼。此其所以當大任而不動心也。〔註27〕。

「知言」則無所疑,「養氣」則無所懼,無所疑、無所懼則能「不動心」。孟子曰:

> 天將降大任於斯人也,必先苦其心志,勞其筋骨,餓其體膚,空乏其身,行拂亂其所為,所以動心忍性,曾益其所不能。(《孟子·告子下35》)

孟子提出,一個人要成為堪當大任的有用之才,就需要艱苦努力,如果能夠做到,持之以恆地從事道德實踐工夫,就能達於「心有定志」的「不動

〔註25〕黃俊傑,〈從東亞儒學視域論朝鮮儒者鄭齊斗對孟子「知言養氣」說的解釋〉,頁380。

〔註26〕勞思光,《新編中國哲學史》,臺北:三民書局,1997年,頁107。

〔註27〕朱熹,《四書集注》,岳麓書社,2004年,頁260。

心」狀態，就能「立志」，「知言養氣」就是「持其志無暴其氣」的恆久道德
實踐過程，「苦其心志」、「勞其筋骨」、「餓其體膚」、「空乏其身」、「行拂亂其
所爲」都能鍛鍊心志使其「不動心」，還能「動心忍性」，人格層次與「志」都
能不斷提高。由此「知言養氣」與「志」便產生了緊密的聯繫，孟子接著提出
的：「志至焉，氣次焉」又曰：「志壹則動氣，氣壹則動志也。」「志」與「氣」
的緊密互動關係，便說明了「集義」與「浩然之氣」產生的因果關係。

三、「集義」與「志」

> 公孫丑曰：「敢問何謂浩然之氣？」孟子曰：「難言也。其爲氣也，
> 至大至剛，以直養而無害，則塞于天地之間。其爲氣也，配義與道；
> 無是，餒也。是集義所生者，非義襲而取之也。行有不慊於心，則
> 餒矣。我故曰，告子未嘗知義，以其外之也。必有事焉而勿正，心
> 勿忘，勿助長也。」（《孟子‧公孫丑上 2》）

《孟子‧公孫丑上》此段重點落在「集義」，「集義」是產生「浩然之氣」
的主要方法。

（一）「集義」與「心」的氤氳質變

所謂「集義」，《朱熹集注》：「集義，猶言積善。蓋欲事事皆合於義也。」
黃梨洲曰：

> 「集義」者，應事接物，無非心體之流行。心不可見，見之於事，
> 行所無事，則即事即義也。心之集於事者，是乃集於義矣。有源之
> 水，有本之木，其氣生生不窮。「義襲」者，高下散殊，一物有一義，
> 模倣迹象以求之，正朱子所謂「欲事事皆合於義」也。〔註28〕

朱熹說的是「事合於義」，梨洲說的是「心合於義」。做每一件事時心都
能合於義，這些義將集於心，讓心如「有源之水」、「有本之木」，「氣」將由
「心」生生不窮。所以「心」是本源，不是以「事」爲主。徐復觀說：「孟子
的理是自內流出，而朱元晦則常常解爲是從外面撿來」〔註29〕。徐復觀並不
贊成朱熹對「集義」的理解。朝鮮儒者丁茶山亦批判朱子云：

〔註28〕黃宗義，〈孟子師說〉，《黃宗義全集》第一冊，杭州：浙江古籍出版社，1985
年，頁 62。
〔註29〕黃俊傑，〈孟子知言養氣章集釋新詮〉，《國立台灣大學歷史學系學報》第 14
期，1988 年，頁 130。

孟子以集義爲生氣之本，而朱子以養氣爲行義之助，其先後本末似
顚倒也。原夫浩然之氣，不可徒生，不可強養……若有意養氣，以
氣爲業，則除了喣噓呼吸，熊經鳥伸，無所事於養氣也。揠苗助長
之戒，正在於此，非義襲取之句，亦以申明此義。〔註30〕。

徐復觀、丁茶山皆認爲「集義」是對心用功，「集義」是生氣之本，時時合
於義的心，氣自然油然產生，他們都不同意朱熹專就「事」來談「集義」。

全祖望《經史問答》云：「配義則直養而無害矣。苟無是義，便無是
氣，安能免於餒？然配義之功，在集義。集義者，聚於心以待其氣
之生也。曰生，則知所謂配者，非合而有助之謂也，蓋氤氳而化之
謂也。不能集而生之，而以襲而取之，則是外之也。襲則偶有合，
仍有不合而不慊於心，氣與義不相配，仍不免是餒矣。」〔註31〕
（《焦循正義》）

全祖望認爲心合於義則氣自然產生，猶如「氤氳而化」，可見集義於心有
可能使「心」產生質量的變化，其所化生之氣亦隨心的質變，而有所不同。
中井履軒《孟子逢原》第二：「氣，譬穀苗也。集義，譬糞漑也。唯務糞漑，
以俟其發生，可也。不當一概遽望其發生。蓋集義中，有勃然自生者，浩氣
是也。」〔註32〕中井履軒把「集義」比喻成灌漑施肥，把「氣」比喻爲穀苗，
用「集義」的方法來灌漑，「氣」自然能培育長大。可見，「集義」就是以時
時合於「義」的「心」來對待每一件事，如此則可以將「義」不斷聚集於「心」，
這個充滿著「義」的心，就能源源不斷生出許多「氣」來。「集義」與「知言」
和「養氣」一樣，皆要在「心」上下功夫，充分合於「義」的心才能生出「浩
然之氣」，「集義」就是讓心成爲一個充滿「義」之心的一種工夫，需要持之
以恆地，時時刻刻事事皆合於義地長期進行，只要一有疏忽「配義與道；無
是，餒也」、「行有不慊於心，則餒矣。」，只要稍有不合於「義」的言行，人
內在的自覺心便會覺得心虛不滿足，氣就會隨之餒矣。黃俊傑說：「孟子『不
動心』之要義在『心』之自主性與自發性，故孟子『不動心』之結果雖與告
子同，然其所以致此之方則截然不同也。」〔註33〕孟子達到「不動心」的方

〔註30〕丁茶山，《孟子要義》，《與猶堂全書》，漢城：文獻編纂委員會，1960 年，卷
1，頁 20。
〔註31〕焦循，《孟子正義》，北京：中華書局，2015 年，頁 218。
〔註32〕中井履軒，《孟子逢原》第二，《日本名家四書註釋全書》，第 10 卷。
〔註33〕黃俊傑，〈孟子知言養氣章集釋新詮〉，頁 90。

法，就是「集義」，讓心充滿合於義的道德，內心篤定剛毅，如如不動。而「知言」與「養氣」，則是「集義」的重要條件，「知言」掌握了「集義」的正確方向，「養氣」則是促成「集義」成功的強大動力。由此可以見出「集義」工夫重在「持志」，還須「毋暴其氣」，這是一個需要持久於「心」上努力的工夫，所以孟子說「必有事焉而勿正，心勿忘，勿助長也。」。黃俊傑說：「『集義』是一種將人之內在善苗加以開發並聚存的內省行爲。」〔註34〕「集義」是一種「內省行爲」，可見，價值觀所謂「義」仍需要時時調整修正，使其眞正「合義」，合於本心。黃俊傑曾論及18世紀朝鮮儒學者鄭齊斗，對孟子「知言養氣」說所採用的陽明學立場。黃俊傑說：

> 鄭齊斗解釋孟學，特重以「心」定「言」，強調「人之有言，皆出於心」，因爲「心」有其普遍必然性，所以「知言」乃成爲可能。鄭齊斗又以「心」定「氣」，主張「氣在乎心，心通乎氣」，強調孟子的「集義」，即爲養「心」，「在心上集義」。〔註35〕

「集義」是專對「心」而言，因此「集義」與「志」的變化提升，有著極爲密切的關係。

（二）「集義」與「志」的變化提升

「必有事焉而勿正，心勿忘，勿助長也。」便是「持其志毋暴其氣」，持之以恆地時時事事依「義」而行，不急於求成，而「心」自然產生變化，人格層次自然提升。黃梨洲《孟子師說》：「志即氣之精明者是也，原是合一，豈可分如何是志，如何是氣？」〔註36〕黃梨洲認爲「志」與「氣」是合一的，可以不需要化分爲二，「志壹則動氣，氣壹則動志也。」就是全祖望說的「氤氳而化」，中井履軒說的「糞溉穀苗」，是一種由量變到質變的過程，「志」變則「氣」變，「氣」變則「志」變，這是一個量變到質變的過程，層層提升。李志勇說：

> 孟子在解決一個道德實踐的問題。仁義禮智之德行，不去實踐的話，也只是一種言論而已。……通過「集義」之自覺的道德實踐，不斷提升擴充了「心」體，至「萬物皆備於我」的精神世界，這是「養

〔註34〕黃俊傑，〈從東亞儒學視域論朝鮮儒者鄭齊斗對孟子「知言養氣」說的解釋〉，頁386。
〔註35〕黃俊傑，〈從東亞儒學視域論朝鮮儒者鄭齊斗對孟子「知言養氣」說的解釋〉，頁395。
〔註36〕黃宗羲，《黃宗羲全集》《孟子師說》第一冊，頁62。

移體」的最高境界。〔註37〕

通過「集義」的道德實踐，個人的志向與氣度就能不斷向上提升。

（三）「集義」與「擴充四端」

> 人皆有不忍人之心。先王有不忍人之心，斯有不忍人之政矣。以不
> 忍人之心，行不忍人之政，治天下可運之掌上。所以謂人皆有不忍
> 人之心者，今人乍見孺子將入於井，皆有怵惕惻隱之心。非所以內
> 交於孺子之父母也，非所以要譽於鄉黨朋友也，非惡其聲而然也。
> （《孟子・公孫丑上6》）

孟子在《公孫丑上》提出了他的「四端之心」。唐君毅說：

> 此四端之心，可說爲人之仁義禮智之四德之端始，然尚不足稱爲仁
> 義禮智之全德。……如人之見孺子將入井，而不安、不忍，動一惻
> 隱之心，此時人固可尚未有往救孺子之行爲。然此不安、不忍，已
> 是往救孺子之行爲之開始，亦是救孺子之事功之開始，而爲仁之
> 端。〔註38〕

「四端之心」是仁義禮智的端始，看到「孺子將入於井」會有想要「往救孺子」的心，至於能不能成就仁義禮智的全德，就要看是否付諸行動去救。唐君毅還說：「由自覺求合理之活動或自覺理性之運用，吾人乃能推擴仁義禮智之最初表現，成進一步之表現。……孟子之教，即要人自識此幾希，而存養之擴充之，以實成其仁德」〔註39〕

唐君毅先生認爲「四端之心」與生俱有，然而，還需要能眞正自覺地去從事與「四端之心」相合的理性的活動，才能眞正成就仁德，這就是孟子要提倡的重點所在。《孟子・梁惠王上》孟子與齊宣王的一段對話，最能說明孟子的這種主張。

> 齊宣王曰：「若寡人者，可以保民乎哉？」曰：「可。」曰：「何由知
> 吾可也？」曰：「臣聞之胡齕曰，王坐於堂上，有牽牛而過堂下者，
> 王見之，曰：『牛何之？』對曰：『將以釁鐘。』王曰：『舍之！吾不
> 忍其觳觫，若無罪而就死地。』對曰：『然則廢釁鐘與？』曰：『何

〔註37〕 李志勇，〈孟子「氣」字的研究〉，《鵝湖月刊》第 15 卷第 8 期，頁 36。
〔註38〕 唐君毅，《中國哲學原論：原道篇（卷一）》，第五章：〈孟子之立人之道（上）〉，
臺北：台灣學生書局，1986 年，頁 221。
〔註39〕 唐君毅，《中國哲學原論：原道篇（卷一）》，頁 223。

可廢也？以羊易之！』不識有諸？」曰：「有之。」曰：「是心足以
王矣。百姓皆以王爲愛也，臣固知王之不忍也。」王曰：「然。誠有
百姓者。齊國雖褊小，吾何愛一牛？即不忍其觳觫，若無罪而就死
地，故以羊易之也。」曰：「王無異於百姓之以王爲愛也。以小易
大，彼惡知之？王若隱其無罪而就死地，則牛羊何擇焉？」王笑
曰：「是誠何心哉？我非愛其財。而易之以羊也，宜乎百姓之謂我愛
也。」曰：「無傷也，是乃仁術也，見牛未見羊也。(《孟子‧梁惠王
上 7》)

　　齊宣王不忍心見將要釁鐘的牛因害怕而顫抖，請以羊來代替牛，孟子提
示齊宣王，要以對牛一樣的惻隱之心來對待羊，如此就能推擴此心來對待天
下百姓。這就是唐君毅先生說的「自覺理性之運用」，如能時時事事以此心來
對待萬事萬物，孟子對齊宣王說，如此則可以「保民」矣。經過「集義」的
灌溉滋養，四端之心就能擴充成長，成爲可以生出「浩然正氣」的心。

四、「浩然正氣」與「志」

　　在孟子之前中國所謂的「氣」基本上是指「氣」的自然意義而言，黃俊
傑說：「到了孟子才加以轉化，賦予一種倫理學意義，『氣』取得了價值判斷
的內涵。……從這種轉變可以看出來，孟子對於生命的反省，實具有深刻的
歷史意義。」〔註40〕

（一）浩然之氣的「物質性」與「精神性」

　　孟子的「浩然之氣」是物質之氣還是精神之氣，歷來爲學者所討論。蘇
轍說：「孟子學於子思，……子思言至誠無敵於天下，而孟子言不動心於浩然
之氣，誠之異名也。」〔註41〕蘇轍以「誠」作爲「浩然之氣」的本質，是視
「浩然之氣」爲一個最理想的生命狀態，這個概念是我們容易接受，也樂於
接受的，然而浩然正氣除了代表精神境界之外，是否仍具有物質性呢？許多
學者提出了他們各自的看法。

　　張立文說：「氣的內涵，既是客觀存在的實體，又是主觀的道德精神。它

〔註40〕黃俊傑，〈從東亞儒學視域論朝鮮儒者鄭齊斗對孟子「知言養氣」說的解釋〉，
　　　　鄭仁在、黃俊傑編：《韓國江華陽明學研究論集》，臺北：臺大出版中心，2005
　　　　年，頁 276。
〔註41〕蘇轍，《孟子解》，文淵閣《四庫全書》第 196 冊，頁 55。

是一個涵蓋自然、社會、人生的範疇」，他並且說：「其內涵錯綜複雜，不能作單一的、片面的理解。」〔註42〕張立文認爲「氣」是客觀存在的實體，也是主觀的道德精神，「氣」涵蓋了人生一切自然與社會的內容。顧寶田則認爲「氣的含義」可以從三個重點來加以掌握：「（一）『氣』是指自然界實存可感的氣。（二）『氣』是指人和動物的呼息和生命力、活力。（三）『氣』具有精神、信念、智慧等涵義。」〔註43〕顧寶田認爲「氣」是實存的，可感的，「氣」還是生命力、活力。「氣」既是客觀實存的物質，也包含精神力量：生命力、活力、信念、智慧等內涵。劉長林則對「氣」概念做了一個概括性的論述，他認爲「氣」概念發展成熟之後，包括三個主要內涵，他說：「氣是物質、功能和理（信息）三者的合一」。〔註44〕劉長林在此提出了氣的「信息」內涵。朱熹說：「只是一氣。義理附於其中，則爲浩然之氣。若不由義而發，則只是血氣。」〔註45〕朱熹還說：「氣是實物。」〔註46〕朱熹認爲「浩然之氣」是物質與精神相結合的「氣」，而它的本質則是物質的，需經由「義」的攝入才能具有理性與精神的內涵。戴震說：「味也、聲也、色也在物，而接於我之血氣；理義在事，而接於我之心知。」〔註47〕戴震以「血氣心知」論性，也是以物質性的血氣做基礎，卻與「心知」緊密連結。金銀潤認爲「浩然之氣」：「孟子已經將其看成是物質與精神的混合物，也即，它既具物質的屬性，同時又具精神的屬性，物質和精神在它身上具有同等的地位。」〔註48〕本文所持觀點是：孟子的「浩然之氣」應該是既具有「物質性」也具有「精神性」的，它是以物質爲基礎，經由「集義」的過程，而逐漸由「物質轉精神」←→「精神轉物質」，層層疊生、量變質變而成的「最高境界中之精神狀態」它可以是與「誠」同質的一種道德精神，卻同時具有物質與精神兩種屬性。

〔註42〕張立文，《氣》，北京：中國人民大學出版社，1996年，頁5。

〔註43〕顧寶田，〈試論《管子》精氣說的性質〉，《管子研究》第一輯，山東：人民出版社，1987年，頁115。

〔註44〕劉長林，〈氣概念的形成及哲學價值〉，《哲學研究》，中國社會科學院哲學研究所，1991年，第10期。

〔註45〕黎靖德，《朱子語類》，北京：中華書局，1986年，頁1244。

〔註46〕陳鼓應，《管子四篇詮釋一稷下道家代表作解析》，臺北：商務印書館，2006年，頁115。

〔註47〕戴震，《孟子字義疏證》，北京：中華書局，1961年，頁5。

〔註48〕金銀潤，〈對孟子「浩然之氣」的另一種可能的解讀〉，《洛陽師範學院學報》第28卷第1期，2009年，頁46。

（二）浩然之氣「物質性」與「精神性」的相互轉化

楊儒賓引《國語·周語》周定王批評戎狄的一段話：「冒沒輕儳，貪而不讓，其血氣不治，若禽獸焉。」楊儒賓說：「人獸之別實即道德之別，而道德之別又與治不治血氣有極端密切的關係。」楊儒賓認為人與禽獸之別在於是否能「治血氣」，可見「血氣」乃人與禽獸相同，而能不能「治」便產生理性道德的區別。人與禽獸的「血氣」都是物質性的，「治」才使「物質性」轉「精神性」成為可能。楊儒賓又引《國語·周語》的另一段內容：「口內味而耳內聲，聲味生氣……若視聽不和，而有震眩，則味入不精；不精則氣佚，氣佚則不和，於是乎有狂悖之言，有眩惑之明，有轉易之名，有過慝之度。」人不當的行為舉止，經常來自內在氣的不調和。楊儒賓說明：「飲食、感官知覺、氣、道德在此合成一片，生理、心理與規範間的界線變得渾淪難辨。」楊儒賓認為對於「氣」的物質性與精神性，常是混合一片，無法完全清楚劃分。並說：「在西周春秋時期，風、土、飲食、血氣、道德原本就可以互相轉換。」〔註 48〕可見，在古代的中國認為，外在的自然世界、人的飲食、人身上的物質性的血氣、人的精神道德，其實都是相通的，可以相互轉化。

陳麗桂在〈先秦儒道的氣論與黃老之學〉一文中引《韓非·解老》：「上盛蓄積而鬼不亂其精神，則德盡在於民矣。所謂崇者，魂魄去而精神亂，精神亂則無德。」說「《韓非·解老》將一切形上的精神活動看成物質性精氣聚散的結果。精氣聚積則神清智明，叫做『有德』；精氣消散，則神亂智昏，便叫『無德』，德與不德成了物質性的生理作用。」〔註 49〕《韓非·解老》認為「精氣」是客觀存在的物質，客觀存在的「精氣」如果能在人的身上聚集，就能使人神智清明，成為一個有德的人。如果人身上的「精氣」耗散，就會神智昏亂，變成一個無德的人。有德無德成為物質性的生理作用，依陳麗桂所言，則《韓非·解老》已將「德」物質化了。然而，筆者認為，「精氣」是否能在人的身上聚集，仍有主體自身的精神作用在主導，因此，「德」不可能完全物質化，必定有精神力量在其中起作用，「德」應該是物質性的「精氣」聚集於人體之後，轉化為人的精神內涵，「德」應該同時具有物質性與精神

〔註48〕 楊儒賓，《儒家身體觀》，臺北：中央研究院中國文哲研究所籌備處，1996 年，頁 41～42。

〔註49〕 陳麗桂，〈先秦儒道的氣論與黃老之學〉，《哲學與文化》第 33 卷第 8 期，2006 年。

性。黃俊傑說：「孟子：『氣，體之充也』，這句話中的『氣』應是指生理意義的『氣』而言，亦即未經『集義』工夫的轉化，尚未能成為『至大至剛』的『浩然之氣』之『氣』。」〔註50〕生理意義的「氣」經由「集義」轉化為「浩然之氣」，是由生理之氣，轉變而成為，同時具有物質基礎與精神內涵的「浩然之氣」。

徐復觀說：「一般說，北宮黝、孟施捨是血氣之勇，即是把由生理所發生的原始的反抗性上升到自己的意志，自己的意志即順著原始的反抗性而加以堅持、充實，不使其發生躲閃逃避等其他的轉換反應。」北宮黝、孟施捨的是未經轉化的血氣之勇。徐復觀又說孟子則是：「多出一層良心的自覺、反省和主宰性，良心一旦獲得了主宰性，則生理反應同時即上升而成為良心的判斷、行動，即為義理之勇。擁有義理之勇，外在形象具有一種浩然之氣。」〔註51〕孟子「浩然之氣」即是在「血氣之勇」之上，多加一層良心的判斷而成為「義理之勇」，有「義理之勇」才能形成一股雖千萬人吾往矣的「浩然之氣」。因此，我們認為，孟子「浩然之氣」很難純粹以物質或精神其中一種性質來說明，而以物質與精神同時具有較為合理，並且，其中極可能蘊含著相互轉化的功能。

（三）浩然之氣與管子之精氣

孟子對於「浩然之氣」的描述與管子之「精氣」有許多相似的內容，早為學界所注意，如《管子・內業》：「浩然和平，以為氣淵」與《孟子・公孫丑上2》：「我善養吾浩然之氣」二者皆以「浩然」形容「氣」。《管子・內業》：「摶氣如神，萬物備存」與《孟子・盡心上4》：「萬物皆備於我矣」兩者意涵相近。白奚曾提出：「《管子》中〈內業〉、〈心術〉上下和〈白心〉四篇中豐富的氣論和心論思想，同孟子養氣、養心的思想有很多相通之處。」〔註52〕他還引了張岱年對於《內業》與孟子相互影響的例證，說：「張先生已明確肯定二者之間存在著影響與被影響的關係了。」〔註53〕陳鼓應比對《管子・內業》的「摶氣」與孟子的「養氣」，認為孟子的「養氣」是一種氣之內聚的修

〔註50〕黃俊傑，〈孟子知言養氣章集釋新詮〉，《國立台灣大學歷史學系學報》第 14 期，1988 年，頁 116。

〔註51〕徐復觀，《中國思想史論集》，上海：上海書店出版社，2004 年。

〔註52〕白奚，《稷下學研究——中國古代的思想自由與百家爭鳴》，北京：生活・讀書・新知三聯書店，1998 年，頁 161。

〔註53〕白奚，《稷下學研究——中國古代的思想自由與百家爭鳴》，頁 162。

養工夫，「萬物皆備與我」則是「氣」外放的作用，而《管子‧內業》所描述的「大心而敢，寬氣而廣」、「寬舒而仁，獨樂其身」則是「摶氣」之後所達成的人格氣象，二者理論極為相近，他因此認為：「孟子的氣論思想極可能受到稷下道家的影響」。〔註54〕

李存山說管子的精氣：「『精氣』即細微、純粹、神妙之氣，它進入人的身體可以轉化為人的精神。」〔註55〕李存山在這裡說出了物質性的「精氣」進入人體，可以轉化成人的精神。李存山又說：「『藏於胸中，謂之聖人』（《管子‧內業》），則是把孟子的『浩然之氣』（一種精神狀態）給物質化了。」〔註56〕可見，李存山認為管子精氣的物質性影響了孟子的「浩然之氣」，也相信二者之間有著密切關係與極其相似之處。李存山由管子精氣，說明他相信孟子的「浩然之氣」也具有物質性。

黃俊傑說孟子「養氣說」：「開啟了『養』字義的『內轉』……孟子主張以理性來轉化原始生命，把生理意義的『氣』轉化為具有人文理性內容的『浩然之氣』……有思辨能力的氣。」〔註57〕黃俊傑認為孟子的「養氣」，就是將生理意義的「氣」，轉化為具有精神內涵的「氣」。前述學者的說法都讓我們更加相信，孟子的「浩然之氣」同時具有物質性與精神性，而且二者可以相互轉化，黃俊傑還說：「儒家思想家都非常強調將文化價值涵攝入自己的身體之內，這就是孟子所謂『養氣』的工夫。」〔註58〕。也就是說，孟子的「養氣」，就是要將外在的文化價值，轉化成為自己內在之氣的工夫。

李存山認為《管子‧內業》：「氣道乃生，生乃思，思乃知」是在否定精氣入舍前具有「知」，他說：「沒有入舍的精氣是不是精神呢？對此，《內業》等四篇的回答是否定的。」又說：「只有氣進入人的身體才能發揮精神的作用。」〔註59〕李存山認為《管子‧內業》這幾段內容，都在說明氣需要進入人體才能發揮精神作用，沒有進入人體的氣只是一種物質，進入人體之後，物質性的氣就能發揮精神作用，管子的「摶氣」與孟子的「養氣」都是這樣

〔註54〕陳鼓應，《管子四篇詮釋稷下道家代表作》，臺北：三民書局，2003年，頁52。
〔註55〕李存山，〈《內業》等四篇的精氣思想探微〉，《管子學刊》，1989年第2期，頁4。
〔註56〕李存山，〈《內業》等四篇的精氣思想探微〉，頁4。
〔註57〕黃俊傑，〈先秦儒家身體觀中的兩個功能性概念〉，《文史哲》第4期（總第313期），2009年，頁46。
〔註58〕黃俊傑，〈先秦儒家身體觀中的兩個功能性概念〉，頁48。
〔註59〕李存山，〈《內業》等四篇的精氣思想探微〉，頁9。

的過程。黃俊傑還認爲，孟子將身體視爲一個小容器，「浩然之氣」還可以
從身體的小容器，貫通到外在的「自然」與「人文」兩個世界的大容器中。
〔註 60〕李存山說：「『一物能化謂之神』(《管子・內業》)『化』即『一氣』向
萬殊萬形的轉化。」〔註 61〕李存山認爲這種氣的轉化，並不只限於人體的轉
化，而是萬殊萬形，萬事萬物的轉化。黃俊傑說：「孟子所說的『大而化之之
謂聖。』(《孟子・盡心下 71》)，特指內聖領域之修養工夫而言。」〔註 62〕孟
子的「大而化之之謂聖」指的是內在修養的轉化工夫，所謂「內聖」的工
夫。還說：「先秦儒家在內、外兩種語境脈絡中使用『化』這個概念，既主張
人的身體可以『化性起僞』，從『自然』走向『人文』；也可以『化民成俗』，
以聖人轉化大眾的生命。」〔註 63〕除了「內聖」的工夫，就是「外王」的工
夫，也就是聖人可以轉化大眾的生命。不管是「內聖」或「外王」都是一種
「氣化」的作用。《管子・內業》：

> 摶氣如神，萬物備存。能摶乎？能一乎？能無卜筮而知吉凶乎？能
> 止乎？能已乎？能勿求諸人而得之己乎？思之思之，又重思之。思
> 之而不通，鬼神將通之，非鬼神之力也，精氣之極也。四體既正，
> 血氣既靜，一意摶心，耳目不淫，雖遠若近思索生知。

〈內業〉的「摶氣」與孟子的「養氣」都是要將「氣」積聚在人的身體
中，來達到改變與提升人的精神生命層次的目標。「養氣」，就是將生理意義
的「氣」，轉化爲具有精神內涵的「氣」。「養氣」，就是將外在的文化價值，
轉化成爲自己內在之氣的工夫。孟子以「集義」做爲「養氣」的工夫。「集義」
可以將「生理之氣」，轉化爲「精神之氣」，「集義」可以將外在的文化價值，
轉化成爲自己的內在價值，「集義」可以提升人的人生「價值觀」。

王陽明說：「心之本體原自不動。心之本體即是性，性即是理。性元不
動，理元不動。集義是復其心之本體。」〔註 64〕又說：「夫必有事焉，只是集
義。集義只是致良知。說集義則一時未見頭腦。說致良知即當下便有實地
步可用工，故區區專說致良知。」王陽明說「集義」是「復其心之本體」，
「集義」就是「致良知」。「集義」可以提升人生「價值觀」，這個價值觀就

〔註 60〕黃俊傑，〈先秦儒家身體觀中的兩個功能性概念〉，頁 48。
〔註 61〕李存山，〈《內業》等四篇的精氣思想探微〉，頁 5。
〔註 62〕黃俊傑，〈先秦儒家身體觀中的兩個功能性概念〉，頁 44。
〔註 63〕黃俊傑，〈先秦儒家身體觀中的兩個功能性概念〉，頁 46。
〔註 64〕陳榮捷，〈王陽明傳習錄詳註集評〉，臺北：台灣學生書局，1983 年，頁 107。

是「心之本體」原有的「價值觀」，只是我們透過「集義」，把這個「心之本體」原有的「價值觀」找回來，所以是「致良知」，也就是孟子說的「求其放心」。〔註65〕王陽明用「致良知」來解釋孟子的「集義」，讓我們也清楚看出，孟子的「集義」目的就是「求其放心」，就是要把作爲人的價值觀找回來，就是「求其放心」。黃俊傑說這是「將『養氣』的工夫回歸到心的覺醒，彰顯主體自由之孔孟精神。」〔註66〕「養氣」可以使心覺醒，所以「養氣」就是「養心」，就是「求其放心」。

　　將管子的「精氣」與孟子的「浩然之氣」對讀，有助於更加容易釐清其氣的本質與特性，對於我們認識孟子的「集義」工夫也起著非常有效的促進作用。

（四）「浩然之氣」與「志」的完成

　　孟子承認「告子先我不動心」，其意蓋以爲，純以「血氣之勇」達到「不動心」之境界並不難，如孟賁，告子，乃至北宮黝、孟施舍均能以各種不同形式的「血氣之勇」達到「不動心」之境界。黃俊傑說：

> 但孟賁這種人的不動心境界，基本上只是把客觀世界當作一個客體，而沒有把客觀世界與人的實踐活動聯繫起來瞭解，孟賁等人的不動心，走的是「主客析離」的道路；但孟子的不動心，所走的是「主客交融」的道路，把外在世界視爲一個內外交輝的意義結構，這個意義結構必須通過人的實踐歷程才能被正確地掌握，在孟子系統中，血氣之勇已轉化爲道德之勇，所以物我一貫，內外交輝。〔註67〕

　　孟賁等人的「不動心」是「主客析離」的「不動心」，孟子的「不動心」是「主客交融」的「不動心」。「主客交融」一定要透過主體親自實踐，才能正確掌握「內外交輝」的意義結構，筆者認爲這裡所說的「主客交融」，便是「集義」的重點所在。「集義」就是要長期把持著合於義的心從事每一件事，而要把持著合於義的心，其中的重點就是要與外界互動，要躬行「主客交融」的道德實踐行爲。對於「浩然之氣」，蒙培元說：「李澤厚提出了一種看法，認爲是『理性的凝聚』或『凝聚了理性的感性』，這是很有見地的。所謂『集義所

〔註65〕陳榮捷，〈王陽明傳習錄詳注集評〉，頁268。
〔註66〕黃俊傑，〈先秦儒家身體觀中的兩個功能性概念〉，頁48。
〔註67〕黃俊傑，〈孟子知言養氣章集釋新詮〉，《國立台灣大學歷史學系學報》第14期，1988年，頁95。

生』，就是集聚道德理性而成的感性力量。」〔註68〕唯有「主客交融」，才是眞正的符合道德理性的感性力量。《論語・衛靈公》：「智及之，仁不能守之，雖得之，必失之」。有理性的道德，還需要有仁心的感性，才是眞正可以「主客交融」的道德。蒙培元說：「智和認知理性即認識論有關，仁則是實踐理性；但二者是完全統一的。智又是實現仁的必要條件。」〔註69〕「正因爲仁是內在的情感需要而又具有超越性，因此必須在實踐中不斷提高自覺性，發揮人的主體作用。」〔註70〕在「主客交融」的道德實踐中，才能符合「義」的內涵。

一般相信「義襲而取之」近於「行仁義」之意，而「集義」較能符合「由仁義行」之意。李明輝說：

> 「由仁義行」是以仁義爲心自定的法則而遵行之，行之而不間斷即
> 是「集義」。……以心自定的法則逐步滲透於氣，使氣日趨於理性
> 化，這便是「浩然之氣」。〔註71〕

這「主客交融」的道德實踐歷程，便是「集義」的眞義所在。對於「集義」孟子還強調「勿助勿忘」，說的就是「持其志毋暴其氣」。因爲「浩然之氣」是將「物質性」的氣，逐漸轉化而成「精神性」，再透由精神的提升，再度作用於身體物質的氣，而使其再度提升的一個「量變到質變」的過程，這個過程的「氣」與「志」緊密互動，「氣壹動志，志壹動氣」而其所動之「志」與「氣」二者皆可逐步提升，因此必須做到「持其志毋暴其氣」，否則「行有不慊於心」，極其敏銳的「氣」便能於頃刻之間「餒矣」。「是集義所生者」即在說明，「浩然之氣」便是由合於義的「心」，「量變到質變」逐漸產生，是孟子最高層次的「志」的完成。

五、小結

> 王子墊問曰：「士何事？」孟子曰：「尚志。」曰：「何謂尚志？」曰：
> 「仁義而已矣。殺一無罪，非仁也；非其有而取之，非義也。居惡
> 在？仁是也；路惡在？義是也。居仁由義，大人之事備矣。」（《孟
> 子・盡心上 33》）

君子志於仁義，此「志」之行乃在「居仁由義」，心中存「仁」，行之由

〔註68〕 蒙培元，《中國心性論》，台灣：學生書局，1996 年，頁 39～40。
〔註69〕 蒙培元，《中國心性論》，頁 23～24。
〔註70〕 蒙培元，《中國心性論》，頁 28。
〔註71〕 李明輝主編，《孟子思想的哲學探討》，臺北：中研院文哲所，1995 年。

「義」。孟子認爲「由仁義行」，是有道之士的成德志向，而力行實踐，提升生命的自覺則是其中最重要的關鍵，「居仁由義」持志而行，方得有成。

> 人之有此四端也，猶其有四體也……凡有四端於我者，知皆擴而充之矣，若火之始然，泉之始達，苟能充之，足以保四海，苟不充之，不足以事父母。（《孟子・公孫丑上6》）

勞思光說：「『端』只是始點；自覺心原含有各德性，但欲使各德性圓滿開展，則必須有自覺之努力。」〔註72〕另外一處他又說：「就陽明本意言，工夫原在『致』字上，境界即在能『致得良知』處講。聖賢自與常人境界不同，因所致得良知之分度不同也。」〔註73〕可以見出，勞思光也認爲在實踐的過程中，人格層次可以依境界不同，而層層提升，這當中的關鍵，即在於「自覺之努力」，擴充「四端之心」。潘小慧說：

> 孟子的即心言性，即等於攝「存有」于「活動」，即攝實體性的存有于本心之活動。如是，則本心即性，心與性爲一也。心與性之區分在於「心」通常以一作用義或活動義，而「性」則以一實體義或本質義或存有義爲吾人所理解；孟子在此使得存有與活動不再有任何隔絕，存有與活動暢通無阻。〔註74〕

「四端」屬於「德心」，經由自覺的「集義」過程，德心層次才能不斷增長，「集義」是「德行」，一定要經由艱苦力行積累良善合宜行爲的過程，「心」才能變化提升，圓滿之「德性」才得以呈顯。孟子說：「盡心→知性→知天」，我們是否可以說：「德心」→「德行」→「德性」，在《孟子・知言養氣章》中形成了一個清晰的進德歷程，而其中揭示了「道德實踐」在孟子成德思想中的關鍵性地位。

第二節　「盡心、知性、知天」與「志」

子曰：「學而時習之，不亦說乎？」（《論語・學而》），孔子首先提出了「習」與「悅」的關係。郭店出土儒簡〈性自命出〉開篇言：「凡人雖有性，心亡奠志，待物而後作，待悅而後行，待習而後奠。」更揭示了「習」與「悅」對

〔註72〕勞思光，《新編中國哲學史》，臺北：三民書局，1997年，頁164。
〔註73〕勞思光，《新編中國哲學史》，頁408。
〔註74〕潘小慧，〈孟子道德實踐的基本結構——性〉，《哲學論集》第24期，1990年，頁51。

於「志」的重要影響。孟子曰:「志壹則動氣,氣壹則動志也。」(《孟子·公孫丑上 2》)孟子提出的「志」與《論語》、〈性自命出〉很可能存在著一脈相承的關係,「習」與「悅」是「動志」的工夫及條件,本文將由此嘗試探析孟子「志」的相關內涵。

孟子之「性」是未完成的「性」,張岱年說:「此種人之所以為人之特徵,實非已完成的,而僅是萌芽,故孟子稱之為『端』。性中所有者,不過仁義禮智之端」。黃俊傑說:「孟子所循『知心→知性→知天』之思路,就孟學之體系言,乃本乎孟子『擴充』之觀念。」〔註75〕黃俊傑引中井履軒《孟子逢原》:「盡,是悉盡之盡,非窮盡之盡」與朱子《語類》卷60:「盡心,如何盡得?不可盡者心之事,可盡者心之理。理既盡之後,謂如一物初不曾識,來到面前,使識得此物,盡吾心之理。盡心之理,便是『知性,知天』」又引此卷「然心無限量,如何盡得?物有多少,亦如何窮得盡?但到那貫通處,則纔拈來便曉得,是為盡也。」〔註76〕黃俊傑認為中井履軒與朱子在這裡所說的「盡」之對象,都是指「本質」而言,並非指數量而言。「盡心」乃是盡「心之理」,只要「心之理」能「盡」,則能貫通眾理。

從「盡心」乃是盡「心的本質」來說,「心的本質」的提升是不可能一蹴而成,而應是逐步發展而來。本文依此嘗試論證,在由「四端之心」發展而為「完成之性」的過程中,「志」是由「習」所產生的「悅」作為主要引發動機,形成的一股自發的「道德創造力」與「道德實踐力」,得以將個體當下體悟之「性」的內涵在生命中具體展現,孟子之「志」可謂為當下身心狀態所能完成的「性」的層次。「志」是道德本心的發用,孟子的道德哲學進程:德心→德行→德性,其中「德行」中的「盡心」工夫,便是經由「習」→印證「性」→引發「悅」→發用「志」→完成「性」的道德實踐進程。〈孟子·盡心上〉曰:「盡其心者,知其性也。知其性,則知天矣。」「盡心」是證知本性的工夫進程,層次可以逐步提升,因此孟子的「志」也將依其證知層次而得以層層遞升,而其終極目標則在於「浩然之氣」充滿的「大丈夫」生命境界之完成。

《孟子·盡心上 21》曰:「君子所性,仁義禮智根於心。」,孟子堅持「仁

〔註75〕黃俊傑,〈孟子盡心上第一章集釋新詮〉,《漢學研究》,1992 年第 10 卷第 2
　　　期,頁 99。
〔註76〕黃俊傑,〈孟子盡心上第一章集釋新詮〉,頁 105。

義內在」的「性善」理論，容易被誤解爲「人人皆善」，而導致與現實產生差異，以致喪失理論的可信度與說服力。然而，深諳孟子哲學，細究其完整系統理論，就能讓我們明白孟子的「人性論」，是一套情理兼備，現實與理想相融合的完整理論系統。本文首先將提出「四端之心」具有人性本具的道德創造性，「四端之心」是「性」的端始，讓我們看到了人性中本來具有的道德創造性，這個「道德創造性」是一種潛存的可能性，需要透過「盡心」的工夫像挖掘礦藏一樣地，開發其內在的「道德創造力」，「盡心」就是不斷進行道德實踐的「習」的過程，所「盡」者「心之理」，所「習」者則爲人心本具的「道德創造力」。「盡心」之「習」可帶來「知性」的成果，「知性」之「知」在道德實踐中，是主動與被動，有意與無意，在「內外交融」的「習得」之中，提升主體的「道德判斷力」。最後提出「盡心→知性」展現爲「志」的「道德實踐力」，表現在「人生觀」、「宇宙觀」做爲個體生命「性的完成」。以下依段落，就各重點分別加以論述：

一、「四端之心」具有道德創造性

> 孟子曰：「所以謂人皆有不忍人之心者，今人乍見孺子將入於井，皆有怵惕惻隱之心，非所以內交於孺子之父母也，非所以要譽於鄉黨朋友也，非惡其聲然也。由是觀之，無惻隱之心，非人也。無羞惡之心，非人也。無辭讓之心，非人也。無是非之心，非人也。」（〈孟子‧公孫丑上6〉）

（一）從現象看「四端之心」的道德創造性

孟子以「乍見孺子將入於井」來說明「不忍人之心」，「乍見」說明了這是一個「出其不意」的事件，是立即出現的，來不及做思考的當下反應。也就是說，「不忍人之心」是人在遇到一個突發狀況的時候，發自內心的自然表現。它無關乎「人情的束縛」——「非所以內交於孺子之父母也」；無關乎「個人的聲譽」——「非所以要譽於鄉黨朋友也」；也並非來自情緒性的選擇——「非惡其聲而然」，它是在不假思索，毫無預警的情況下自然發生的，沒有絲毫外在條件的考慮包含在內。可見，「不忍人之心」是內在本具的心。

牟宗三先生曾說「儒家的心」包含了「心體義、心能義、心理義、心主宰義、心存有義」五種含義，並且認爲這五種含義，「任一義皆盡心體之全體：心全體是體，全體是能，全體是理，全體是主宰，全體是存有（實體性的存

有）。任一義亦皆通其他諸義」〔註77〕。就孟子所觀察到「不忍人之心」的現象來看，我們可以說，「不忍人之心」是人性本具的特質，也是人心內在的一種自然動力，它會在特殊情境下自動對外在事物做出回應。我們可以說那是心的一種能力，是人性本具的道德創造性。他的「創造性」來自於其極爲自主自由，活潑靈動，充滿創造性與不斷變化提升的無限可能性，猶如〈禮記‧大學〉所說的「在止於至善」。孟子的四端之心，屬性近於「情」。

> 從其大體爲大人，從其小體爲小人。耳目之官不思，而蔽於物：物交物，則引之而已矣。心之官則思，思則得之，不思則不得也，此天之所以與我者。先立乎其大者，則其小者不能奪也。此爲大人而已矣。（《孟子‧告子上 15》）

張岱年說：「所謂大體即是心，而性即在於心。」〔註78〕所謂「大體」就是「心」，「從其大體爲大人」就是，人若依循本具的「四端之心」來發展，就會成爲一個仁人君子，因爲「四端之心」包含著人本具的善性。「心之官則思」，「四端之心」會在「乍見孺子將入於井」的刹那間表現出來，故「心」有「思」的功能，能夠認識自己的本性。「四端之心」是「情」，以此推論：孟子的「心」應該包含有「性」與「情」。「心」有「思」的功能，因此「心」可以認識自己，「心」還有「情」，會因個別的情境創造道德行爲。《孟子‧盡心下》：「曾皙嗜羊棗，而曾子不忍食羊棗。」曾子的父親曾皙喜歡吃羊棗，父親去世之後，曾子看到羊棗就想到父親，因爲觸景傷情，不忍心再吃羊棗。這是極爲個別的孝心表現，絕對不是模仿，也不是學習而來，是發自內心眞情眞性的一種創造性行爲。

另外，《孟子‧滕文公上 5》曰：「蓋上世嘗有不葬其親者。其親死，則舉而委之於壑。他日過之，狐狸食之，蠅蚋姑嘬之。其顙有泚，睨而不視。夫泚也，非爲人泚，中心達於面目。蓋歸反虆梩而掩之。」上古之人本沒有喪葬的禮俗，親人去世只是任意丟棄於溝壑之中，有人偶然路過見到親人的遺體被昆蟲蚊蠅啜食，而心生不忍，額頭自然冒出汗水，眼睛不忍直視，於是，回家拿工具，將親人妥善掩埋。這種行爲也是一種自然的道德創造行爲，是發自內心的一種自然的動力，使人創造出屬於道德的行爲，由此我們可以見出，人心自然具有一種「道德創造力」。

〔註77〕牟宗三，《心體與性體》（一），臺北：正中書局，1991 年，頁 564。
〔註78〕張岱年，《中國哲學大綱》，頁 303。

　　《孟子‧梁惠王上 7》齊宣王「以羊易牛」的故事，齊宣王因為不忍見將要送去釁鐘的牛因害怕而發抖，於是請人「以羊易之」，雖然齊宣王「以羊易牛」的舉動受到百姓的質疑，以為齊宣王是因為吝嗇而「以小易大」，然而，如果齊宣王沒有「以羊易牛」的道德實踐行為，沒有被百姓所誤解的遭遇，那麼對於孟子「推恩於百姓」的提點，恐亦難以撼動其心。因此，「四端之心」天生具有道德創造性，然而需要通過道德實踐的「習」，在不斷地進行反思的吃苦過程中，才有機會逐漸開發自己內心的「道德創造力」，這種對於自己本心的領悟，正是需要在親身的道德實踐中，方能真正領悟，內化於心。齊宣王的「不忍人之心」，也是一種發乎情的道德創造，「道德創造」的行為，是「四端之心」自然尋求「心安」的一種能力。「不忍人之心」既然是無關乎「人情」、無關乎「聲譽」、無關乎「情緒」，那麼是否會順著這「不忍人之心」積極去做「拯救孺子」這件事，就僅僅在於自己心中的價值判斷與行動的動力，與個體的「道德創造力」有很大的關係。這個價值判斷必定來自內在的價值標準，內在的價值判斷影響著行為的「創造性」。孟子的「心性」哲學，設準了人有天生對於「仁義禮智」的判斷能力，可以在與外物相接的情境中，做出合於「仁義禮智」的行為，而內在的價值判斷則影響著行為的「創造性」，存在著無限的可能，每個人都可以創造自己道德的高標準，可以止於志善。《禮記‧大學》篇云「是故君子無所不用其極」，道德創造的行為，還會在擴充四端之中，不斷地提升而止於至善。然而，這個道德創造性，對於實然的人性卻只是一個可能性，無法保證其必然成為事實。

（二）道德創造性無法保證其必然成為事實

　　《孟子‧盡心上 15》曰：「人之所不學而能者，其良能也。所不慮而知者，其良知也。」孟子提出「良知」、「良能」，「良知」乃「不慮而知」，「良能」乃「不學而能」，與孟子描述的「四端之心」都是天生本具，有其相似的特質。焦循《孟子正義》：

> 孟子言良能為不學而能，良知為不慮而知。其言孩提之童，無不知愛其親，則不言無不能愛其親也；其言及其長也，無不知敬其兄，則不言無不能敬其兄也。蓋不慮而知，性之善也，人人所然也。不學而能，惟生知安行者有之，不可概之人人。知愛其親，性之仁也，而不可謂能仁也。知敬其兄，性之義也，而不可謂能義也。〔註79〕

〔註79〕 焦循，《孟子正義》，北京：中華書局，2015 年，頁 968。

「良知」、「良能」乃「不學而能，不慮而知」生而具有，然而，焦循《孟子正義》認為「不慮而知」人人都是如此，然而，「不學而能」則並非人人都是如此。「不學而能，惟生知安行者有之，不可概之人人」「不學而能」只有「生而知之，安而行之」的人才能達於如此，而「生而知之，安而行之」者，畢竟還是少數。「章指」又言：「本性良能，仁義是也。達之天下，恕乎已也。」〔註80〕「章指」認為要展現「良知」、「良能」並非人人皆能，乃需要透過「恕」的工夫來實現。《論語·衛靈公·24》子貢問曰：「有一言而可以終身行之者乎？」子曰：「其恕乎！己所不欲，勿施於人。」孔子將「恕」視為一個人終身都需要奉行的行為準則，以「將心比心」的準則來開發自己本性內具的「道德創造力」，而在人我之間具體實踐。

> 人之有是四端也，猶其有四體也。有是四端而自謂不能者，自賊者也；謂其君不能者，賊其君者也。凡有四端於我者，知皆擴而充之矣，若火之始然，泉之始達。苟能充之，足以保四海；苟不充之，不足以事父母。（《孟子·公孫丑上6》）

四端之心人人本具，然而需要自主地擴充之，才能發揮其功能。李明輝將這種「知皆擴而充之」的「知」稱做「隱默之知」，認為這是一種未經反省的知，這種「知」有待學習而始成。〔註81〕黃信二則認為這種先天的「知」需要後天的主觀「內在選擇」的思考歷程，方得完成。〔註82〕可見，這個「知」並非信手拈來天生之性份，而是需要經過「習」而後得之。〔註83〕我們說「四端之心」具有道德創造性，那是一種潛存的自我創造道德標準的可能性，是否能成為一種具體的，可以發揮作用的能力或影響力，還要看是否能夠「擴充」。「擴充」的過程需要先天後天統合，需要有意無意兼具，需要

〔註80〕焦循，《孟子正義》，頁968。

〔註81〕李明輝將「知皆擴而充之」的「知」稱為「隱默之知」：是一種未經反省的知，這種「知」有待學習始能在自覺中貞定自己。李明輝：《康德倫理學與孟子道德思考的重建》，臺北：中央研究院中國文哲研究所，1994年，頁115～116。

〔註82〕黃信二則認為此種在自我自覺中貞定自己的思考歷程，是一種「內在選擇」。他認為人的本然善性需經過反思，方得成為系統的性善論，須包含直覺與深思，先天與後天的主觀「內在選擇」兩個層面。黃信二，《孟子與象山心性學之詮釋意涵》，臺北：里仁書局，2014年，頁73。

〔註83〕李明輝認為齊宣王「以羊易牛」為百姓誤解為吝嗇，因孟子指點而悟及自己本心之所存，所以說：「夫子言之，於我心有戚戚焉。」這正是「賢者以其昭昭使人昭昭」。

主動與被動相融，也就是需要經過不斷「主客交融」地道德實踐，經過「習」的過程，方能理想呈現。「恕」就是「主客交融」、「將心比心」的實踐工夫，〈性自命出〉：「待物而後作」，說的就是只有在「與物相接」、「主客交融」的過程中，才能真正習得這種「知」，進而發展成為自身的能力。「盡心」就是開發本心道德創造力的工夫過程，以「恕」為其大要。

二、「盡心」：開發道德創造力

　　《孟子‧盡心上 1》曰：「盡其心者，知其性也。知其性，則知天矣。」《孟子正義》：「疏：高誘注云：『盡，極也』禮記‧大學篇云『是故君子無所不用其極』，注云：『極，猶盡也』」「是能盡極其心以思行善者，知其性之善也。」〔註 84〕牟宗三說：『盡心』之盡是充分體現之意，所盡之心即是仁義禮智之本心。」〔註 85〕「盡心」就是充分展現「心」所具有的「仁義禮智」的本質。孟子認為「仁義禮智根於心」但是因為「心」會陷溺、「心」會亡失、「心」會失其正，因此，要能充分體現仁義禮智之本心，要能發揮「四端之心」本具的道德創造性，展現「道德創造力」，需要經過一番「盡心」的工夫。「盡心」必定要在道德實踐中進行，要在人倫日用，與人相接中，在外在人事物與內心的相融合之中，才能有其落實之處，需要以「恕道」為其要領。孟子曰：「仁，人心也；義，人路也。舍其路而弗由，放其心而不知求，哀哉！人有雞犬放，則知求之；有放心，而不知求。學問之道無他，求其放心而已矣。」(《《孟子‧告子上 11》)「四端之心」天生具有「仁義禮智」的本質，「盡心」就是要在錯綜複雜的人事之中，在道德實踐中，不斷尋回本心，開發潛在「道德創造力」的工夫。

（一）「盡心」是「道德創造力」習得的工夫

　　「盡心」是「習」的具體工夫，《說文‧習部》說：「習，數飛也。」丁原植說：「數飛，也就是自我經過調整而能適宜飛行。」〔註 86〕「習」不是養成習慣，而是像雛鳥練習飛行，是一種能力的培養，是一種內在能力的習得。這種習得需要調和主體內在與外在人事物之間的關係，因此它必是由實踐經驗中所體驗出來。根於「四端之心」活潑靈動的特性，它所習得的將會是一

〔註 84〕焦循，《孟子正義》，北京：中華書局，2015 年，頁 943。
〔註 85〕牟宗三，《圓善論》，臺北：台灣學生書局，1985 年，頁 132。
〔註 86〕丁原植，〈性自命出〉篇釋析，《郭店楚簡儒家佚籍四種釋析》，頁 19。

種創造力，而不是一種固定的形式。《禮記‧大學》篇所說的：「君子無所不用其極」，說的正是這種創造力的運用。人可以在開發本心的創造力之後，運用它來建立自己的道德高標準，進而加以實踐。

> 故天將降大任於是人也，必先苦其心志，勞其筋骨，餓其體膚，空乏其身，行拂亂其所為，所以動心忍性，曾益其所不能。人恆過，然後能改；困於心，衡於慮，而後作；徵於色，發於聲，而後喻。
> （《孟子‧告子下 35》）

孟子特別重視困境對人的影響作用，一個堪當大任的英才，往往需要經過艱苦卓絕「習」的過程，來鍛鍊他的心志，提升他的「道德創造力」。「苦其心志」、「困於心」、「衡於慮」都是「心」在困難之中接受鍛鍊，在困難之中選擇自己的道德標準，創造自己道德境界的高標準，由此而習得心原具的本質——「由仁義行」。《孟子‧告子上 7》曰：「富歲，子弟多賴；凶歲，子弟多暴，非天之降才爾殊也，其所以陷溺其心者然也。」焦循《孟子正義》：「阮氏元云：『賴即嬾』。按說文女部云：『嬾，懈也』」「賴與暴都是陷溺其心」〔註87〕孟子認為，環境是使心陷溺的重要因素，在富裕的生活中，人心容易因為生活無虞而懈怠，不能積極努力；在生活困頓的凶年，則人心容易焦慮殘暴。如何克服環境的影響，而能不受干擾，在不利的環境中，仍能順著活潑良善的本心行事，則需要靠艱苦的「盡心」工夫來自我訓練。

> 牛山之木嘗美矣，以其郊於大國也，斧斤伐之，可以為美乎？是其日夜之所息，雨露之所潤，非無萌蘗之生焉，牛羊又從而牧之，是以若彼濯濯也。人見其濯濯也，以為未嘗有材焉，此豈山之性也哉？雖存乎人者，豈無仁義之心哉？其所以放其良心者，亦猶斧斤之於木也，旦旦而伐之，可以為美乎？（《孟子‧告子上 8》）

孟子描述人的本心猶如茂密美好的林木，有著生生不息，欣欣向榮的生機。然而因為外在環境與人事的作為，對於「心」的傷害，猶如斧斤砍伐茂美的林才，又像牛羊不斷吃掉初發的新芽，內在為善的能力逐漸被斲喪而亡失矣。因此，孟子曰：「故苟得其養，無物不長；苟失其養，無物不消。」（《孟子‧告子上 8》）美好的本心如果可以時時得到存養擴充則能生生不息，否則將會亡失，「盡心」的工夫就是需要持之以恆，努力不懈的「習」的過程，子曰：「君子無終食之間違仁，造次必於是，顛沛必於是。」（《論語‧

〔註87〕焦循，《孟子正義》，頁 816。

里仁 5)）就是孔子對於時時存「仁心」的重要提醒。孟子曰：「飢者甘食，渴者甘飲，是未得飲食之正也，飢渴害之也。豈惟口腹有飢渴之害？人心亦皆有害。人能無以飢渴之害爲心害，則不及人不爲憂矣。」（《孟子·盡心上 27》）孟子舉例說，一個過於飢渴的人，對於食物的選擇會失去正確的判斷力，人心也是如此。焦循《孟子正義》：「章指言：飢不妄食，忍情抑欲；賤不失道，不爲苟求；能無心害，夫將何憂。」「心」能夠不受外在條件的影響，就能避免「心害」。這就是「盡心」的一種重要工夫，足以讓「心」保持活潑靈動的創造性。

（二）「盡心」是「道德實踐」的工夫

「盡心」是道德實踐的工夫，需要在具體的經驗事件中，在「內外交融」、「主客交融」的道德實踐中，方能逐漸體悟，慢慢習得。

對於《孟子》「蓋上世嘗有不葬其親者。」（《孟子·滕文公上 5》）這個例子，楊國榮說：

> 不忍看到親人屍首的那種慘象，才拿了工具把屍首掩埋起來，這個變化源於內心的衝動，這種衝動的力量是很大的，讓你頭上冒汗，不敢正視，這叫做鞭逼有力。

楊國榮還說：

> 道德需要，有很多特點，當下呈現和鞭逼有力是其中最重要的。當下呈現是說在特定場合，用不著人爲努力，道德需要會自己突然冒出來，想控制也控制不住；鞭逼有力是說這種需要有很大的強迫性，迫使當事人必須按它的要求去做，想躲避也躲避不了，想欺騙也欺騙不成。〔註88〕

楊國榮說的「鞭逼有力」或可看作是「道德創造力」的動力來源，道德是人心的需要，有時是極爲迫切的需要，如前所述，不忍見親人的慘狀，鞭逼世人習得「孝」應該有的適當行爲，創造出能夠讓自己得到安心的道德規範。牟宗三說：

> 惻隱、羞惡、辭讓、是非等是心、是情，也是理。理固是超越的、普遍的、先天的，但這理不只是抽象地普遍的，而是即在具體的心與情中見，故爲具體地普遍的；而心與情因其即爲理之具體而真實

〔註88〕楊澤波，《孟子與中國文化》，貴州：貴州人民出版社，2000 年，頁 144～145。

的表現，故亦上提而爲超越的、普遍的、亦主亦客的，不是實然層上的純主觀，其爲具體是超越而普遍的具體，其爲特殊亦是超越而普遍的特殊，不是實然層上純具體、純特殊。這是孟子磐磐大才的直悟所開發。〔註89〕

在「盡心」的努力過程中，「惻隱、羞惡、辭讓、是非」等「四端之心」，將透由活潑生動的具體道德創造行爲，從可知可感的個體的「心與情」中讓我們看見，讓我們感知。「四端之心」正是在具體的道德實踐中，逐漸開發→呈顯→完成。孟子曰：「五穀者，種之美者也；苟爲不熟，不如荑稗。夫仁亦在乎熟之而已矣。」（《孟子・告子上 19》），「盡心」就是「心」的「熟之」工夫。

（三）「盡心」工夫人人能為

曹交問曰：「人皆可以爲堯舜，有諸？」孟子曰：「然。」（《孟子・告子下 22》）

夫人豈以不勝爲患哉？弗爲耳。徐行後長者謂之弟，疾行先長者謂之不弟。夫徐行者，豈人所不能哉？所不爲也。堯舜之道，孝弟而已矣。子服堯之服，誦堯之言，行堯之行，是堯而已矣；子服桀之服，誦桀之言，行桀之行，是桀而已矣。（《孟子・告子下 22》）

孟子認爲「盡心」工夫是每一個人都能在人倫日用當中具體實踐的，只要能夠主動學習聖人的言行，則人人皆可爲堯舜。有意效法聖人而落實於生活中實踐，就是一種「盡心」的工夫，這就是前文提到的，在有意與無意之間努力，習得了心的能力。〔註90〕孟子曰：「挾太山以超北海，語人曰『我不能』，是誠不能也。爲長者折枝，語人曰『我不能』，是不爲也，非不能也。」（《孟子・梁惠王上 7》）孟子肯定這種習得本心的能力人人都有，因此「人皆可以爲堯舜」，人之所以不爲善「是不爲也，非不能也。」孟子曰：「人之有德慧術知者，恒存乎疢疾。獨孤臣孽子，其操心也危，其慮患也深，故達。」（《孟子・盡心上 18》）「孤臣孽子」因爲迫切需要，反而是造就自己

〔註89〕牟宗三，《心體與性體》（一），頁 127。
〔註90〕子曰：「吾十有五而志于學，三十而立，四十而不惑，五十而知天命，六十而耳順，七十而從心所欲，不踰矩。」筆者認爲，「志于學」是「有意」於學，而後面的「而立→不惑→知天命→耳順→從心所欲，不踰矩」則是「無意」而成，需要在「習」的過程中下工夫，而自然「熟之」。

「德達慧鑄」的好機會，越是困難的條件，越是鍛鍊自己的好機會，道德實踐存乎一心而已，故孔子說：「仁遠乎哉？我欲仁，斯仁至矣。」（《論語・述而 30》）

　　孟子曰：「心之所同然者何也？謂理也，義也。聖人先得我心之所同然耳。故理義之悅我心，猶芻豢之悅我口。」（《孟子・告子上 7》）理義是人心之所同然者，因此聖人之心必然同於我心，聖人之心能「悅理義」，則我的心必定亦能「悅理義」，只是聖人比我早體驗出這個「悅理義」的心罷了。「理義」自在我心不假外求，只需要由「盡心」下工夫，內心之「悅」自然產生，便能開發出本具的，源源不絕的「道德創造力」。〈性自命出〉：「待物而後作，待悅而後行」，孔子曰：「學而時習之，不亦悅乎」，「悅」的產生，乃經由「盡心」的「習」而來。「悅」是當一個人所思所感與本心相合所達到內外和諧的身心狀態，「悅」之情因而產生。〈性自命出〉：「待悅而後行」，當心能對本心所具之情有所悅，對於本心之理自然能自覺自願行之，孟子稱為「由仁義行」。而「知性」之「知」將同時得到提升，由於主體對於仁義本心的體認，因此也將提升對於外在事物的「道德判斷力」。

三、「知性」：提升道德判斷力

　　張岱年說：「認為致知方法與德行涵養有相依不離的關係，這也是中國哲學的特點之一。」〔註91〕「德行」可以「致知」，在道德實踐中習得「道德」，這也是孟子「盡心」的其中一種涵意。孟子曰：「聖人既竭目力焉，繼之規矩準繩，以為方圓平直，不可勝用也。」（《孟子・離婁 1》）孟子認為，外在的規矩準繩，需要親自實踐，方能成為自身的能力，而「不可勝用」。張岱年說：「孟子謂規矩乃『聖人竭目力焉』，『繼之』而作者，未謂其由於『心思』或由於『良知』，似以為知識中之格式之究竟根源，仍在於感覺經驗。」〔註92〕張岱年認為，這種能力需要靠自身經驗努力得來。孟子「盡心→知性」便是一個，經由努力實踐道德，而逐漸提升個體「道德判斷力」的進程，「知」可以分為兩個方面來理解：一個是對於「言行學說」的正確判斷力，如「知言」的「知」；另外，「知」亦可理解為「道德選擇」的判斷力。兩方面各包含了內在與外在，思想與行動。

〔註91〕張岱年，《中國哲學大綱》，頁 720。
〔註92〕張岱年，《中國哲學大綱》，頁 721。

（一）「知言」：思想的「道德判斷力」

> 公孫丑問：「何謂知言？」孟子回答說：「詖辭知其所蔽，淫辭知其
> 所陷，邪辭知其所離，遁辭知其所窮。生於其心，害於其政；發於
> 其政，害於其事。聖人復起，必從吾言矣。」（《孟子・公孫丑上 2》）

「知言」就是對於「詖辭、淫辭、邪辭、遁辭」這些不正當的辯解之辭
都能夠洞察其偏頗之處，而不受其迷惑的工夫，能夠「知言」便能對於道德
做出正確的判斷與選擇。因此，「知言」是在眾說紛紜的社會中，能夠有自己
的道德判斷標準，知道在許多的言論之中，避開偏頗不當的思維方式，而能
有正確的道德方向。

（二）「權度」：行動的「道德判斷力」

> 桃應問曰：「舜為天子，皋陶為士，瞽瞍殺人，則如之何？」孟子曰：
> 「執之而已矣。」「然則舜不禁與？」曰：「夫舜惡得而禁之？夫有
> 所受之也。」「然則舜如之何？」曰：「舜視棄天下，猶棄敝蹝也。
> 竊負而逃，遵海濱而處，終身訢然，樂而忘天下。」（《孟子・盡心
> 上 35》）

「知言」判斷言論，「權度」則是選擇實踐道德的方式。孟子曾假設，如
果舜的父親殺人，舜貴為天子，他該如何處置父親。孟子認為，以舜的賢能
公正，和他的大孝事親，在道德兩難的情況之下，孟子認為，舜將選擇，背
著父親逃到海濱，快樂地與父親一起生活，而忘掉自己的天子之位。這就是
一種道德選擇。當道德兩難的情況發生，就產生「權度」的道德選擇問題，
「權度」也是一種「盡心」的道德內涵。孟子曰：「魚，我所欲也；熊掌，亦
我所欲也，二者不可得兼，舍魚而取熊掌者也。生，亦我所欲也；義，亦
我所欲也，二者不可得兼，舍生而取義者也。」（《孟子・告子上 10》）「舍生
取義」就是一種最「鞭逼有力」的道德選擇，是道德選擇的極致表現。潘小
慧說：

> 按照孟子，「生」（存有的繼續或創造）並不是人最大的欲求，「死」
> （存有的消滅）也不是人最深惡痛絕的事。人最大的欲求在於道德
> 實踐，最痛惡的是違反道德。此即是說，道德的考慮凌駕於生命的
> 保有及其他，「舍生取義」的根由源於人性本然，故言「非獨賢者有
> 是心也，人皆有之」。至於實際上那種人能做到？是每個人嗎？當然
> 不是，唯「賢者能勿喪耳」。……道德乃因著道德自身而被「道德的

存有者」——「人」所欲求。〔註93〕

道德乃是人人心中的欲求，然唯「賢者能勿喪耳」。既然是「人人心中的欲求」，每一個人都應該經由「盡心」努力實現這個做為人的願望。而具有「道德判斷力」的「賢者」，自然能更好地掌握「道德判斷」的「權度」問題。

> 齊宣王曰：「若寡人者，可以保民乎哉？」曰：「可。」曰：「何由知吾可也？」孟子曰：「臣聞之胡齕曰，王坐於堂上，有牽牛而過堂下者，王見之，曰：『牛何之？』對曰：『將以釁鐘。』王曰：『舍之！吾不忍其觳觫，若無罪而就死地。』對曰：『然則廢釁鐘與？』曰：『何可廢也？以羊易之！』不識有諸？」曰：「有之。」曰：「是心足以王矣。百姓皆以王為愛也，臣固知王之不忍也。」（《孟子・梁惠王上7》）

齊宣王因為不忍見牛觳觫，而令人「以羊易之」，這是齊宣王為求心安的一種道德創造行為，由此我們可以看出：「道德創造力」乃是發自內心的一種主動積極的力量，是個體為解決內心道德問題所做出的創造行為。孟子勉勵齊宣王將愛牛之心「推恩」於百姓，期望齊宣王可以提升這個「道德創造力」的層次而及於百姓與天下。當「盡心」的道德層次不斷提升，就可以積極地將此「道德創造力」推展到更高的境界，個體也將因此產生更高層次的喜悅之情。孟子曰：「萬物皆備於我矣。反身而誠，樂莫大焉。」（《孟子・盡心上4》）說明了悅樂精神層次的高境界，需要在「盡心」的工夫中，逐漸提高層次，達於至誠之境，則能「樂莫大焉」。順此，孟子對齊宣王提出了「權度」的重要觀念。孟子曰：

> 權，然後知輕重；度，然後知長短。物皆然，心為甚。王請度之！
>
> 抑王興甲兵，危士臣，構怨於諸侯，然後快於心與？（《孟子・梁惠王上7》）
>
> 然則王之所大欲可知已。欲辟土地，朝秦楚，莅中國而撫四夷也。
>
> 以若所為求若所欲，猶緣木而求魚也。（《孟子・梁惠王上7》）

孟子提示齊宣王，如果抱有「王天下」的大志向，則需要具有高層次的道德權度能力方能達成。孟子並提醒齊宣王，「興甲兵，危士臣，構怨於諸侯」與他「辟土地，朝秦楚，莅中國而撫四夷」的「大欲」會相違背，如果不能

〔註93〕潘小慧，〈從儒道墨法四家對「為何道德？」之可能解答略論四家之「道德」觀〉，《哲學與文化》第21卷第3期，頁230。

施行仁政，要達到大願望就猶如「緣木而求魚」，願望很難實現。孟子提出了「權度」觀念，藉以勉勵齊宣王「反思」自己的「道德選擇」，期望齊宣王提升「道德判斷力」。潘小慧說：

> 是非之心為智之端也，這裡的「智」與建立科學或自然知識是無干的，這個「智」乃純就道德實踐而論的。……在道德實踐發生之初，作為道德主體之良知必然發為是非之心以從事道德判斷。是非之心一旦發用，即思考、反省之後，判斷完成之時，此時方可言「智」。是非之心未發用時，潛存於人本心的「智性種子」、「智之端」，發用後即有所謂「智」，智在此是一種「德性」。〔註94〕

潘小慧認為，德性的形成，需經由道德判斷來完成發用。筆者認為這種發用的德性，即為一個人經「道德判斷力」，而自覺自願選擇作為「志」的一種德性，足以在生命中展現成為「道德實踐力」。

四、「志」：展現道德實踐力

「志」表達的是氣在人身上體現的生命力，人的意識與情志以「氣」做為中介的動力，沒有「氣」，「志」就失去了表達的能力；沒有「四端之心」，「氣」就失去悅「性」之「情」；沒有「志」，「氣」就失去呈顯的內容。《說文》：「志者，心之所之也。」《孟子·盡心上33》：「王子墊問曰：『士何事？』孟子曰：『尚志。』曰：『何謂尚志？』曰：『仁義而已矣。』」孟子所謂的「尚志」就是志於仁義。「志」展現的就是一種「道德實踐力」。

（一）「不動心」：「心」的立志狀態

〈孟子·公孫丑上〉孟子曰：「我四十不動心。」本文認為「不動心」就是一種「心有所定」的立志狀態。

> 北宮黝之養勇也，不膚撓，不目逃，思以一豪挫於人，若撻之於市朝。不受於褐寬博，亦不受於萬乘之君。視刺萬乘之君，若刺褐夫。無嚴諸侯。惡聲至，必反之。孟施舍之所養勇也，曰：「視不勝猶勝也。量敵而後進，慮勝而後會，是畏三軍者也。舍豈能為必勝哉？能無懼而已矣。」孟施舍似曾子，北宮黝似子夏。夫二子之勇，未知其孰賢，然而孟施舍守約也。昔者曾子謂子襄曰：「子好勇乎？吾

〔註94〕潘小慧，〈孟子中的「智德」思想〉，《哲學與文化》第 29 卷第 10 期，2002 年，頁 900。

嘗聞大勇於夫子矣：自反而不縮，雖褐寬博，吾不惴焉；自反而縮，雖千萬人，吾往矣。」孟施舍之守氣，又不如曾子之守約也。(《孟子・公孫丑上 2》)

孟子這裡提到幾個「不動心」的不同狀態，不同層次。北宮黝的「不動心」表現在，面對任何外在的挑戰絕不退縮，不因對方的身分而有所動搖。孟施舍則是面對任何情況都能不計成敗，一往無前。北宮黝志在「必勝」，孟施舍志在「必爲」，皆能有「志」故皆能「不畏難」，唯其僅用力於「守氣」則不易「持志」。曾子曰：「自反而不縮，雖褐寬博，吾不惴焉」，曾子認爲「不動心」的要領在於「反身循理」，唯有「反身循理」不讓心有一絲於理不直之處，如此便能持志力行，雖千萬人吾往矣。孟子曰：「君子有三樂」(《孟子・盡心上》) 其中一樂爲「仰不愧於天，俯不怍於人」，反身循理不愧不怍，則內心安定沒有干擾，自然能展現內心的力量。達到「不動心」的狀態，「志」就能發揮作用，展現其價值。

(二)「動心忍性」：「志」的提升過程

孟子認爲，有志之士往往需要經過一番吃苦努力的過程，方得「動心忍性，曾益其所不能。」(《孟子・告子下 35》) 黃信二說：「《孟子》文本論「性」的一大特徵即是「性」的可鍛鍊性。此一特徵主要表現在『所以動心忍性，曾益其所不能』的工夫論中」〔註95〕郭梨華說：「『情』與『性』在《性情論》(〈性自命出〉) 中，作爲一種本源，不是定著不動的，而是不斷在運動當中呈顯的」〔註96〕黃信二認爲孟子的「性」是可以鍛鍊的，郭梨華就〈性自命出〉來說「性」，認爲「性」是可以不斷在運動中呈顯的，兩位學者都提出了「性」可以發展的概念。筆者認爲《孟子》的「動心忍性」就是「性」的發展，也是「志」的提升過程。「不動心」是「心」的立志狀態，可以經由「盡心」工夫而「動心忍性」使「心的本質」再度得到開發，進而使「性」得到發展，「志」得以提升。因此，蒙培元說：「動心爲了不動心，忍性爲了培養人性。」又說：「不動心是第一步工夫」〔註97〕，幾位學者的見解，皆可做爲參考，說明孟子「動心忍性」極有可能就是指「志」的提升過程。

〔註95〕黃信二，《孟子與象山心性學之詮釋意涵》，臺北：里仁書局，2014 年，頁 76。
〔註96〕郭梨華，《出土文獻與先秦儒道哲學》，臺北：萬卷樓圖書公司，2008 年，頁 297。
〔註97〕蒙培元，《蒙培元講孟子》，北京：北京大學出版社，2006 年，頁 197。

〈性自命出〉云：「雖有性，心弗取不出。凡心有志也。」〈性自命出〉提出了一個「心取」的概念，認為「性」必須通過「心」取出，又說「凡心有志」。蒙培元說：「這個『取』，是知取的意思，是以知和思為前提的，這就是它所說的『知性者能出之』。這是一種內取，不是外取，即從自身知而出之。」蒙培元認為「心」所取的「性」是內在本具，所以說「內取」。雖是「內取」然而「心弗取不出」，可見，「心」能決定「性」是否能呈顯，又說「知性者能出之」，「知性」便與孟子「盡心→知性」可以產生連結思考，幫助我們理解孟子「盡心」與「性」的呈顯之間的關係，以及「盡心」與「志」的關係。范斌說：「這種功能並非簡單的知覺，而是一種較高層次的精神體悟，這種體悟由於主體不同而有所差異。」〔註98〕於此，我們亦可推論「盡心→知性」就是一種「高層次的精神體悟」，與主體的人格層次密切相關。因此我們認為，「凡心有志」故能「取性」，「志」就是讓主體產生差異最重要的因素，也是讓「心」發揮功能，決定「性」是否能順利取出的主要關鍵之處。〈性自命出〉言：「凡人雖有性，心亡奠志，待物而後作，待悅而後行，待習而後奠。」在〈性自命出〉這段關鍵性的敘述中，更讓我們發現，「心」能否「立志」，「悅」是主要重點，「悅」才能立志，「悅」就能「動心」。因此，只要「習」而達於「悅」，就能「動心忍性」增益先前之所不能，進而提升「志」的層次，至於能否由內心產生「悅」之情，則完全要看個人，在道德實踐上所下的功夫如何，因此，「志」是極為個別的人格層次的表現。

五、「志」與「人生觀」

「志」是極為個別的個體人格層次的表現，與個人的「人生觀」有著密切的關係。此處「人生觀」指的是一個人在人生中的自我定位，與個人對於自我在「宇宙」中，生而為人的人生期許與願望，也就是一個人如何「定位宇宙」與「安排人生」的個人志向與人生哲學。〔註99〕「志」也是人生「價值觀」的體現，包含一個人的「道德創造力」、「道德判斷力」、「道德實踐力」，

〔註98〕范斌，〈〈性自命出〉的思想及其對先秦儒家心性學說的推進〉，《社會科學論壇，學者論壇》，2010年第17期。

〔註99〕鄔昆如主編，《哲學概論》，臺北：五南圖書公司，2004年，頁1。鄔昆如說：「中國古代經典，無『哲學』之名，但有『哲學』之實，如『道學』、『玄學』、『理學』、『義理之學』、『心學』等等。都是在『定位宇宙』，並在宇宙中『安排人生』」。筆者認為，孟子的「志」，即是表現一個人對於「定位宇宙」與「安排人生」的「人生觀」與「宇宙觀」的綜合體現。

綜合性地由內在呈顯於外的「氣」表現出來。

（一）「志」是「人生觀」的自我定位

孟子自范之齊，望見齊王之子。喟然歎曰：「居移氣，養移體，大哉居乎！夫非盡人之子與？」孟子曰：「王子宮室、車馬服多與人同，而王子若彼者，其居使之然也；況居天下之廣居者乎？魯君之宋，呼於垤澤之門。守者曰：『此非吾君也，何其聲之似我君也？』此無他，居相似也。」（《孟子‧盡心上36》）

孟子提出「居移氣」的概念，並形象化地以魯君的例子做了說明。焦循《孟子正義》為此做注曰：「居尊則氣高，居卑則氣下，居之移人氣志，使之高涼，若供養之移人形身使充盛也。大哉居乎者，言當慎所居，人必居仁也。」焦循認為孟子所謂「居移氣」的「居」是很重要的，「居」可以「移人氣志」，應該謹慎選擇所「居」而以「居仁」為宜。孟子曰：

仁義而已矣。殺一無罪，非仁也；非其有而取之，非義也。居惡在？仁是也；路惡在？義是也。居仁由義，大人之事備矣。（《孟子‧盡心上33》）

「居移氣」提出的重點是：所「居」不同，「氣」就不同。孟子曰：「居仁由義，大人之事備矣。」（《孟子‧盡心上33》）對於「居」真正的意涵《孟子正義》〔疏〕做了進一步的說明：「乃聲之高明由於志之高明，志之高明由於居之尊貴，故既言聲氣，又云氣志。」所「居」尊貴「志」就高明，「志」高明「聲」就高明。《孟子正義》〔疏〕認為「居」與「志」有著直接的關係，並且能決定外在表現的聲勢。《孟子正義》〔疏〕：「同是居，宜擇而居其大者，必以居仁為大也。」「同是子，而王子異於凡人，亦同是人，而君子異於小人，可相觀而喻矣。」《孟子正義》〔疏〕還認為：「居」以「居仁」為大，就像同樣是人「君子」和「小人」就大不同。可見，這裡所謂的「居」，絕對不是簡單的指「居所」，不是指外在的環境或者身份地位。這裡的「居」指的是一種「人生觀」的自我定位，如孟子所言「居仁由義」，也如《孟子正義》〔疏〕所言以「君子」自居，很明顯地這是一種「立志」的涵義。所「居」決定「氣」的不同，因此，「居」要注重選擇其「大」者，選擇成為「君子」自然就比選擇成為「小人」為大。《孟子正義》〔章指〕又曰：「人性皆同，居使之異，君子居仁，小人處利，譬猶王子，殊於眾品也。」〔註100〕〔章指〕就說得更清

〔註100〕焦循，《孟子正義》，頁1005～1006。

楚了，人性本來相同，「居」讓我們有所不同。人性本來相同，「志」讓我們有所不同，所以「君子居仁」。「居」，說的就是一個人的自我定位，也就是一個人心中立定的志向，因為志向不同人格人品就與眾不同。「志」呈顯於外則表現為「氣」，如：氣質、氣勢、氣度、氣量、氣魄，志向提升氣就提升，可以從外在行為舉止呈現出來。魯國的國君到宋國去，大喝一聲可以令宋國守門人為其開門，正在於為國君者都有相同的氣勢，「居相似」就是他們有著相同的「自我定位」，表現出來的就是相同的氣勢。因此，孟子的「居移氣」就是在表達：一個人自我定位的志向不同，就能改變他外在氣的表現，人格形態與境界也將有所不同。

（二）「志」是「人生觀」的價值判斷

「自我定位」來自於內在的價值觀，每個人都會選擇為自己認為最有意義與價值的目標努力。

> 廣土眾民，君子欲之，所樂不存焉。中天下而立，定四海之民，君子樂之，所性不存焉。君子所性，雖大行不加焉，雖窮居不損焉，分定故也。君子所性，仁義禮智根於心。其生色也，睟然見於面，盎於背，施於四體，四體不言而喻。（《孟子·盡心上 21》）

孟子說：「廣土眾民」雖然也是君子想要的，但是，那並不是君子認為最大的滿足與快樂。「中天下而立，定四海之民」才是君子心中認為人生值得追求的最大的快樂。但是「中天下而立，定四海之民」並不是君子得之於天的，不一定能夠得到這樣的快樂。君子不論人生境遇如何，無論窮通貴賤，都會立定志向，永遠往最大善，最大的幸福努力，這就是君子的「居」，也就是君子的「志」，其中就包含著一個人的「價值觀」，「價值觀」則與「道德判斷力」直接相關。陳福濱說：

> 每個人都具有足以「為善」的能力，因為「仁義禮智，非由外鑠我也，我固有之也。」而此「我固有之」的「仁、義、禮、智」都是一價值觀念，我們的善性也就能作價值判斷的主體，良知本心也就是知是知非之價值判斷的主體。〔註101〕

孟子曰：「形色，天性也；惟聖人，然後可以踐形。」（《孟子·盡心上 38》）孟子所謂的「生色」、「踐形」，正是一個人的「志」表現於外在的氣

〔註101〕陳福濱，〈儒、道、釋三家的悅樂精神〉，《貴州大學學報（社會科學版）》第34卷第4期，2016年。

質、氣勢、氣度、氣量、氣魄。因此，我們可以說，「志」就是一種「氣」，「志」就是「人生觀」、「價值觀」之人生哲學，與「道德判斷力」有著非常密切的關係。

（三）「志」是「人生觀」的實踐力行

「志」是個人對於人生價值自覺自願的選擇，自然容易專心致志地努力奉行，因此，「志」是一種發自內心，對於人生理想的實踐力。

> 口之於味也，目之於色也，耳之於聲也，鼻之於臭也，四肢之於安
> 佚也，性也，有命焉，君子不謂性也。仁之於父子也，義之於君臣
> 也，禮之於賓主也，智之於賢者也，聖人之於天道也，命也，有性
> 焉，君子不謂命也。（《孟子・盡心下 70》）

孟子對於「性」與「命」的區分，主要在表述「君子」對於命定的不肯屈服。孟子將「性」定義在「異於禽獸」的「幾希」之上，對於孟子來說，做為一個人，無論在任何狀況之下，都不應該放棄自己身而為人的高標準。一個人立定志向於此，自然不肯對外在境遇的困難屈服，也不肯居服於「口目耳鼻四肢」等感官對於人的限制，這是儒家一脈相承的道德傳統，也是儒家君子堅持的人生哲學。〈論語・憲問〉：子路宿於石門。晨門曰：「奚自？」子路曰：「自孔氏。」曰：「是知其不可而為之者與？」。堅持理想「知其不可而為之」就是儒家「君子」重要的操守，是儒家精神重要的「人生觀」。孟子曰：「人人有貴於己者，弗思耳。」又曰：

> 有天爵者，有人爵者。仁義忠信，樂善不倦，此天爵也；公卿大夫，
> 此人爵也。古之人修其天爵，而人爵從之。今之人修其天爵，以要
> 人爵；既得人爵，而棄其天爵，則惑之甚者也，終亦必亡而已矣。（《孟
> 子・告子上 16》）

孟子認為上天賜與的無上榮光，就是人天生具有「仁義忠信，樂善不倦」的特質，這種特質顯現了人最尊貴的地位，孟子稱之為「天爵」。這個「天爵」與生具有，是人最寶貴之處，一個人只要認識「仁義忠信，樂善不倦」的可貴性，努力保有它，那麼，自然也會得到修「天爵」所帶來的成果。得到「公卿大夫」的爵位，乃是修「天爵」的自然成果，而一般人卻將獲得「公卿大夫」地位的「人爵」，當做比「天爵」更有價值，得到「人爵」之後，卻將「天爵」拋棄了。孟子認為這是人生價值觀的一種迷惑與誤解，是因為「弗思」，而無法掌握人生真正的價值，價值觀不正確，所立之「志」

便將有所偏差。

> 盡其心者，知其性也。知其性，則知天矣。存其心，養其性，所以
> 事天也。殀壽不貳，修身以俟之，所以立命也。（《孟子·盡心上 1》）

「盡心→知性→知天」，「存心→養性→事天」這是立志爲「君子」者，一生都需要努力從事的志向。「殀壽不貳，修身以俟之」，不管人生遭遇如何，都不改變這個志向，這才是孟子「立命」的眞義。子曰：「不知命，無以爲君子也。」（《論語·堯曰》）孔孟對於「命」的看法，正是這種積極立志，百折不回，以成就「天爵」的人生觀。用「習」來提升對自我的期許，不將「命」當做外在條件的限制，這就是孟子所謂「君子」的人生志向，也是孟子所說：「有性焉，君子不謂命也。」的眞義所在。

六、小結

《孟子·盡心上 1》曰：「盡其心者，知其性也。知其性，則知天矣。」又曰：「萬物皆備於我矣。反身而誠，樂莫大焉。強恕而行，求仁莫近焉。」（《孟子·盡心上 4》）。「盡心」是一個艱苦卓絕的「習」的過程，乃經由內外的不斷調和，然後而能達合於「君子所性」的言行思想。「知性」是對人性最尊貴之「君子所性」的感知與掌握，「知性」而後能得「天爵」自然地「由仁義行」，君子之「志」於焉產生。如果說「命」是人的一種限制，那麼孟子所言之「性」就是人之最大的可能，「君子所性」是君子所堅持的人性的最佳狀態，需透由艱苦的道德實踐過程，不斷地突破「命」的限制，方能得到安處「仁心」所展顯的生命的喜悅。《孟子·梁惠王下 21》曰：「若夫成功，則天也。君如彼何哉？彊爲善而已矣。」君子立定志向，積極努力，對於外在的成功則不強求。「盡心→知性→知天」實爲孟學積極努力的安身立命之道，以「德心」→「德行」→「德性」爲其進路，將傳統儒家「知其不可而爲之」的求道之苦，與樂天知命的「孔顏之樂」有機融合，成就合於天道的人道，最終將達於「浩然正氣」充滿，與天相合，與自然和諧的生命境界。

第三節　「求其放心」與「志」

> 仁，人心也；義，人路也。舍其路而弗由，放其心而不知求，哀哉！
> 人有雞犬放，則知求之；有放心，而不知求。學問之道無他，求其
> 放心而已矣。（《孟子·告子上 11》）

　　孟子認爲，「仁」是人「心」的本質，「義」是人本來應該依循的道路，「仁義」是人生而具有的特質，將放失的「仁義之心」找回來，是人一生中始終需要努力的重要課題，因此，孟子說：「學問之道無他，求其放心而已矣。」

> 雖存乎人者，豈無仁義之心哉？其所以放其良心者，亦猶斧斤之於木也，旦旦而伐之，可以爲美乎？其日夜之所息，平旦之氣，其好惡與人相近也者幾希，則其旦晝之所爲，有梏亡之矣。梏之反覆，則其夜氣不足以存；夜氣不足以存，則其違禽獸不遠矣。人見其禽獸也，而以爲未嘗有才焉者，是豈人之情也哉？故苟得其養，無物不長；苟失其養，無物不消。孔子曰：「操則存，舍則亡；出入無時，莫知其鄉。」惟心之謂與？（《孟子‧告子上8》）

　　「仁義之心」就是人最初始的善心，孟子稱爲「良心」。「良心」與生具有，然而，人們常在平日的作爲中，不知不覺地將「良心」一點一滴放失，原來生意盎然的「仁義之心」，就像近郊山上的林木，終將被砍伐盡淨。然而，「良心」本具於心，只要將它找回來，「良心」還會不斷長出端芽，經過努力，便可以長成大樹，蔚成森林。只要「良心」還在，當夜深人靜之時，「良心」就會回復清明，自然滋長出善良的「夜氣」，當「夜氣」充滿，人在平旦之時，便能展現一派祥和的「平旦之氣」。「良心」存則「夜氣」順利滋長，「平旦之氣」自然呈現。朱熹章句曰：「學者當無時不用其力，使神清氣定，常如平旦之時，則此心常存，無道而非仁義矣。」又曰：愚聞之師曰：「人，理義之心未嘗無，惟持守之即在爾。若於旦晝之間，不至梏亡，則夜氣愈清。夜氣清，則平旦未與物接之時，湛然虛明氣象，自可見矣。」〔註102〕

　　「仁義之心」本具，不讓此「良心」放失，就能滋長「夜氣」，而持續保有平旦之時的清明氣象。本文將由孟子「四端之心」、「不忍之心」、「良心」反覆探索孟子「求其放心」工夫的可能進程，以下逐一分述，並將討論其在孟子「志氣論」思想中與「志」的可能關係。

一、「良心」即「不忍之心」

> 人皆有所不忍，達之於其所忍，仁也。（《孟子‧盡心下77》）

〔註102〕朱熹集註，蔣伯潛廣解，《廣解四書讀本》，臺北：商周出版社，2016年，頁652。

孟子認爲，每個人都天生具有「不忍人之心」，能夠努力讓「不忍人之心」能「達之於其所忍」，這就是「仁」的境界。孟子曰：「仁，人心也。」（《孟子・告子上 11》）孟子又說，「仁」就是人心本來的樣子。「達之於其所忍」即是，探求「人心」本來的樣子，也就是孟子所謂的「求其放心」。「求其放心」所求者便是「良心」，而「良心」即孟子所謂的「不忍人之心」。要使「良心」能「安」，「不忍人之心」能「忍」需要經過不斷努力，堅苦卓絕的「習」的過程。論語首章子曰：「學而時習之不亦說乎？」，《孟子・盡心上 4》曰：「萬物皆備於我矣。反身而誠，樂莫大焉。強恕而行，求仁莫近焉。」經過艱苦努力，長存此心，便能「神清氣定」樂莫大焉，儒家講求的「悅樂」精神，孟子更將其做爲「良心是否常存」的重要判準，「良心常存」則能「安」，能「忍」，亦能「樂」。「良心常存」，更可能成就我們內在的道德創造力，「良知」是上天賦予我們每一個人天生的認知，「良心」是上天賦予我們天生的能力，只要我們時時「求其放心」，將它找回來，保有它，擴充它，運用它，就能得其「天爵」（「仁義忠信，樂善不倦」），而自然地能「由仁義行」，君子之「志」於焉產生，「由仁義行」的君子之「志」，其實就是「良心」，就是「仁心」，就是「心」本來的樣子。以下嘗試論證「良心」即爲「不忍人之心」。

（一）「良心」即「四端之心」

> 雖存乎人者，豈無仁義之心哉？其所以放其良心者，亦猶斧斤之於木也，旦旦而伐之，可以爲美乎？（《孟子・告子上 8》）

「良心」一詞在《孟子》中僅出現於《孟子・告子上》此處，而且與「仁義之心」一起出現。《爾雅・釋詁第一》曰：「良，首也。」「良心」應謂人之最初始的心。孟子曰：「是其日夜之所息，雨露之所潤，非無萌櫱之生焉，牛羊又從而牧之，是以若彼濯濯也。」（《孟子・告子上 8》）孟子以「萌櫱」來描述「良心」，猶如以「端」說「性」：「惻隱之心，仁之端也；羞惡之心，義之端也；辭讓之心，禮之端也；是非之心，智之端也。」（《孟子・公孫丑上 6》）「萌櫱」就是植物初生的端芽，「良心」就是人心的端芽，是可以長大的。孟子的「四端之心」也是「心」的端芽，可以經由擴充而成長，根據文本探索發現，在孟子的思想中，「良心」極有可能便是「四端之心」。

陳特說：「如果我們仔細讀《孟子》全本書的意思，我們會發現，分別地說，惻隱、羞惡、辭讓、是非之心是四種心，但合起來說只是一種心，即儒

家所說的仁心。」〔註103〕陳特認為「四端之心」都是同一個心，那就是「仁心」，孟子曰：「仁，人心也。」（《孟子・告子上11》），「仁心」就是「四端之心」就是人心最初始的樣子，就是「良心」。勞思光說：

> 孟子以「孺子將入於井」為例，故拈出「惻隱」二字。孟子之例偏重於人對生命之苦難或毀滅所起之「不應有」之自覺，故用怵惕惻隱以描述之。其次，人對某種已有之事象，若覺其不應有，即顯現拒斥割離之自覺，此在孟子，說為「羞惡」。人當考慮自己之所得時，常有應得或不應得之辨別（不論所據理由之內容如何），此種自覺在孟子稱為「辭讓」。最後，人對於一切主張常能自覺到合理不合理。此即孟子所謂「是非」。〔註104〕

勞思光認為「四端之心」都具有是一種「應不應該」的判斷，似乎比較像「義」心。孟子則以「仁義之心」稱「良心」。因此，透由邏輯論證，從以上論述「四端之心」的相互重疊之處，我們有理由推論，「四端之心」應該即為「良心」，「良心」乃為「四端之心」的總稱。

（二）「四端之心」皆為「不忍人之心」

孟子提出了人皆有「四端之心」的創見，還特別舉了「乍見孺子將入於井」的例子來說明「不忍人之心」，我們梳理了「不忍人之心」的特質，發現所謂「不忍人之心」至少包含有幾個特點：首先，「乍見」說明了這是一個「出其不意」的事件，而「惻隱之心」的出現，是當下立即的反應，來不及做思考。也就是說，「不忍人之心」是人在遇到一個突發狀況的時候，發自內心的自然表現。它無關乎「人情的束縛」──「非所以內交於孺子之父母也」；無關乎「個人的聲譽」──「非所以要譽於鄉黨朋友也」；也並非來自情緒性的選擇──「非惡其聲而然」，它是在不假思索，毫無預警的情況下自然發生的直接反應，沒有絲毫外在條件的考慮包含在內，孟子由此論證「不忍人之心」是每一個人生而具有的特質。孟子還有所謂「良知」、「良能」，孟子曰：「人之所不學而能者，其良能也。所不慮而知者，其良知也。」（《孟子・盡心上15》）「良知」、「良能」，其「不學而能」、「不慮而知」的特點與孟子描述「四端之心」有極其相似的特質。「不忍人之心」是內心自然的觸動，是發自內心即為個別性的心理狀態。孟子曾舉過幾個例子：

〔註103〕陳特，〈倫理學釋論〉，臺北：東大圖書公司，1994年，頁274。
〔註104〕勞思光，〈新編中國哲學史〉，臺北：三民書局，1992年，頁164。

曾皙嗜羊棗，而曾子不忍食羊棗。公孫丑問曰：「膾炙與羊棗孰
美？」孟子曰：「膾炙哉！」公孫丑曰：「然則曾子何爲食膾炙而不
食羊棗？」曰：「膾炙所同也，羊棗所獨也。諱名不諱姓，姓所同也，
名所獨也。」（《孟子·盡心下 82》）

曾子看見羊棗就想到自己的父親，因爲羊棗是他父親獨特的喜好，他的
「不忍」乃來自一種直覺的內在情感的觸動，並未牽涉任何外在的因素。

蓋上世嘗有不葬其親者。其親死，則舉而委之於壑。他日過之，狐
狸食之，蠅蚋姑嘬之。其顙有泚，睨而不視。夫泚也，非爲人泚，
中心達於面目。蓋歸反虆梩而掩之。（《孟子·滕文公上 5》）

上古之世，尚未有喪葬的習俗，父母死了，就抬到山中，丟棄於山壑
中。過了不久經過山壑，看到動物蚊蟲在吮食父母的屍體。他不知不覺額頭
上冒出汗水，斜著眼不忍心再看下去。他額頭冒汗並不是爲了別人的原因而
冒汗，而是發自內心對於父母的不忍之心而自然而然表現出來。於是回到家
中，拿了工具將父母掩埋起來。於此可見，「不忍之心」是自然地由內心產
生，並非爲了表現給別人看；而內心的「不忍」也只有透過自身的行動，才
能將其不忍之心平撫下來。我們如果深究這個不忍見父母如此被對待的心，
事實上就是子女對父母天生的孝心，就是「心」本來的樣子，就是「良心」。
孟子曰：

臣聞之胡齕曰，王坐於堂上，有牽牛而過堂下者，王見之，曰：「牛
何之？」對曰：「將以釁鐘。」王曰：「舍之！吾不忍其觳觫，若無
罪而就死地。」對曰：「然則廢釁鐘與？」曰：「何可廢也？以羊易
之！」不識有諸？（《孟子·梁惠王上 7》）

再提齊宣王「以羊易牛」的例子。齊宣王不忍心看到將要被帶去釁鐘的
牛，因爲害怕而發抖的樣子，於是對牽牛的人說，放了這條牛吧，找一隻羊
來代替牠。因爲齊宣王「見牛未見羊」，因此，他以羊來代替牛，這就是齊宣
王爲了平撫自己「不忍之心」的方法，不是爲了表現自己的善心，也不是爲
了愛惜牛而「以羊易牛」、「以小易大」。孟子體察齊宣王的「不忍之心」而認
爲：「是心足以王矣。」孟子認爲齊宣王對於牛的「不忍之心」，足以說明齊
宣王具有「仁心」，有「仁心」的君王就可以行仁政於天下，將「不忍之心」
擴及百姓，以這樣的心對待人民必能達到「王天下」的目標。由以上諸例我
們推論：「不忍之心」應該包含了仁、義、禮、智「四端之心」，「不忍之心」

還可能發展成爲一個人極強大的善心與能力，擴而充之甚至可以「保民而王天下」。朱熹章句：

> 羞，恥己之不善也。惡，憎人之不善也。辭，解使去己也。讓，推以與人也。是，知其善而以爲是也。非，知其惡而以爲非也。人之所以爲心，不外乎是四者，故因論惻隱而悉數之。言人若無此，則不得謂之人，所以明其必有也〔註105〕。

朱熹顯然也認爲，言「惻隱之心」其實已包含了「四端之心」。「良知」、「良能」即爲「良心」具有的特質，與「四端之心」不謀而合，以此推論：「四端之心」即爲「不忍之心」→「不忍之心」即爲「良心」。

二、「求其放心」：「達之於其所忍」

> 是其日夜之所息，雨露之所潤，非無萌櫱之生焉。（《孟子·告子上8》）

孟子將「良心」形容爲植物新生的芽：「萌櫱」，以山上的植物經由雨露的滋潤，隨時可能長出初生的新芽，來說明人的內心隨時可能出現善的「端芽」。而這些端芽如果未能加以保護，任意斷喪它，那麼，就會在「四端之心」出現悸動的那一刻，因各人的情緒欲望或私心雜念，而斷喪了善的「端芽」；如果對於良心的「萌櫱」不斷地忽略它，漠視它，扭曲它，久而久之，人心將不再感動，就如「牛山濯濯」呈現一片枯槁而毫無生機。

「良心」本是不學而能者，不慮而知者，與生俱有，但是如果不加以珍惜培養，「良心」也將放失而不復出現。孟子曰：「學問之道無他，求其放心而已矣。」孟子認爲爲學做人，最重要的就在於找回放失的「良心」，也就是找回「不忍之心」，讓「不忍之心」能「達之於其所忍」，「能忍則安」讓「良心」能安，就是孟子「求其放心」的工夫進程。對於「良知」、「良能」焦循《孟子正義》：

> 蓋不慮而知，性之善也，人人所然也。不學而能，惟生知安行者有之，不可概之人人。知愛其親，性之仁也，而不可謂能仁也。知敬其兄，性之義也，而不可謂能義也。……何以由知而能也，何以由無不知而無不能也？無他，有達之者也

〔註105〕朱熹集註，蔣伯潛廣解，《廣解四書讀本》，臺北：商周出版社，2016年，頁485。

　　《孟子正義》「章指」又言：「本性良能，仁義是也。達之天下，恕乎已也。」〔註106〕焦循《孟子正義》認爲，「良知」是每個人都有的，然而「良能」常常是資質特優的人才能做到，還是無法人人皆能，一般人還是要用「恕」的方法，不斷努力，才能「達之天下」。若要「達之於其所忍」，要讓「不忍之心」能「忍」，要讓「良心能安」，仍然需要用「恕」的方法，也就是要「將心比心」，要能「已所不欲，勿施於人」，要「推己及人」，不斷努力實踐道德，才能達。因爲「安」與「不安」的判準還需要有他人的檢驗，需要符合他人的願望與想法。孟子曰：

　　　　萬物皆備於我矣。反身而誠，樂莫大焉。強恕而行，求仁莫近焉。

　　（《孟子・盡心上4》）

　　筆者認爲，除了「恕」之外，孟子「求其放心」的工夫還需要配合以下的種種工夫，方能達到完善的效果，如：「思」、「恕」、「權」、「誠」，如果能將這些因素貫穿於「行」之中，堅持不斷地努力，才能「達之於其所忍」。能「安」、能「忍」、能「樂」才是「仁心」的原有的樣子，才能作爲「達之於其所忍」的重要判準。子曰：「『君子不憂不懼。』曰：『不憂不懼，斯謂之君子已乎？』子曰：『內省不疚，夫何憂何懼？』」（《論語・顏淵》）孔子稱「不憂不懼」來自「內省不疚」。孟子曰：

　　　　君子有三樂，……。仰不愧於天，俯不怍於人，二樂也。（《孟子・
　　　　盡心上20》）

　　孔子以「不憂不懼」做爲君子重要的人格指標，孟子亦以「不愧不怍」做爲君子之樂，由此，我們更可以見出儒家的「悅樂精神」，實乃人格道德的展現，「達之於其所忍」就是君子的修養工夫，不斷地找回自己最初始的「心」，讓「良心」常存，就是君子最重要的「志」。以下僅就「求其放心」的幾個重要方法分述於下：

（一）先立乎其大者——思

　　　　耳目之官不思，而蔽於物，物交物，則引之而已矣。心之官則思，
　　　　思則得之，不思則不得也。此天之所與我者，先立乎其大者，則其
　　　　小者弗能奪也。此爲大人而已矣。（《孟子・告子上15》）

　　「心之官則思」，「思」就是「先立乎其大者」。「思」是孟子修養工夫的創見之一。王船山說：「孟子說此一思字，是千古未發之藏」又：「……蓋思

〔註106〕焦循，《孟子正義》，頁900。

因仁義之心而有」又：「是天之與我以思，即與我以仁義也。」又：「孟子之功不在禹下，此其一徵矣。」〔註107〕孟子提出「思」的理論，王船山稱其為「千古未發之藏」，王船山並認為，這是孟子影響巨大的貢獻。「思」是天生「仁義之心」的一種能力，是人得以體察「良心」的重要方法。「思」是「心」能夠認識自己的方法，所以孟子說「思則得之」，「先立乎其大者」就是優先確立自己修養的方法，在於用「良心」來體察外在事物，而不受耳目感官所遮蔽干擾。陸暢、白欲曉說：

> 人乍見孺子將入于井而生惻隱之心，齊宣王見牛之觳觫而生不忍之意，前者場景出現的突發性與後者情境的當下性，都向我們說明「良知」之「不慮而知」近乎本能的自然性。但這種不假反思與工夫修養而展露的良心苗裔是否屬於道德呢？孟子說：「惻隱之心，仁之端也。」惻隱之心是仁之端，而不是仁，這是說良知雖先天具足，但並不表明已經在經驗層面圓滿完成。」〔註108〕

「不假反思」直覺的「不忍」，對於一個人的人格養成，似乎是明顯不夠的，因為這樣的「不忍之心」極其飄忽不穩定，稍縱即逝。孟子提出「思」，就是掌握人性珍貴而不穩定的善端的首要工夫，故孟子曰：「先立乎其大者」。「先立乎其大者，則其小者弗能奪也。此為大人而已矣。」如果可以用反思的方法，才能不受耳目感官的干擾，才能不斷找回「不忍之心」使其「達於忍」，才能真正發揮「仁」心，完成「仁」性而為「大人」矣。齊宣王如果能夠運用「思」的方法，將「不忍見牛觳觫」之心，推恩及於「不忍見羊觳觫」之心，再更及於愛護照顧百姓之心這就更近於孔子「恕」道的方法矣。因此，「思」有助於做到「推恩」，良好地運用人心「思」的功能，認識自己的「心」，進而更好地掌握自己的心，也有助於更有效地做到「恕」的工夫。

（二）以心度心——恕

子貢問曰：「有一言而可以終身行之者乎？」子曰：「其恕乎！己所不欲，勿施於人。」（《論語‧衛靈公24》）孔子為「恕」所下的定義就是「己所不欲，勿施於人。」自己所不喜歡的，就不要加在別人的身上，就是「以心

〔註107〕王夫之，《讀四書大全說》，〈卷十〉，臺北市：河洛圖書公司，1974年，頁40～41。

〔註108〕陸暢、白欲曉，〈道德先天性及其在經驗知識層面的展開——孟子「良知」理論的內在邏輯〉，《南昌大學學報（人文社會科學版）》第45卷第4期，2014年，頁19。

度心」、「將心比心」。孟子曰：「萬物皆備於我矣。反身而誠，樂莫大焉。強恕而行，求仁莫近焉。」（《孟子・盡心上 4》）而「恕」仍是要以「思」為前提，余治平說：「度的更多內容則應該限制為具有人心可通約性、能夠被外在化、客觀化的理與義。」〔註109〕「將心比心」要能達到理想的目標，首先「心」必須符合「仁義之心」，必須符合「良心」，「良心」就是具有「人心可通約性」。孟子曰：「心之所同然者，何也？謂理也，義也。」（《孟子・告子上 7》）余治平說：「存在于人心之中的感覺、意見之類，稱不上理和義。能夠經得起『天下萬世』檢驗的『心之所同然』，才能夠稱得上理與義，即大道真理。」又說：「德性真理是普遍必然的，放之四海而皆準，不會因人、因事而有所改變。以心度心之中，存在著普世性的道義準則。」〔註110〕

「恕」要有普遍性的準則，才能有真正的意義與價值，孟子曰：「梏之反覆，則其夜氣不足以存；夜氣不足以存，則其違禽獸不遠矣。」（《孟子・告子上 8》）當夜氣充滿時的良心，就是一個普世的合於人情的準則，如果能夠以「思」以「恕」來「求其放心」，就能真正掌握這普世準則，而不流於個人的感覺、意見。而這個準則又是極其靈活的，它並沒有一個固定的形式。子曰：「君子之於天下也，無適也，無莫也，義之與比。」（《論語・里仁 10》）「良心」是合於「義」的心，並不是固定的外在道德規範。

> 古之人所以大過人者無他焉，善推其所為而已矣。今恩足以及禽獸，
> 而功不至於百姓者，獨何與？權，然後知輕重；度，然後知長短。
> 物皆然，心為甚。（《孟子・梁惠王上 7》）

這個普世準則雖然沒有一個固定的形式，卻仍然是人心所同然，「權」是用「良心」去定位的普世準則，「權」則能「推」，是「良心」的靈活運用。因此，「權」也是「求其放心」的重要技術方法。

（三）無適無莫——權

> 淳于髡曰：「男女授受不親，禮與？」孟子曰：「禮也。」曰：「嫂溺
> 則援之以手乎？」曰：「嫂溺不援，是豺狼也。男女授受不親，禮也；
> 嫂溺援之以手者，權也。」（《孟子・離婁上・17》）孟子曰：「不孝
> 有三，無後為大。舜不告而娶，為無後也，君子以為猶告也。」（《孟
> 子・離婁上 26》）

〔註109〕余治平，〈孔子恕道的哲學辨證〉，《倫理學與公共事務》，頁 158。
〔註110〕余治平，〈孔子恕道的哲學辨證〉，頁 159。

　　「男女授受不親」是應守的禮節，然而，如果嫂嫂溺水了，就不該拘泥禮節，而應該即刻援之以手，這就是「權」。「舜不告而娶」是因為告則不得娶，不娶則無後乃不孝之大者，「舜不告而娶」也是一種「權」，故孟子說「君子以為猶告也」。黃勉之問陽明先生：

> 「『無適也，無莫也，義之與比。』事事要如此否？」先生曰：「固是事事要如此，須是識得箇頭腦乃可。義即是良知，曉得良知是箇頭腦，方無執著。且如受人餽送，也有今日當受的，他日不當受的。也有今日不當受的，他日當受的。你若執著了今日當受的，便一切受去。執著了今日不當受的，便一切不受去。便是『適、莫』，便不是良知的本體。如何喚得做義？」〔註111〕

王英對於這段話有一個極佳的註解，他說：

> 這裡陽明這段話中說「義即是良知」，又舉了例子，很形象地說明了良知不是一個既定的已經在那裡等著人去運用、套用的法則，它只是個頭腦，一種判斷力。上面談到陽明的良知重在「是個頭腦」，重在一種在具體情境中能酬酢從而達乎宜的能力。

王英又說：

> 有一點卻是陽明念茲在茲的，就是良知中所蘊的必得要成聖人的「志」的意思，其實上面談的頭腦本身除了自知及因時因地因事作合宜之判斷的能力外，也有這種「志——在，而且這個志在陽明看來是每個人都已有的並且應該有的，這個志的確有一種普遍性在的。〔註112〕

　　對於王英所說的，陽明先生認為，每一個人天生都有成為聖人的志向願望，潛存於我們的良知之中，對於此點筆者深感認同，而這也正是孟子哲學最為重要且獨具特殊價值之處。「良知」展現的層次與「志」有關，而所「權」則可見出實踐者「良知的境界」〔註113〕，此說實為極佳之洞見。一個

〔註111〕鄧艾民，《傳習錄注疏》，基隆：法嚴出版社，2000 年，頁 325。

〔註112〕王英，〈良知不是純形式——以王陽明為中心〉，《理論界・國學研究》，2009 年 12 月，頁 116。

〔註113〕陳來，《有無之境——王陽明哲學的精神》，頁 242～243。陳來提出陽明的「良知」是一種境界的說法，與陽明所說的「良知」只是一個「頭腦」都說明了「良知」並不是一個固定的形式，與個人的修為和志向相關，代表著一個人的人格層次的顯現，依此，「良知」應該是可以隨著個人人格層次的提升而不斷向上提升其呈顯層次，因此，陳來將其視為一種境界。

人能否立志，與所立為何志，都與個人人格及心理層次有著極大的關係，「求其放心」就是這樣一個心理素質提升的努力過程，一個「習」的過程。而「誠」則是使孟子的「習」，可以逐漸趨近其修養終極目標的道德實踐工夫與境界。

（四）樂莫大焉──誠

孟子稱人皆有「不忍之心」，讓天生的「不忍之心」能「忍」能「安」就是一種「仁」的境界。能使「不忍之心」能「忍」能「安」，乃由於一切行事皆能「不愧不怍」，無愧於我心，自然能「安」，「安」就是「達之於其所忍」。對於「安」與「忍」孔子早有提出，見於《論語》：

> 宰我問：「三年之喪，期已久矣。君子三年不為禮，禮必壞；三年不為樂，樂必崩。舊穀既沒，新穀既升，鑽燧改火，期可已矣。」子曰：「食夫稻，衣夫錦，於女安乎？」曰：「安。」「女安則為之！夫君子之居喪，食旨不甘，聞樂不樂，居處不安，故不為也。今女安，則為之！」宰我出。子曰：「予之不仁也！子生三年，然後免於父母之懷。夫三年之喪，天下之通喪也。予也，有三年之愛於其父母乎？」（《論語・陽貨 21》）孔子謂季氏：「八佾舞於庭，是可忍也，孰不可忍也？」（《論語・八佾 1》）

錢穆說：「季氏八佾舞於庭，上僭天子，近蔑其君，此事尚忍為，將何事不忍為。」〔註114〕依據孟子則「安」就是「達之於其所忍」，然而上述二則論語文本，孔子卻評宰予之「安」與季氏之「忍」皆為「不仁」。宰予未善盡孝道，卻能「安」之若素，季氏僭越禮節卻未覺其「不忍」，孔子因此怒評其為「不仁」。因此，「安不安」、「忍不忍」如果未能經由「思」、「恕」、「權」的工夫不斷地自我檢驗，自我調整，那麼仍然未能符合孟子所謂的「達之於其所忍，仁也。」，因為，缺乏了真正的「良心」作為其判準。因此，「求其放心」還有一個更為重要的關鍵，就是「誠」的工夫。宰予及季氏之所以被孔子指責為「不仁」，主要在於二者皆未能居之以「誠」。孟子曰：

> 居下位而不獲於上，民不可得而治也。獲於上有道：不信於友，弗獲於上矣；信於友有道：事親弗悅，弗信於友矣；悅親有道：反身不誠，不悅於親矣。（《孟子・離婁上 12》）

〔註114〕錢穆，《論語新解》，臺北：東大圖書公司，2015 年，頁 55。

　　孟子認為，一個人的行為，如若不是來自合於良心的內在真誠，那麼，不能「治民」，不能「獲上」，不能「信友」，亦不能「悅親」。父母愛子女之心乃天下最為無私無求之愛，一個「反身不誠」的人，即便是至親父母也無法對於他的行為感到欣悅。可見，唯有「誠」才能真正做到「思」、「恕」、「權」的工夫，唯有「誠」才能達於「良心」的普世準則，才能合於眾人願望的標準，而不落入自己的狹隘標準，唯有「誠」才能不自欺，也不欺人，真正成為坦蕩蕩的「君子」，而逐漸成為一個充分展現高尚之「志」的聖人，於此，便能呼應前文所說，陽明先生認為，每一個人天生都有成為聖人的志向願望，潛存於我們的良知之中，而「良知」能夠展現的層次與「志」有關，「志」的層次越高，「良知」能夠展現的層次就越高，能夠達到的「求其放心」的成果就越好，所謂的「良心」就越能在所求者的生命之中體現，而至終便能「達之於其所忍」，成為一個真正「仰不愧於天，俯不怍於人」的「仁者」，「誠」居於決定性的位置。

三、小結

　　張岱年說：

> 「仁義之心」或「良心」，即人之所以為人之心。「平旦之氣」或「夜氣」，即在夜中或平旦初醒時，人之所以為人者之發現。此以「才」與「其禽獸」相對待，可見「才」正指人之所以為人之天賦可能，亦即人之所以異於禽獸之要素。「以為未嘗有才」者，即以為未始有異於禽獸之要素。人有此種要素，而亦有與禽獸相同的本能行為，且此類本能甚有勢力；如不能擴充異於禽獸的要素，則此種要素即將被同於禽獸的本能行為所梏亡。〔註115〕

　　人有異於禽獸的「幾希」之「才」，有異於禽獸的「仁義之心」，孟子「求其放心」，就是要將這種「人之所以為人之心」找回來。孟子曰：「仁義忠信，樂善不倦，此天爵也。」上天賜予我們的「天爵」，就是一顆異於禽獸的，「仁義忠信，樂善不倦」的「良心」，如同陽明先生說的，每一個人天生都有成為聖人的志向，潛存於我們的良知之中，找回「良心」就能呈顯出良知之中的「聖人之志」。孟子曰：

> 故天將降大任於是人也，必先苦其心志，勞其筋骨，餓其體膚，空

〔註115〕張岱年，《中國哲學大綱》，頁 305。

乏其身，行拂亂其所爲，所以動心忍性，曾益其所不能。人恒過，

然後能改；困於心，衡於慮，而後作；徵於色，發於聲，而後喻。」

（《孟子‧告子下 35》）

　　孟子這段話，說出了「求其放心」的艱苦過程，雖然每一個人都生而具有「良心」，然而，要眞正成爲存有初心的「聖人」，則需要一生持之以恆的努力，這就是儒家講求的「習」的過程。孟子的道德實踐以「思」、「恕」、「權」、「誠」貫穿之，最終達到「萬物皆備於我矣。反身而誠，樂莫大焉。」的境界，這個境界便是道德的重要判準。「良心」是內在的一種道德創造力，是上天所賦予每一個人最大的認知與能力，只有時時「求其放心」，不斷地將「良心」找回來，保有它、擴充它、運用它，才能得其「天爵」，自然地「由仁義行」，君子之「志」於焉產生。「達之於其所忍」就是一個使自身「安心」的過程，也是生命成長的歷程，我們可以將它表述爲「德心→德行→德性」的發展進程，而以「道德實踐」爲其主要工夫。

第四章　《孟子》「志氣論」中「志」的道德實踐內涵

第一節　孟子「志」的創生內涵

　　公孫丑問曰:「敢問何謂浩然之氣?」孟子曰:「難言也。其爲氣也,
　　至大至剛,以直養而無害,則塞於天地之間。其爲氣也,配義與道;
　　無是,餒也。是集義所生者,非義襲而取之也。行有不慊於心,則
　　餒矣。我故曰,告子未嘗知義,以其外之也。必有事焉而勿正,心
　　勿忘,勿助長也。」(《孟子‧公孫丑上 2》)

　　孟子說「浩然之氣」是「集義所生」,《孟子正義》〔注〕:「集,雜也。⋯⋯
言此浩然之氣,與義雜生,從內而出」,焦循認爲孟子指的是:「氣生則義生」、
「義生則氣生」。孟子曰:「志壹則動氣,氣壹則動志也。」(《孟子‧公孫丑
上》),說明「浩然之氣」之生與「志」相關,本文由此推論:由「平旦之氣」
擴充而生成「浩然之氣」,便是孟子「志」與「義」的發展進程。李剛說:「孟
子所說的『志』其內涵正是『義』,是行『義』的決心、信心、勇氣的集合⋯⋯
『志』是『心』最爲能動性的體現,具有一定的引導性和指向性。」〔註 1〕李
剛提出孟子「志」的能動性,本文嘗試論述「氣」與「志」迴旋提升的能動
概念,藉以說明孟子「志」所包含的創生內涵。

　　孟子之「性」是未完成的「性」,張岱年說:「此種人之所以爲人之特徵,

〔註 1〕李剛,〈從孔子到孟子:儒家「志氣論」思想傳承新探〉,《廣西社會科學》,
　　　　2016 年第 8 期(總第 254 期),頁 50。

實非已完成的，而僅是萌芽，故孟子稱之爲『端』。性中所有者，不過仁義禮智之端」〔註2〕，由這個基礎我們推論：孟子「義」的圓滿狀態亦有待人在生命中逐步實現，而筆者發現，儒家倫理概念中的「直」極有可能是階段性完成的「義」。孟子曰：「其爲氣也……是集義所生者」（《孟子‧公孫丑上 2》）孟子認爲「浩然之氣」是經由個體積累「義」所產生，個體在生命歷程不斷進行「道德選擇」、「道德創造」、「道德實踐」之「習」的過程，便是一個「集義」的過程，在這個「集義」的過程，「志」也不斷得到培養，進而創生出屬於自己的道德生命，展現爲一股至大至剛的「浩然之氣」。儒家文獻〈五行〉經文對於「義」的表述有云：「不直不適，不適不果，不果不簡，不簡不行，不行不義。」（第 11 章）高正偉說：「經文的這種論說方式實際上也是一種擴充論。」筆者認爲，高正偉此說頗值採信，而其中經文的「直→適→果→簡→行→義」就是「義」的擴充進程。「其爲氣也，至大至剛，以直養而無害，則塞於天地之間。」（《孟子‧公孫丑上 2》）以「直」養氣而不干擾「氣」的發展與產生，是終將培養出充塞天地的「浩然之氣」的重要條件。由「直」到「義」就是一個道德「習」的過程，由「直」到「義」也是「義」發展成形的過程，隨著「義」的發展，「氣」也將逐漸擴充發展，孟子曰：「志壹則動氣，氣壹則動志也。」（《孟子‧公孫丑上 2》）隨著「義」的發展、「氣」的發展，「志」也將隨著發展。孟子說「浩然之氣」是「集義所生」，「義生則氣生」、「氣生則志生」，反之亦然。「志生則氣生→氣生則義生」這是孟子的「道德創生」思想過程，其中「義」、「氣」、「志」環環相扣，息息相關。由此我們可以看出，在孟子「德心」→「德行」→「德性」的成德進路，「直」是其中道德實踐重要的一環。

孟子心性哲學極大的特點，表現在個體生命的發展性，孟子之「性」是未完成的「性」，本文將嘗試論證孟子所謂「志」，是「性」在個體當下層次所能呈顯的「完成之性」，孟子心性哲學的發展性，也表現在孟子「義」的發展性中。孟子的「浩然之氣」是「集義所生者」，《孟子正義》〔注〕：「集，雜也。……言此浩然之氣，與義雜生，從內而出」〔疏〕：「氣因配義而生，故爲善養，與徒養勇守氣者異矣。」〔註3〕，「浩然之氣」與「義」雜揉而一起「生」出，是用「直」培養出來的。「行有不慊於心，則餒矣。」（《孟子‧公

〔註 2〕張岱年，《中國哲學大綱》，頁 304。
〔註 3〕焦循，《孟子正義》，頁 218。

孫丑上 2》）如果內心稍有不安，此氣就會消餒。孟子在此處重申「義內」概念，「義」的標準來自內心，「以直養氣」同時將達到「以直養義」的效果。「以直養而無害，則塞於天地之間。」「以直養氣」可以產生充塞天地的「浩然之氣」，而「無害」是重要的關鍵，能「直」才能「無害」，「直」有何特點，如何做到「無害」，以下試著逐一加以探討。

一、對於孟子「義內」的理解

　　孟季子問公都子曰：「何以謂義內也？」曰：「行吾敬，故謂之內也。」（《孟子・告子上 5》）孟子「義內」最主要的內涵是：「義」的標準必須來自於主體的內在，而非來自外在的規定。孟子曰：「人之所以異於禽於獸者幾希，庶民去之，君子存之。舜明於庶物，察於人倫，由仁義行，非行仁義也。」（《孟子・離婁下 47》）「由仁義行」即是發自內心地去行仁義之事，而非遵行外在的仁義法則而行。公都子曰：「冬日則飲湯，夏日則飲水」（《孟子・告子上 5》）公都子以冬天愛喝熱湯，夏天自然喜愛涼水來形容「義內」甚為貼切，「義內」就是符合內在願望而採取的道德行動，這種行動很可能帶有個體獨特的「道德創造性」，孟子用「生」來形容，說「浩然之氣」為「集義所生者」。

　　有關孟子的「義內」內涵，《孟子・告子上 4》有一段最直接相關的表述：

> 孟子曰：「何以謂仁內義外也？」曰：「彼長而我長之，非有長於我也；猶彼白而我白之，從其白於外也，故謂之外也。」曰：「異於白馬之白也，無以異於白人之白也；不識長馬之長也，無以異於長人之長與？且謂長者義乎？長之者義乎？」曰：「吾弟則愛之，秦人之弟則不愛也，是以我為悅者也，故謂之內。長楚人之長，亦長吾之長，是以長為悅者也，故謂之外也。」曰：「耆秦人之炙，無以異於耆吾炙。夫物則亦有然者也，然則耆炙亦有外與？」（《孟子・告子上 4》）

　　孟子以「長馬之長」與「長人之長」不同，來說明「義」是來自內在的道德判斷標準。朱熹章句：「義不在彼之長，而在我長之之心，則義之非外明矣。」〔註4〕對於「長者」油然生敬，是發自內心對於長者的「年高德邵」而自然地尊敬他，並非來自外在的規定，也沒有約束的力量，或具特別的目的

〔註 4〕蔣伯潛廣解，朱熹集註，《新刊廣解四書讀本》，頁 643。

促使我們去做。「耆秦人之炙，無以異於耆吾炙。」蔣伯潛廣解：「告子明云『食色性也』『耆炙』即是『食欲』決不是在『外』的。是發自內心的」〔註5〕「義」就像是我們對於飲食的欲望，是來自內心的喜好與選擇，因此不會有「秦人之炙」與「吾炙」的分別心。「義內」與「乍見孺子將入於井」的「不忍人之心」皆為孟子主體道德的重要依據，確立「義內」原則，才能創造出真正發自內心的，符合內在需要的，有價值的道德。楊祖漢說：「道德之活動雖是內發的，取決於我，但在表現而為行為時，一定會即於對象之不同而有不同之表現」又說：「道德的活動是直貫創生的，是將對象統攝於德性心之要求之下而實現道德之活動。」〔註6〕所以，孟子「義內」內涵在說明真正的道德行為應該具有個別創造性，會因對象的不同而各自有其適切的表現。王陽明說：

> 夫舜之不告而娶，豈舜之前已有不告而娶者為之準則，故舜得以考之何典，問諸何人，而為此邪？抑亦求諸其心一念之良知，權輕重之宜，不得已而為此邪？武之不葬而興師，豈武之前已有不葬而興師者為之準則，故武得以考之何典，問諸何人，而為此邪？抑亦求諸其心一念之良知，權輕重之宜，不得已而為此邪？使舜之心而非誠於為無後，武之心而非誠於為救民，則其不告而娶與不葬而興師，乃不孝、不忠之大者。〔註7〕

「舜不告而娶」、「武不葬而興師」是因為「誠於為無後」、「誠於為救民」為了實現內在的「義」而採取的行動，他們對於「義」的判斷與實踐，都富含道德的「創造性」。「創造」主要在表述他們「無典可考」，無前例可循，所謂的「義」存乎一心，勇於選擇與實踐內心覺得最合於「義」的行為。出土文獻〈性自命出〉說：「待物而後作，待悅而後行」，「道德創造」是以心中之「悅」作為行為的選擇標準，孟子「義內」的思想，所主張的就是：人人皆能由內心的喜悅之情，找到自己內在的道德標準，合於內心之「義」的行為，才是真正有價值的道德行為，否則可能陷入「不孝、不忠之大者」的危機。

陳臻問曰：「前日於齊，王餽兼金一百而不受；於宋，餽七十鎰而

〔註5〕 蔣伯潛廣解，朱熹集註，《新刊廣解四書讀本》，頁644。
〔註6〕 楊祖漢，〈孟子與告子義內義外之辯論〉，《鵝湖月刊》第14卷第3期，總號159，頁2～8。
〔註7〕 王陽明，《傳習錄》卷中，〈答顧東橋書〉。

受；於薛，餽五十鎰而受。前日之不受是，則今日之受非也；今日之受是，則前日之不受非也。夫子必居一於此矣。」孟子曰：「皆是也。當在宋也，予將有遠行。行者必以贐，辭曰：『餽贐。』予何為不受？當在薛也，予有戒心。辭曰：『聞戒。』故為兵餽之，予何為不受？若於齊，則未有處也。無處而餽之，是貨之也。焉有君子而可以貨取乎？」（《孟子‧公孫丑下12》）

陳臻曾經對於，孟子面對餽贈的態度不一致，提出質疑。孟子回答說，同是餽贈，有時合於「義」，有時不合於「義」，合於「義」就可以接受，不合於「義」就不能接受。「義」是內在「仁義之心」的道德標準，並非固定的形式。孟子也在此說明了，所謂道德實踐，同樣的問題有時會有不同的處理方式，遇到具體問題時，仍然需要靠內在的「義」作為判斷。朱熹章句：「無遠行戒心之事，是未有所處也。」〔註8〕，指的便是，同樣是接受餽贈，亦有合義不合義之區別。只要合於內在「義」的標準，人的行為可以極具彈性變化，而非堅守外在條文的制約。因此子曰：「君子之于天下也，無適也，無莫也，義之與比。」（《論語‧里仁 10》）孟子則曰：「大人者，言不必信，行不必果，惟義所在。」（《孟子‧離婁 39》）只有內在本具的「義」，才是君子行為最根本的依據。

二、以「直」養「義」

孟子曰：「其為氣也，至大至剛，以直養而無害，則塞於天地之間。」（《孟子‧公孫丑上2》）要明白如何「以直養氣」、「以直養義」，首先對於「直」的理解是為關鍵之處，以下嘗試做分析如下：

（一）「直」為「天生之善」

子曰：「人之生也，直；罔之生也，幸而免。」（《論語‧雍也 19》）鄭玄注雲：「始生之性皆正直。」蔣伯潛廣解：此即「人之初，性本善」的意思。〔註9〕「直」有「天生之善」的內涵。

子張問：「士何如斯可謂之達矣？」子曰：「何哉，爾所謂達者？」子張對曰：「在邦必聞，在家必聞。」子曰：「是聞也，非達也。夫達也者，質直而好義，察言而觀色，慮以下人。在邦必達，在家必

〔註8〕 蔣伯潛，朱熹，《新刊廣解四書讀本》，頁 496。
〔註9〕 朱熹集註，蔣伯潛廣解，《新刊廣解四書讀本》，頁 176。

達。夫聞也者，色取仁而行違，居之不疑。在邦必聞，在家必聞。」

（《論語‧顏淵 20》）

孔子認爲，所謂「達」者必定「質直而好義」，朱熹：「聞與達相似而不同，乃誠僞之所以分」〔註 10〕。朱熹認爲「質直而好義」就是「誠」的人格特質，蔣伯潛：「聞是聲譽，人人都曉得他之謂；『達』是人人都信服他，而所行沒有窒礙也。」〔註 11〕蔣伯潛則以爲，這樣的人才能得到別人的信服。朱熹註曰：「所謂『達』者，必定質樸，正直而好義」。〔註 12〕由「聞」與「達」的區別，我們認識到「達」者「質直而好義」，所擁有的正是「誠」的特質，是「天生之善」，是誠樸正直而好義的品德。

（二）「乃若其情」為「直」

「直」是一種合乎眞情的道德行爲，孟子曰：「乃若其情，則可以爲善矣，乃所謂善也。」（《孟子‧告子上 6》）孟子認爲最符合眞情的行爲，才是「善」的行爲。在《論語》中討論「直」最有代表性的是「親親互隱」的例子：

葉公語孔子曰：「吾黨有直躬者，其父攘羊，而子證之。」孔子曰：
「吾黨之直者異於是！父爲子隱，子爲父隱，直在其中矣」（《論語‧
子路 18》）

葉公說「其父攘羊，而子證之。」爲「直」，孔子提出反對，甚至糾正，孔子認爲「父爲子隱，子爲父隱」才是眞正的「直」。朱熹註曰：「父子相隱，天理人情之至也，故不求爲直，而直在其中。」〔註 13〕朱熹註曰，父子相隱，乃人之常情，符合人情就是「直」。蔣伯潛：「父子之愛，根於天性，故互相爲隱，直在其中。」「若證父攘羊，則病在好名，故孔子非之。」〔註 14〕蔣伯潛說，父子相隱是因爲相愛，這是人的天性，符合天性就是一種眞實，就是「直」。胡楚生解義：

順乎天理爲直，順乎人情爲直，順乎法律爲直。攘羊之事，自屬錯誤的行爲，但指證犯罪，卻不應該由罪犯的父親或子女出面。因爲父子之情，本屬天性，父子相互指證，違悖倫常。父爲子隱，子爲

〔註 10〕　朱熹集註，蔣伯潛廣解，《新刊廣解四書讀本》，頁 288。
〔註 11〕　朱熹集註，蔣伯潛廣解，《新刊廣解四書讀本》，頁 288。
〔註 12〕　朱熹集註，蔣伯潛廣解，《新刊廣解四書讀本》，頁 288。
〔註 13〕　朱熹集註，蔣伯潛廣解，《新刊廣解四書讀本》，頁 303。
〔註 14〕　朱熹集註，蔣伯潛廣解，《新刊廣解四書讀本》，頁 303。

父隱，合於天理人情，故雖不言直，而直已在其中。〔註15〕

可見，「直」最重要的，便在合乎人的眞情，親親互隱才是父子的眞情，「其父攘羊，而子證之。」是一種扭曲的「義」，與人情不符。

> 天下之士悅之，人之所欲也，而不足以解憂；好色，人之所欲，妻帝之二女，而不足以解憂；富，人之所欲，富有天下，而不足以解憂；貴，人之所欲，貴爲天子，而不足以解憂。人悅之、好色、富貴，無足以解憂者，惟順於父母，可以解憂。人少，則慕父母；知好色，則慕少艾；有妻子，則慕妻子；仕則慕君，不得於君則熱中。大孝終身慕父母。五十而慕者，予於大舜見之矣。（《孟子・萬章上 1》）

「惟順於父母，可以解憂」是舜的內在眞情，舜面對內在眞情的抉擇，就是一種「直」。

> 桃應問曰：「舜爲天子，皐陶爲士，瞽瞍殺人，則如之何？」孟子曰：「執之而已矣！」「然則舜不禁與？」曰：「夫舜，惡得而禁之！夫有所受之也」「然則舜如之何？」曰：「舜視棄天下，猶棄敝蹝也，竊負而逃，遵海濱而處，終身訢然，樂而忘天下。」（《孟子・盡心上 35》）

孟子弟子桃應問孟子，像舜這樣的聖人，在面對「道德兩難」的問題時，將如何選擇。孟子回答：舜的父親瞽瞍如果殺人，舜貴爲天子，在兩難的情況下，舜必將選擇背著父親逃到海邊，毫不眷戀地將天子之位忘掉，與父親一起快樂地生活。孟子說的這個例子，我們可以參照「父爲子隱，子爲父隱」的例子，來進一步理解「直」的內在涵義。筆者認爲，舜所做的抉擇，就是一種面對眞情的「道德判斷」，也就是一種合於內心「義」的「道德選擇」，這就是孟子心中的「直」，「直」就是人的「眞情」的表現。

（三）「直」則「無愧無怍」

《孟子正義》〔疏〕毛氏奇齡逸講箋云：「以直養者，集義所生，自反而縮也。無害者，不助長也。以助長，則非徒無益，而又害之也。」〔註 16〕毛氏認爲「直」就是自我反省，內心坦然，沒有愧疚，不急於求成。「直」則不過度欲求，可以「直」則能「無愧」，「無愧」則安然而「樂」。孟子曰：「君

〔註15〕 胡楚生，《新譯論語新編解義》，臺北：三民書局，201 年，頁 152。
〔註16〕 焦循，《孟子正義》，頁 216。

子有三樂……仰不愧於天，俯不怍於人」(《孟子·盡心上 20》)。「直」是使自己行之坦蕩，無愧無怍，充滿悅樂的行為與心理狀態。子曰：「學而時習之，不亦悅乎？」(《論語·學而 1》)〈性自命出〉云：「凡人雖有性，心亡奠志，待物而後作，待悅而後行，待習而後奠。」都提到「習」與「悅」的關係。孟子「集義」也是「習」的工夫，在不愧對我心，持之以恆的道德實踐中，心安理得，坦蕩自然，而逐漸涵養出至大至剛的「浩然之氣」。「親親互隱」、「背父而逃」都是在無可奈何的「道德兩難」的困境中，做出「直」的選擇。「直」是不扭曲「義」的一種內心的「坦率」，不斷「習」之，就可以不斷提升道德，而達致凡事皆「由仁義行」的道德境界。

(四)「直」即「由仁義行」

> 人之所以異於禽於獸者幾希，庶民去之，君子存之。舜明於庶物，
> 察於人倫，由仁義行，非行仁義也。(《孟子·離婁下 47》)

朱熹章句：「由仁義行，非行仁義，則仁義已根於心，而所行皆從此出。非以仁義為美，而後勉強行之，所謂安而行之也。」〔註17〕「由仁義行」是因為「仁義已根於心」所以能「安而行之」，猶如孔子「七十而從心所欲，不踰矩」。「父為子隱，子為父隱」就是「安而行之」的「由仁義行」，「其父攘羊，而子證之。」則是按照外在道德規範而「行仁義」的一種扭曲的「義」。「直」是「由仁義行」的自然合於道德的行為，這才是真正有價值的道德。子曰：「吾十有五而志於學，三十而立，四十而不惑，五十而知天命，六十而耳順，七十而從心所欲，不踰矩。」(《論語·為政 4》)孔子「積學成德」，孟子「以直養義」都是一種道德實踐「習」的工夫，需要持之以恆，身體力行。

孟子曰：「必有事焉而勿正，心勿忘，勿助長也。」(《孟子·公孫丑上 2》)蔣伯潛：「正，預期也。」「勿正」就是不要有固定的期望，不要急於求成，要順其自然。朱熹說：「言氣雖可以配乎道義，而其養之之始，乃由事皆合義，自反常直，是以無所愧怍，而此氣自然發生於中。」只要「自反常直」，「不愧不怍」，持之以恆做去，氣自然會產生。朱熹又說：「如告子不能集義，而欲強制其心，則必不能免於正助之病。其於所謂浩然者，蓋不惟不善養，而又反害之矣。」〔註18〕朱熹舉告子之例，說告子不能集義於心，不能

〔註17〕 朱熹集註，蔣伯潛廣解，《新刊廣解四書讀本》，頁 588。
〔註18〕 朱熹集註，蔣伯潛廣解，《新刊廣解四書讀本》，頁 474～475。

讓心產生自然的變化，而只是強制其心，這就是「正助」，就是一種外在的強制作為，如此，便不符合「直」的原則。不「直」就是不眞實的「義」，不眞實的「情」，不眞實的「心」，這樣，對於「浩然之氣」的培養，不但無益，反而有害。

「氣」雖然可以「配乎道義」，然而不能急於求成，孟子之「性」本來就是未完成的「性」，有待一生的努力加以完成。養之之始，只要「自反常直」則可以「無愧無怍」。孔孟皆爲聖人，亦能理解「親親互隱」之「直」，亦以「背父而逃」爲「安」。可見，眞正的聖賢，乃在「人情之常」中鍛鍊而成，體察眞情，才是聖賢最爲可敬的境界。「直」是順著內在的願望自然爲善，並非立一道德標準，而預期達到目標。長期堅持「以直養氣」、「以直養義」，生命層次就能自然地不斷提高。潘小慧說：「『直』是一種基本德行，行直道是一種初步義務」，又說：「『直』之上還有更高的『德』境界」〔註19〕。「直」是依照內心眞情而行的道德行爲，是初步的「由仁義行」，需要長期堅持努力，才能眞正內化，而達凡事皆「從心所欲，不踰矩。」的人格層次。道德內化爲性格，表現出來的是帶有個人願望的「志」，而不是外在設立的目標，可見，「志」即是「性」的呈顯，是當下層次「性」的完成。

三、以「直」養「氣」

> 其爲氣也，至大至剛，以直養而無害，則塞於天地之間。」曰：「夫
> 志，氣之帥也；氣，體之充也。(《孟子‧公孫丑上2》)

《焦循正義》【疏】「人有志而物無志，故人物皆有是性，皆有是氣，而人能以志帥，則能度其可否，而性乃所以善也。」〔註20〕焦循認爲「人之氣」與「物之氣」會有不同的發展結果，是因爲「人有志而物無志」，「志」是其

〔註19〕潘小慧，〈論「直」——是與非之間〉，《輔仁大學哲學論集》第33期，頁125～144。潘小慧在本文對「直」做了三點總結：一、「是曰是，非曰非」就是「直」的初步界說。二、「直」是一種基本德行，行直道是一種初步義務，但須在禮、義、仁及好學等的先決條件下方有其實踐價值。也就是並非在任何時候都須固執直道，直道必須依「時」而行方可顯出中道精神。三、「直」之上還有更高的「德」境界，儒家倫理（學）影響中國文化與歷史至深，儒家倫理可以和更多的文化傳統（如基督徒哲學）對話，甚至汲取西方倫理之長（如位格」person「正義」justice「仁愛」charity 諸概念），發展出符合新世紀需求的新儒家倫理或中國人的新倫理。
〔註20〕焦循，《孟子正義》，頁212。

中的關鍵之處。

　　「其爲氣也，配義與道；無是，餒也。」（《孟子‧公孫丑上 2》）

　　《焦循正義》【注】：「言此氣與道義相配偶俱行。」〔註21〕焦循認爲，「氣」需與「道義」合一，否則就會消餒。此「道義」即爲「志」的內容，由「道義」來引導「氣」，就是「人之氣」優於「物之氣」之處，就是人之「性」善的表現。

　　梁濤說：「氣與義當是一不是二，並非是用義來『裁制』影響氣，而是義本身就是一種氣，二者不過是一體之不同面相而已。」〔註22〕黃梨洲《孟子師說》：「志即氣之精明者是也，原是合一，豈可分如何是志，如何是氣？」〔註23〕梁濤認爲「義」就是「氣」，黃梨洲則說，「氣」就是「志」。「人之氣」由「志」帶領，而「志」就是「義」，就是「氣」。綜上所述，人因爲有「志」，所以「氣」的發展就與物不一樣，而梁濤說「氣」其實就是「義」，不需要化分爲二。黃梨洲則說，「氣」與「志」其實是合一的，更無須分述。因此，我們可以說「志」＝「義」＝「氣」。梁濤的觀點也支持了本文前述的「以直養義」就是「以直養氣」的說法，我們由此探討了「直」可以養「義」，不斷地行「直」道，內心「義」的層次就會不斷提升，也就是說，「以直養義」也將同時達到「養氣」的效果，「志」也將隨之提升，「直」←→「氣」←→「義」←→「志」←→「氣」相依相存，共存共生，層次將不斷璇升。

（一）由「直」到「義」：氣的擴充

　　〈五行〉說文云：「不直不適。直也者，直其中心也，義氣也。直而後能適，適也者，終之者也；弗受於眾人，受之孟賁，未適也。」（第11章）〔註24〕高正偉說：

> 說文作者把孟子仁、義、禮的端緒分別看成是一種內心固有的氣，就是說，仁氣、義氣、禮氣實際上就是孟子的仁之端、義之端、禮之端。每種氣經過「養」而逐步提升到一個新的階段，在一系列的擴充之後達到圓滿境界——仁、義、禮。〔註25〕

〔註21〕焦循，《孟子正義》，頁216。
〔註22〕梁濤，北京：中國人民大學出版社，2008年，頁416。
〔註23〕黃宗羲，《黃宗羲全集》，《孟子師說》第一冊，頁62。
〔註24〕高正偉，〈論《五行》說文對孟子仁義觀的發展〉，頁60。
〔註25〕高正偉，〈論《五行》說文對孟子仁義觀的發展〉，《孔子研究》，2012年第5期，頁61。

高正偉又說：

> 每種氣貫穿每一個發展階段，……只是在每一個發展階段，氣都呈
> 現出不同的特徵，如義氣擴充過程中表現爲直、迆、果、簡、行，……
> 但各個階段的氣之間並沒有質的區別，只有表現特徵的不同，或者
> 說只有道德境界的高低之分。〔註26〕

高正偉說的「擴充」便是「以直養而無害」，「直」可以擴充爲「義」，依
照高正偉的說法，「直」擴充爲「義」是道德境界的提高，筆者亦持相同觀點。
然而對於高正偉說的「各個階段的氣之間並沒有質的區別，只有表現特徵的
不同，或者說只有道德境界的高低之分。」筆者覺得尚有討論的空間。筆者
認爲，如果沒有「質的區別」那麼至少應該是「量的不同」，「氣」在隨著「志」
提高的過程中，可以不斷地「擴充」，而「擴充」更有可能是一個「量變到質
變」的過程，可以不斷提高主體的「志」與道德境界，最終將達於「浩然之
氣」充滿的「大丈夫」的最高境界。因此，筆者主張，義氣擴充過程中表現
爲直、迆、果、簡、行，各個階段的氣之間，質與量應該都有所不同，因此
他們所表現出來的特徵不同，展現出來的道德境界也有高低的不同。若以「不
直不適」爲例，陳來認爲其中「直」表達的就是一種「前道德意識的內心狀
態和意向表現。」陳來說：

> 從直的意向到義的意識……可以說是前道德行爲的階段。說文把這
> 些前道德意識和前道德行爲的階段都稱作氣，表示作者對德行的理
> 解，不是僅僅將之理解爲行爲，而是用氣來表達行爲之前的心理狀
> 態和活動。〔註27〕

「氣」是「行爲之前的心理狀態和活動」，可見，「志」的出現是「氣」
的凝聚而來，所以說「氣壹動志」。而「氣」就是「行爲之前的心理狀態和活
動」，所以，其實「氣」就是「志」，「志」可以是「行爲之前的氣」，也可以
是「表現行爲的氣」，如此，則「氣」與「志」完全合一。據此，我們可以說
「直」是一種心理狀態，「直」是一種心理活動，「直」是一種氣，「直」當然
也是一種行爲。因此，孟子稱的「以直養而無害」，就說明孟子「善養浩然之
氣」包含了合於「直」的心理狀態和行爲，合於自身當下「仁義之心」所能

〔註26〕高正偉，〈論《五行》說文對孟子仁義觀的發展〉，《孔子研究》，2012 年第 5
　　　　期，頁 61。
〔註27〕陳來，《陳來讀子思竹簡〈五行〉篇講稿》，香港：香港中文大學出版社，2015
　　　　年，頁 115。

做到的行爲，恰如其份地去做，就能提升內在的「氣」，「氣」積聚提升了，「心」的層次自然提升，「志」的層次也自然提升，這是一個「養」的過程。「持其志毋暴其氣」，持之以恆，堅持努力，工夫自然熟成。孟子曰：「勿正」，蔣伯潛：「正，預期也。」〔註28〕「浩然之氣」來自「善養」，而非來自對於「氣」的期待或操控，而以「善養」一個合於「合於義」的「心」爲要領，「心」能「合於義」，「氣」也就自然積聚提升了，「心」要能「合於義」，則需「集義」。陳來又說：

> 不僅尚未達到明確的道德意識的內心狀態是仁氣、義氣、禮氣，在作者看來，一切正在現實化的行爲都依據於氣，故也都可以用氣來表示，因爲一切行爲都是氣所支持和鼓動的。〔註29〕

又說：

> 道德行爲不僅是道德意識的直接現實，也需要某種動力性的身心要素的參與和支持。《孟子》書中講的浩然之氣，正是扮演了這樣的角色。〔註30〕

「志」與「氣」就是相互支持，裡應外合，從外表呈現的便是「志氣」。依照陳來的說法，我們還可以推論，「直」便是一種來自道德意識的道德實踐力，其實，這也正符合對於「志」的一種表述。「志」就是來自當下層次完成之「性」的「道德意識與道德實踐力」，因此黃黎洲說，實際上「志」就是一種「氣」。〔註31〕「直」是一種氣，透過道德實踐，「直」的層次還可以逐漸提升，直之氣的層次也可以同步提升。「義」需要「以直養而無害」方能逐漸達於「義」的完成境界，由「直」到「義」，就是氣的擴充過程。龐樸說：

> 「是集義所生者，非義襲而取之也。」在〈五行〉篇中，則叫做「積」：「舜有仁，我亦有仁，而不如舜之仁，不積也。舜有義，我亦有義，而不如舜之義，不積也。」〔註32〕

〔註28〕 朱熹集註，蔣伯潛廣解，《新刊廣解四書讀本》，頁474。
〔註29〕 陳來，《陳來讀子思竹簡〈五行〉篇講稿》，香港：香港中文大學出版社，2015年，頁116。
〔註30〕 陳來，《陳來讀子思竹簡〈五行〉篇講稿》，頁118。
〔註31〕 黃梨洲《孟子師說》：「志即氣之精明者是也，原是合一，豈可分如何是志，如何是氣？」
〔註32〕 《五行》，〈說24〉。

龐樸還說：

> 據說集義到了一定程度，便會發生一個突變，由善而聖，出來浩然
> 之氣，進入天地道德境界。〔註33〕

從龐樸所謂的「積」，我們更有理由確信「擴充」就是「氣」從「量變到質變」的過程。筆者相信，這裡說的就是「以直養氣」的過程，「直」的質樸眞實，是一種道德狀態，對於「氣之養」與「氣之生」都是重要的條件。「直」又與「勿助長」有著極其密切的關係，「直」就是合於眞情，不急於求成的合義行爲，以當前境遇做爲評估行動的重點，不因急於求成而扭曲道德。孟子曰：「行有不慊於心，則餒矣。」（《孟子・公孫丑上》）不扭曲道德，不急於求成，方能心安理得，不愧不怍，讓氣逐漸順養，這才是孟子「善養」的要義，與「持其志，無暴其氣。」（《孟子・公孫丑上 2》）的內涵相互呼應。

（二）由「平旦之氣」到「浩然之氣」：「義」的擴充

> 雖存乎人者，豈無仁義之心哉？其所以放其良心者，亦猶斧斤之於
> 木也，旦旦而伐之，可以爲美乎？其日夜之所息，平旦之氣，其好
> 惡與人相近也者幾希，則其旦晝之所爲，有梏亡之矣。梏之反覆，
> 則其夜氣不足以存：夜氣不足以存，則其違禽獸不遠矣。人見其禽
> 獸也，而以爲未嘗有才焉者，是豈人之情也哉？故苟得其養，無物
> 不長：苟失其養，無物不消。孔子曰：「操則存，舍則亡：出入無時，
> 莫知其鄉。」惟心之謂與？（《孟子・告子上 8》）

從《孟子》文本觀之，孟子所謂「平旦之氣」乃由「良心」所生，孟子說的「求其放心」，就是要將天生的「良心」即「仁義之心」加以維護持守，使它不放失。「良心」不放失，則於夜間及平旦之時，因滌除外在私心雜念的干擾，內心清明，此時天生本具的「良心」便會自然生出許多「夜氣」來，在「平旦之時」便會呈現一片澄明的「平旦之氣」。孟子說這種「平旦之氣」是人所獨有，是人異於禽獸的善端。反之，如果「良心」放失，「夜氣」、「平旦之氣」便無法繼續產生而不復存，則人的善端亦將喪失，而終與禽獸無異矣。孟子這段敘述，更讓我們印證了陳來說的，「不僅尚未達到明確的道德意識的內心狀態是仁氣、義氣、禮氣，在作者看來，一切正在現實化的行爲都

〔註33〕龐樸，《竹帛〈五行〉篇校注及研究》，臺北：萬卷樓圖書公司，2000 年，頁
117～118。

依據於氣，故也都可以用氣來表示。」〔註34〕人因爲有善端，因此可以透由道德實踐「習」的過程，「求其放心」以維護「平旦之氣」，擴充「四端之心」來長養「浩然之氣」，進而實現仁義德行。只要「良心」尚存，「夜氣」與「平旦之氣」就會在沒有外在干擾的「平旦之時」，自然浮現，可見它是本來內在於心的，可以經由「以直養」而漸趨圓滿，最終將發展爲「浩然之氣」的至大至剛狀態，因此「以直養」可以「養義」、「養氣」也可以「養心」。

「平旦之氣」是天生「良心」──「仁義之心」所生，當「平旦之氣」朗現之時，天生的道德判準會清晰呈現，世俗所謂「良心」發現，其實正是孟子「義內」思想的清楚表述。孟子曰：「心之官則思」（《孟子‧告子上15》），「思」是「心」認識自己的一種能力，眞實面對自己的內心，「思之以誠」就是一種「直」。由「平旦之氣」擴充而生成「浩然之氣」，由「直」而發展爲完成的「義」，這便是孟子「志」的發展進程。

> 無或乎王之不智也，雖有天下易生之物也，一日暴之、十日寒之，未有能生者也。吾見亦罕矣，吾退而寒之者至矣，吾如有萌焉何哉？今夫弈之爲數，小數也；不專心致志，則不得也。弈秋，通國之善弈者也。使弈秋誨二人弈，其一人專心致志，惟弈秋之爲聽。一人雖聽之，一心以爲有鴻鵠將至，思援弓繳而射之，雖與之俱學，弗若之矣。爲是其智弗若與？曰非然也。（《孟子‧告子上9》）

孟子主張爲學修養需要專一，所謂「志壹」，就是要專心一志，不受內外環境的干擾，還需要持之以恆，不可「一曝十寒」，否則難於有成。「志壹」是要「志於仁義」，因爲「行有不慊於心，則餒矣。」（《孟子‧公孫丑上2》）要「持其志，無暴其氣。」（《孟子‧公孫丑上2》）因爲，不能「持志」就不能「養氣」，「專一持志」、「無愧養氣」都爲孟子「志壹則動氣，氣壹則動志也。」（《孟子‧公孫丑上2》）的重要工夫所在。

在「志動氣←→氣動志」往覆的璇升過程中，隨著「志」與「氣」的不斷提升，「直」的層次也將不斷提升，終將完成「義」，養成「君子之志」而「生」出「浩然之氣」。「直」表達階段性的「志」，「志」則蘊含有主體的「人生觀」、「價值觀」、「道德判斷」、「道德選擇」等內涵，因此「直」也是孟子「志」之「道德判斷力」、「道德創造力」、「道德實踐力」的展現，在「道德困境」中生命不斷得到培養，進而創生出屬於個體獨具的道德生命。李景林

〔註34〕陳來，《陳來讀子思竹簡〈五行〉篇講稿》，頁116。

說「浩然之氣」：

> 這「氣」有先天的根據，而不是無中生有和外在的拿來。這個先天
> 的根據，……即是由「夜氣」或「平旦之氣」所顯現的人的本然實
> 存性。〔註35〕

又說：

> 「義」是「浩然之氣」之生生與充盈的內在本原。「行有不慊於心則
> 餒矣」，這「餒」即因無「義」的支撐而失其生生之本「氣」亦不能
> 充盈。〔註36〕

又說：

> 「集義所生」其著眼點在於「道義」內在於實存之本原貫通，由此
> 引生「氣」之「純亦不已」的生生創造。〔註37〕

「浩然之氣」是由「夜氣」、「平旦之氣」發展而來，需要內心「義」的
支持，是經由積累而來，「集義」便是由「夜氣」、「平旦之氣」發展出「浩然
之氣」的工夫，「集義」的過程需要持之以恆，否則「行有不慊於心則餒矣」。
因此，人格道德的養成，需要艱苦卓絕的「習」的過程，方能有成。本文所
持觀點與李景林的論點不謀而合。

四、以「直」息「害」

孟子曰：「以直養而無害」「必有事焉而勿正，心勿忘，勿助長也。」（《孟
子・公孫丑上 2》）《孟子正義》〔疏〕毛氏奇齡逸講箋云：「無害者，不助長也。
以助長，則非徒無益，而又害之也。」〔註38〕「勿助長」才能無害，以下試
析何者為養氣之害，並申論「直」之足以息「害」，藉此再度辨明「直」的重
要內涵：

（一）「直」則「不助長」

勢不行也。教者必以正；以正不行，繼之以怒；繼之以怒，則反夷

〔註35〕李景林，〈「浩然之氣」的創生性與先天性——從馮友蘭先生《孟子浩然之氣
　　　　章解》談起〉，《社會科學戰線》，《中國哲學》，2007 年第 5 期，頁 15。
〔註36〕李景林，〈「浩然之氣」的創生性與先天性——從馮友蘭先生《孟子浩然之氣
　　　　章解》談起〉，《社會科學戰線》，《中國哲學》，2007 年第 5 期，頁 15。
〔註37〕李景林，〈「浩然之氣」的創生性與先天性——從馮友蘭先生《孟子浩然之氣
　　　　章解》談起〉，頁 16。
〔註38〕焦循，《孟子正義》，頁 216。

矣。「夫子教我以正，夫子未出於正也。」則是父子相夷也。父子相
夷，則惡矣。古者易子而教之。父子之間不責善。責善則離，離則
不祥莫大焉。（《孟子・離婁上 18》）

孟子有「父子不相責善」的主張，原因在於，父子之親常常「愛之深責
之切」，「愛之深責之切」終將因「急於求成」而造成親心悖離，孟子說此「不
祥莫大焉」，此乃「助長」之害也。對於「助長之害」，孟子還說了「揠苗助
長」的故事：

宋人有閔其苗之不長而揠之者，芒芒然歸。謂其人曰：「今日病矣，
予助苗長矣。」其子趨而往視之，苗則槁矣。天下之不助苗長者寡
矣。以為無益而舍之者，不耘苗者也；助之長者，揠苗者也。非徒
無益，而又害之。（《孟子・公孫丑上 2》）

「揠苗助長」非徒無益，而又害之。父子親情不能急於責善，是儒家倫
理的另一種特色，已見於前述「父為子隱，子為父隱」的代表性公案之中。
子曰：「事父母幾諫。見志不從，又敬不違，勞而不怨。」（《論語・里仁 18》）
孔子對於父母之過，亦主張不能急於責善，孟子承襲孔子思想，而有「父子
不責善」的論點，這些論點都與「直」的概念直接相關。孟子雖然以「仁義
內在」為人的本性，然而人人才性不同，即便親如父子，也不該以固定的規
範來強求道德，這就是孟子說的「勿正，勿助長」，「正」指的正是一個外在
設定的標準或是固定的期望。

「直」是當下完成的「義」，它並未脫離儒家傳統的道德原則，反而是道
德哲學獨特的一種權宜變通之方，是合乎人情的行為準則，這種準則須由個
體的內在之「義」加以通達權變，靈活運用，「直」充滿人性創造道德的優越
性，擺脫所謂「正」的一種僵化的道德標準。「父子責善則離，離則不祥莫大
焉。」孟子洞悉人性道德增長的微妙機制，「父子責善」親情則「離」，「親情
離」則人心最根本的善端將為之潰散瓦解，道德亦無從增長矣，故儒家以「直」
養「義」，「不助長」也。「勿助長」者，「心」要氤氳變化，需要持之以恆，
等待自然量變而質變，不能急於求成。所以，父子親情要以寬廣的愛與包容，
正視個別差異性，以「直」相待，等待生命的自然成長成熟，而君子對待自
己的道德境界的培養，也同於此心此理。

（二）「直」以「息邪說」

楊氏為我，是無君也；墨氏兼愛，是無父也。無父無君，是禽獸

也。

　　楊墨之道不息，孔子之道不著，是邪說誣民，充塞仁義也。仁義充
　　塞，則率獸食人，人將相食。吾爲此懼，閑先聖之道，距楊墨，放
　　淫辭，邪說者不得作。作於其心，害於其事；作於其事，害於其
　　政。

　　陳相見孟子，道許行之言曰：「賢者與民並耕而食，饔飧而治。」
　　（《孟子·藤文公下4》）

　　蔣伯潛曰：「楊朱爲極端的個人主義，不欲爲社會國家盡力……墨子主兼
愛，以爲愛無差等……無父無君，非儒家之道」。「無父無君」都違反人情之
常，違反仁義之道，不會是人心期望的道德。朱熹說：「充塞仁義，謂邪說遍
滿，妨於仁義也。」〔註39〕「充塞仁義」是以「仁義」爲名，實妨「仁義」
的施行，孟子皆視爲「邪說」。孟子之「志」在「息邪說」宣揚儒家之道，楊
朱墨子無父無君的學說，及許行國君「與民並耕而食」的理論，孟子認爲都
是不合乎現實的「邪說」，皆嚴重偏離儒家合於人情之「直」道，是一種扭曲
的「義」，將造成人心及國家社會正常發展的極大妨害。唯有「直」才能以眞
情直觀人內心的願望，也才有利於人心道德的自然發展，有利道德的逐步提
升，否則「生於其心，害於其政；發於其政，害於其事。」（《孟子·公孫丑
上·2》）不但無益，反而將帶來極大的危害。孟子曰：

　　我亦欲正人心，息邪說，距詖行，放淫辭，以承三聖者：豈好辯
　　哉？予不得已也。能言距楊墨者，聖人之徒也。（《孟子·藤文公下
　　14》）

　　孟子立志「息邪說」，因此，道德修養主張「以直養氣」、「以直養義」、
「以直養志」，以承三聖之學。

（三）「直」以「正人心」——「距詖行」

　　公孫丑問曰：「何謂知言？」孟子曰：「詖辭知其所蔽，淫辭知其所
　　陷，邪辭知其所離，遁辭知其所窮。生於其心，害於其政；發於其
　　政，害於其事。聖人復起，必從吾言矣。」（《孟子·公孫丑上2》）

朱熹說：

　　詖，偏陂也。淫，放蕩也。邪，邪僻也。遁，逃避也。四者相因，

────────────────
〔註39〕朱熹集註，蔣伯潛廣解，《新刊廣解四書讀本》，頁550。

言之病也。蔽，遮隔也。陷，沈溺也。離，叛去也。窮，困屈也。
四者亦相因，則心之失也。〔註40〕

孟子所謂「詖辭、淫辭、邪辭、遁辭」，都是有所偏差的言論，言論的偏差來自於心的偏失。朱熹於此指出告子「義外」之病：

彼告子者，不得於言而不肯求之於心；至爲義外之說，則自不免於四者之病，其何以知天下之言而無所疑哉？程子曰：「心通乎道，然後能辨是非，如持權衡以較輕重，孟子所謂知言是也。」又曰：「孟子知言，正如人在堂上，方能辨堂下人曲直。若猶未免雜於堂下眾人之中，則不能辨決矣。」〔註41〕（《朱熹章句》）

朱熹在此點出孟子「義內」與「知言」的優越之處，「知言」就像「人在堂上」，可以綜觀全局，了然於心而無所迷惑。

綜前所述，我們肯認了「直」是一種合於自然人心與自然本性，不偏離「義」的一種心理活動與具體行爲。「直」是發自內心的意識，表現爲合於內心道德標準的行爲，因此，對於一切詖、淫、邪、遁的思想言論及行爲，皆能距而不行，人心方得以正，這正是孟子之「志」的重要焦點。

五、小結

人之有德慧術知者，恒存乎疢疾。獨孤臣孽子，其操心也危，其慮患也深，故達。（《孟子・盡心上18》）

焦循《孟子正義》〔注〕：「人之所以有德行智慧道術才智者，在於有疢疾之人，疢疾之人又力學，故能成德。」焦循認爲人越是處在艱困的身心狀態下，如果能艱苦力學，則越是容易成德。從前述《論語・子路18》篇：「父爲子隱，子爲父隱，直在其中矣」及《孟子・盡心上35》：桃應問曰：「舜爲天子，皋陶爲士，瞽瞍殺人，則如之何？」我們都可以看出，「直」是具有特別內涵的「義」，包含著個體對於當下情境的「道德創造」動力，這種「道德創造力」往往會在「道德困境」中鞭逼出現〔註42〕。「孤臣孽子」因爲處境艱難，

〔註40〕 朱熹集註，蔣伯潛廣解，《新刊廣解四書讀本》，頁475。
〔註41〕 朱熹集註，蔣伯潛廣解，《新刊廣解四書讀本》，頁475。
〔註42〕 楊澤波，《孟子與中國文化》，貴州：貴州人民出版社，2000年，頁144～145。
　　　　楊國榮説：「不忍看到親人屍首的那種慘象，才拿了工具把屍首掩埋起來，這個變化源於內心的衝動，這種衝動的力量是很大的，讓你頭上冒汗，不敢正視，這叫做鞭逼有力。」他還說：「道德需要，有很多特點，當下呈現和鞭逼有力是其中最重要的。當下呈現是說在特定場合，用不著人爲努力，道德需

故更能在艱困的環境中「德達慧鑄」。黃俊傑說：

> 孟子強調「自我」的主體性，他說：「枉己者，未有能直人者也。」
> （《孟子・滕文公下・6》）對孟子而言，「自我」乃是價值意識的根
> 源。不能建立自己的主體性的人，便失去了判斷是非善惡的能力，
> 容易進退失據，隨俗浮沉，甚至慘遭滅頂。孟子稱這種無主體性的
> 人是「以順爲正者，妾婦之道也」（《孟子・滕文公下6》）。〔註43〕

　　「德達慧鑄」的「孤臣孽子」，就是在艱困的環境中，發展出自我的主體
性。因爲人人都有「仁義之心」，人人都可以爲自己創造一個道德的高標準，
因爲，「四端之心」是個端始，如何發展在於主體對於「良心」的開發，這種
開發還可以創造，因爲「良心」沒有固定的形式，「義之與比」可以「止於至
善」。

　　子曰：「孰謂微生高直？或乞醯焉，乞諸其鄰而與之。」（《論語・公冶長
24》）孔子認爲微生高的行爲不符合「直」道，因爲有人向微生高借醋，微生
高便到鄰居家去借給他。子曰：「直哉史魚！邦有道，如矢；邦無道，如矢。
君子哉蘧伯玉！邦有道，則仕；邦無道，則可卷而懷之。」（《論語・衛靈公7》）
「直」是具有「誠」的一種合於「義」的眞情，具有鮮明的「道德主體性」。
黃俊傑說：「相較於『欲』的單純喜好，『志』的概念隱含持久而強大的目的
性在其中。」〔註44〕「志」隱含著持久而強大的目的性，這也正是本文試圖
表達的「志」的重要內涵。黃俊傑說：

> 孟子以磅礴的氣勢提出「養氣」說，開啓了「養」字義的「內轉」
> （inward turn）使「養」字作爲儒家身體哲學的功能性概念的意涵
> 爲之完全舒展。〔註45〕

黃俊傑又說：

> 孟子主張以理性來轉化原始生命，把生理意義的「氣」（「氣，體之
> 充也」）轉化爲具有人文理性內容的「浩然之氣」。〔註46〕

> 要會自己突然冒出來，想控制也控制不住；鞭逼有力是說這種需要有很大的
> 強迫性，迫使當事人必須按它的要求去做，想躲避也躲避不了，想欺騙也欺
> 騙不成。」

〔註43〕黃俊傑，〈先秦儒家身體觀中的兩個功能性概念〉，《文史哲》，2009年第4期
　　　　（總第313期），頁43。
〔註44〕黃俊傑，〈先秦儒家身體觀中的兩個功能性概念〉，頁42。
〔註45〕黃俊傑，〈先秦儒家身體觀中的兩個功能性概念〉，頁46。
〔註46〕黃俊傑，〈先秦儒家身體觀中的兩個功能性概念〉，頁46。

　　黃俊傑認為孟子的「養氣」，就是要將生理意義的「氣」，轉化為具有人文理性內容的「氣」，將物質性的「血氣」，轉化精神性的「氣」。依照黃俊傑的說法，「浩然之氣」是經過人文化成，具有理性精神的「氣」，筆者認為，此「氣」正是來自充滿「義」的「心」，來自具有圓滿完成之「義」的「君子之志」。

> 以順為正者，妾婦之道也。居天下之廣居，立天下之正位，行天下
> 之大道。得志與民由之，不得志獨行其道。富貴不能淫，貧賤不能
> 移，威武不能屈。此之謂大丈夫。（《孟子·滕文公下 7》）

　　孟子的「君子之志」不「以順為正」，孟子的「君子之志」，充分表現出「主體性」與「道德創造性」。這個道德創造性來自人心固有的「四端之心」，來自天生的「良心」，只要不斷地「習」，讓天生本具的「仁義之心」呈顯，就能「生」出合於「大丈夫」境界的「浩然之氣」。圓滿呈現「君子之志」，「得志與民由之，不得志獨行其道」，「富貴不能淫、貧賤不能移、威武不能屈」，自由而獨立的高標準道德境界。

第二節　孟子「志」的悅樂內涵

　　子曰：「學而時習之，不亦說乎？有朋自遠方來，不亦樂乎？人不知而不慍，不亦君子乎？」（《論語·學而 1》）「悅樂」向來為儒家的重要精神象徵。《論語》中記載「子之燕居，申申如也，夭夭如也。」（《論語·述而 4》）將孔子的聖人形象，由閒居之時的「怡然自若」來表現。更有《論語·述而 37》子曰：「君子坦蕩蕩，小人長戚戚。」以「坦蕩蕩」代表儒家君子的一種人格氣象，都可說是「悅樂」精神的表現。

> 司馬牛問君子。子曰：「君子不憂不懼。」曰：「不憂不懼，斯謂之
> 君子已乎？」子曰：「內省不疚，夫何憂何懼？」（《論語·顏淵 4》）

　　君子行事皆能無愧無怍，故能「內省不疚」而免於憂懼，可見，儒家的「悅樂」精神乃來自於人格的完善。孔子曾稱讚顏淵：「賢哉回也！一簞食，一瓢飲，在陋巷。人不堪其憂，回也不改其樂。賢哉回也！」（《論語·雍也 11》）孔子由顏淵之「樂」而稱讚其「賢」。孟子曰：

> 理義之悅我心，猶芻豢之悅我口。（《孟子·告子上 7》）

　　「悅理義」之心，正是君子之心，「悅理義」之心，正是一種德的「悅樂」

表現。「悅理義」也是人心的自然傾向，孟子說「猶芻豢之悅我口」，順著這個理路，本文嘗試由「悅」來探討儒家的心性學說，進而理解「悅」與「志」相互影響的可能關係。

心性學說是儒家哲學的重要環節，然而先秦儒家心性理論的發展過程卻並不明晰。郭店出土儒簡〈性自命出〉蘊含豐富的心性思想，對理解孔孟百餘年間儒家心性學說的發展具有重要意義。〈性自命出〉開篇「凡人雖有性，心亡奠志，待物而後作，待悅而後行，待習而後奠。」對於論語第一章，子曰：「學而時習之，不亦悅乎？」做了深刻的補充。「習」→「悅」→「志」：透由「習」而動「性」→情「悅」→立「志」。是一個將「性」表達爲「情」展現爲「志」的主體發展過程，其中「習」起了重要的「心取」作用。〈性自命出〉還提出了「思」，讓「習」的功能更顯出其主體操控的決定性，開啓儒家以「道德實踐」完成生命的學說之端。

本文擬從〈性自命出〉的「性」、「情」、「心」三個主軸加以梳理，期望理出三者之間環環相扣，息息相關的內在聯繫，也希望藉此推論，孟子之「志」所可能具有的「悅樂內涵」。「性」表現爲「情」的過程中「心」起著關鍵性作用，而「志」則是心展現出來的功能。「悅」來自於「心」與「性」的相合，而「思」與「習」卻是使「悅」得以產生的重要努力過程，〈性自命出〉認爲這個過程是很「難」的，然而只要用「眞心」持續不斷地努力，自然會逐漸產生迎合內在眞性的喜悅之情，此「悅」之情就能形成「志」而將「性」理想地表達出來。「思」→「習」→「悅」→「志」就是〈性自命出〉全篇的進程與綱領，由「志」來表現。這爲儒家「道德實踐」與「內聖外王」之道，提供了理想的思路，也對於孟子「志氣論」提供了重要的思考。

一、性

〈性自命出〉中的「性」是自然人性論或道德人性論，這是〈性自命出〉的研究學者首先關注的第一個問題。孔子說：「性相近也，習相遠也」（《論語・陽貨 2》），其中的「性」應屬於「生之謂性」的自然人性，孔子並沒有確立「人性爲善」的學說，然而由於孔子以「仁」爲其學說中心，又曾經稱讚顏淵曰：「回也，其心三月不違仁」（《論語・雍也 7》），又曰「我欲仁，斯仁至也。」（《論語・述而 30》），因此孔子的「仁」很容易被當作孔子的人性思想。梁濤說：「仁雖然是儒家學說的一個重要內容，但它一開始並沒有與心性論結合在

一起。仁與心性論結合在一起，乃是經歷了一個逐步的發展過程。」說：「竹簡尚處在自然人性論向道德人性論過渡階段，雖有性善論的萌芽，但不夠完備。」〔註47〕〈性自命出〉中的「性」包含有哪些內含，以下僅就其簡文所述做一部份重點整理，分述如下：

（一）喜怒哀悲之氣，性也

〈性自命出〉云：「喜怒哀悲之氣，性也」〈性自命出〉將「喜怒哀悲之氣」直接等同於「性」，就是「以氣言性」，屬於「生之謂性」的內涵。梁濤說：「這裡的氣並非是指物質性之氣，而主要是指人的內在精神力、生命力，具體講也就是情。」〔註48〕。梁濤認為〈性自命出〉的「喜怒哀悲之氣，性也」，這裡的「氣」不是物質性的氣。從文本看，這種氣是「情」的表現，表現為「喜怒哀悲」，而〈性自命出〉認為，這就是「性」。可見，〈性自命出〉認為「性」中有「情」，可以用「氣」的方式表現出來。孔子說：「性相近也，習相遠也」（《論語·陽貨 2》）孔子是從個體論性，還沒有提到普遍的人性問題，而〈性自命出〉提出「凡人有性」，是針對普遍的人性來討論。

蒙培元說「凡人有性」：「意味著性是人之為人的內在規定，只是如何實現的問題。」〔註49〕既然是普遍的人性，就可以看成一種「人之為人的內在規定」，「喜怒哀悲之氣，性也」，就是用喜怒哀悲之情來說明「性」，意味著「情」能夠表現出「性」的內容，因此而讓「性」變得具體可感可見，也讓「性」與生命，產生更為直接的連結。「氣」的概念在中國古代哲學思想中，常被當作生命重要的內涵來理解，氣不僅是指具體的形體生命，也經常用來說明人的精神情志。「以情論性」是〈性自命出〉的一大特色，「喜怒哀悲之氣，性也」，便是〈性自命出〉重視「情」的一種表現。

孟子「即心言性」乃即「四端之心」言「性」，「四端之心」表現的是「惻隱、羞惡、辭讓、是非」四種「情」，因此，孟子也是「以情論性」與〈性自命出〉相同，孟子還說「乃若其情，則可以為善矣，乃所謂善也。」（《孟子·告子上6》）朱熹章句：「情者，性之動也。」〔註50〕朱熹認為「情」是「性」

〔註47〕梁濤，〈竹簡〈性自命出〉的人性論問題〉，《管子學刊》，〈古代學術思潮〉，北京，2002 年第 1 期，頁 67。
〔註48〕梁濤，〈竹簡〈性自命出〉的人性論問題〉，頁 68。
〔註49〕蒙培元，〈〈性自命出〉的思想特徵及其與思孟學派的關係〉，《甘肅社會科學》，〈哲學〉，2008 年第 2 期，頁 38。
〔註50〕朱熹集註，蔣伯潛廣解，《廣解四書讀本》，頁 648。

的一種表現。孟子曰：「夜氣不足以存，則其違禽獸不遠矣。」（《孟子・告子上 8》）孟子說，如果表現「良心」的「夜氣」，一點都不存在，那麼此人將「違禽獸不遠」，也就是「失去人性」了。可見，孟子以「夜氣」論「性」，與〈性自命出〉：「喜怒哀悲之氣，性也。」都是「以氣言性」、「以情論性」，〈性自命出〉與《孟子》都認為，「性」可以由「情」與「氣」表現出來。孟子曰：「志壹則動氣，氣壹則動志也。」（《孟子・公孫丑上 2》）朱熹章句曰：「情者，性之動也。」〔註 51〕由「氣」與「志」的關係，及「氣」與「性」的關係，我們似可推導出二者的邏輯關係為：「志者，性之動也。」由此，我們可以說，孟子的「志」也是「性」的一種表現，是「性」的呈顯，與〈性自命出〉：「喜怒哀悲之氣，性也。」可以對讀討論。

（二）性或生之

〈性自命出〉曰：「篤，仁之方也。仁，性之方也。性或生之。」提出：「性或生之」的說法，是〈性自命出〉談「性」的另一個特點，〈性自命出〉這個論點，對於中國古代「性」的概念做了一個開創性的貢獻。蒙培元說：

> 「生」不是別的，就是生命和生命創造，這同時也就解釋「性自命出」的意義問題。性的本來意義就是生，生是性的本義。當後來的告子提出「生之謂性」時，實際上說出了性的最基本的含義。但是，照孟子看來，生即生命雖是一個整體，其中卻包含不同層面的意義，有「大體」與「小體」之分，告子只是從生物的層面說「生之謂性」，因此受到孟子的批評。〔註 52〕

〈性自命出〉提出：「性或生之」，蒙培元認為「性或生之」就是「性是生命的創造」。孔子說：「天生德於予」（《論語・述而 23》），〈性自命出〉提出「性或生之」，蒙培元說：「從生的觀點來看，所謂『性自命出』實際上是指自然界的生命創造，而『性或生之』同時又包含著人類自身的創造。」〔註 53〕「性或生之」隱含著人的「主體性」與「創造性」在其中，其對於人性的說明，對於心性學說的研究意義重大。

> 公孫丑問曰：「敢問何謂浩然之氣？」孟子曰：「其為氣也……是集義所生者，非義襲而取之也。」（《孟子・公孫丑上 2》）

〔註 51〕朱熹集註，蔣伯潛廣解，《廣解四書讀本》，頁 648。
〔註 52〕蒙培元，〈《性自命出》的思想特徵及其與思孟學派的關係〉，頁 38。
〔註 53〕蒙培元，〈《性自命出》的思想特徵及其與思孟學派的關係〉，頁 38。

　　孟子認為「浩然之氣」是「集義所生」，曰：「志壹則動氣，氣壹則動志也。」（《孟子・公孫丑上 2》），說明「浩然之氣」之生，與「義」與「志」皆有相關，「義」與「志」皆富含「主體性」與「創造性」。孟子之「性」是未完成的「性」，張岱年說：「此種人之所以為人之特徵，實非已完成的，而僅是萌芽，故孟子稱之為『端』。性中所有者，不過仁義禮智之端」，由此我們推論：孟子認為個體在生命歷程中，因為「志」不斷得到培養，進而創生出屬於自己的道德生命。孟子曰：「夜氣不足以存，則其違禽獸不遠矣。」（《孟子・告子上 8》）說明孟子認為「氣」與「性」關係密切，〈性自命出〉提出的「性或生之」，幫助我們理解孟子「浩然之氣……集義所生」所蘊含的「主體性」與「創造性」的內涵。說明人的「性」中，充滿著生命發展的可能，而這生命發展的可能，來自於人的「性」中蘊含著「四端之心」的「情」，「性」中有「情」。「性」中還有「氣」，「氣」可由包含「四端之心」的「良心」產生，「良心」產生的「夜氣」、「平旦之氣」，經由「主體性」與「創造性」的發展，便可以養成氣勢磅礴的「浩然之氣」。

（三）性之善惡

〈性自命出〉說：

　　「好惡性也，所好所惡，物也。善不〔善性（據文義補）也〕，所善所不善，勢也。」「出性者，勢也。」

　　〈性自命出〉中的「性」是否為「性善論」，這也是學者關注的重要問題。簡文提到「好惡性也，所好所惡，物也。」好惡是人對外物的情感反應，「好好色，惡惡臭」是人共通的好惡之情，屬於普遍的人性內涵。梁濤說：「不論是『喜怒哀悲之氣』還是『好惡』，它們均是一種自然人性，是『生之謂性』，這種性自身不具有善、不善的規定，但在後天的作用、影響下，卻有成為善、不善的可能。」〔註 54〕「善不善，性也」，是說性可能表現為善，也可能表現為不善，「所善所不善，勢也」，性之所以表現為善，或表現為不善，經常是由於外在「勢」的影響。將人性的善與不善歸因於外在的「勢」，可見〈性自命出〉人性論不屬於性善論，而是屬於自然人性論。「文武興，則民好善；幽厲興，則民好暴。」（《孟子・告子上 6》）孟子也強調外在環境，對於人性善與不善的影響，與〈性自命出〉的人性論有相同的論點，依此也可以

〔註 54〕梁濤，〈竹簡〈性自命出〉的人性論問題〉，頁 68。

推測，〈性自命出〉很可能對於孟子的人性論產生了重要的影響。〈性自命出〉產生的時代及內容都與《孟子》有許多相近之處。

謝君直說：「在『性自命出，命自天降』的脈絡下，簡文隱喻『性』是所有道德實踐的可能性，它使我們的爲善得以可能，但在外勢及外物的影響下也會有不善的行爲出現。」〔註55〕「性」包含著「人可以爲善的所有可能」，這給予了人的「自主性」極爲正面積極的肯定。人性有好惡之情，但並不是「性」即是好惡。「性」雖是人本來所具有，但是只有與物接觸發生作用時，才能展現「性」，這就是「凡性爲主，物取之也」。「所善所不善」也並不是說性本身是善或不善，而是指「性」有善或不善的表現，這「性」的善或不善的表現，則因爲外在的「勢」所引發出來的，所以說「出性者，勢也」。也就是說，外在的客觀形勢可能影響「性」的表現，但是它們並不是決定性之善或不善的力量。〈性自命出〉論「性」，仍高度付與人「自主性」的創造空間。

> 口之於味也，目之於色也，耳之於聲也，鼻之於臭也，四肢之於安佚也，性也，有命焉，君子不謂性也。仁之於父子也，義之於君臣也，禮之於賓主也，智之於賢者也，聖人之於天道也，命也，有性焉，君子不謂命也。（《孟子·盡心下70》）

孟子論「性」與「命」，強調君子之不受「命」的限制，而在人「性」異於禽獸的「幾希」之處，努力「存之」，對於孟子來說，「性」正是人生命發展之最大可能。《孟子》與〈性自命出〉論「性」，都帶著「主體性」與「創造性」的鮮明特色。簡文又說：「愛類七，唯性愛爲近仁」。梁濤說：「人的愛有七種，唯有發自於性的愛爲接近於仁。」又說：

> 仁與前面的喜怒哀悲、好惡不同，它雖然也是一種情、情感，但不是自然情感，而是道德情感，它具有善惡的判斷能力，表達、反映的是主體的意志和欲求。人具有了仁愛、忠、信之情或性，便不再是被動地接受外在的規範和支配，而表現出主體的自覺和自由。從這個意義上說，他便是「性善」者了。〔註56〕

〈性自命出〉論「性」的「主體性」與「創造性」，表現在簡文說的，人

〔註55〕謝君直，〈郭店儒簡〈性自命出〉的心性論與當代孟學詮釋之對比〉，《鵝湖月刊》第 36 卷第 9 期，總號第 429，頁 19。
〔註56〕梁濤，〈竹簡〈性自命出〉的人性論問題〉，頁 69。

的愛有七種，只有發自於「性」的「愛」最接近「仁」。「仁」與其他的「情」不同，「仁」是一種「道德情感」，不受外在干擾，充分展現「主體性」與「創造性」。「發自於性的愛」就是一種最真誠的愛，「真情」是〈性自命出〉認為最能理想調動「性」的重要情感。「真情」就是發自內在的「悅」之情，「待悅而後行」就是說明，當內在真情被外在的勢和物所引發，「性」就得到美好的展現，這才是決定「性」之善或不善的真正力量。孟子曰：「理義之悅我心，猶芻豢之悅我口。」（《孟子・告子上 7》）「志」來自內在的「真情」，所以孟子說「尚志」是「仁義而已矣。」（《孟子・盡心上 33》）「志」的「悅理義」之情就是人的真情，「志」就是人發自內心的真情，蘊含著「悅樂」的內涵。

二、情

「性」是〈性自命出〉的主要重點，「性」是「情」的實質內容，「性」藉由「情」才得以展現出來。探究〈性自命出〉的內容，我們可以發現：其學說的最大特色，在於它的「情」論，而不在於「性」論。〈性自命出〉對於「情」字做了豐富詳盡的描述，是〈性自命出〉的一個重要特點。以下僅就〈性自命出〉有關「情」的部分內容，分述如下：

（一）情出於性

〈性自命出〉曰：「情出於性」。〈性自命出〉的「性」屬於自然本性，自然本性的特點在於其質樸而不穩定，這樣的「性」是在與外在「物」的互動中，因外在不同的作用，而可能展現不同的發展。

> 凡性，或動之，或逢之，或交之，或厲之，或絀之，或養之，或長之。凡動性者，物也；逢性者，悅也；交性者，故也；厲性者，義也；絀性者，勢也；養性者，習也；長性者，道也。（〈性自命出〉）

〈性自命出〉在此描述了許多可能對「性」產生影響的外在因素，這表示了「性」會受到外在的影響，但也同時說明了「性」是可以「動」的，是可以「長」的，具有「主體性」的積極意義，這也是〈性自命出〉對後代人性論的一個特殊貢獻。「情」在本質上同於「性」，〈性自命出〉特別重視「情」的「真」。

> 凡人情為可悅也。苟以其情，雖過不惡；不以其情，雖難不貴。苟有其情，雖未之為，斯人信之矣。未言而信，有美情者也。未教而

民恆，性善者也。(〈性自命出〉)

　　一個人做事如果出於眞實情感，即使是做錯了事，也只是一種過失，而不是罪惡。如果不是出於眞情，即使是做出很難的事，卻也並不可貴，不值得讚揚。如果有眞實情感，即使是未做事，此人還是值得信任的。即使不曾言說也能取得他人的信任，這是因爲他有「美情」，這個「美情」就是「眞情」。

　　〈性自命出〉：「凡人情爲可悅也」，「情」來自於內心，人只要眞誠敦厚，就可以打動他人而使人產生愉快的情感，這裡強調的是「眞情」。強調眞情是〈性自命出〉論「情」的一個重要特質，認爲若從眞實的人情出發，所追求之物便能自然符合本性的需要，如不是出於本性，即使是得之不易的，也不值得珍貴。於此，〈性自命出〉積極肯定了情感的作用，對人的眞實情感有高度的讚揚。孟子曰：「乃若其情，則可以爲善矣，乃所謂善也。」(《孟子·告子上》)孟子認爲眞正符合眞情的就是「善」的行爲，「爲善」是人的內心眞情的表現。〈性自命出〉說：「養性者，習也」與孔孟心性學說，有明顯的系統關係，「習」→「悅」→「志」的理路相當統一，可以形成儒家心性學說的清楚脈絡，和孟子的「志氣論」可以一脈相承，相互補充。

(二)以情氣論性

　　〈性自命出〉：「喜怒哀悲之氣，性也。及其見於外，則物取之也。」〈性自命出〉將「喜怒哀悲」當作是「氣」，也當作是「性」，也就是「以氣爲性」，「喜怒哀悲」是「氣」也是「情」，這就是〈性自命出〉「以情氣論性」的一個重要特點。〈性自命出〉以「情氣」是「性」，因此「情氣」原本是內在的，簡文說：「雖有性，心弗取不出」，又說：「物取之也」。「情氣」具有被動的性質，是經由「心」與「物」的作用，才能將性從內向外「取」出來的，不取則性不出。又說：「待悅而後行」，愉悅的情感常在「心」、「物」與「性」相迎合時才能產生，能夠迎逢性者，就能產生愉悅之情。〈性自命出〉認爲表現於外的「喜怒哀悲」其實就是內在的「性」透由「氣」的一種呈顯。因此，「情」可以表現「性」，這是〈性自命出〉對「氣」與「情」的一種提高與重視，在此也特別強調迎合眞性的「悅」之情，只有情「悅」，人的主體性才能充分運作，完美呈現，由此也可以看出〈性自命出〉對於「眞情」的重視。

　　〈性自命出〉讓我們找到孔孟之間心性論的清楚傳承關係，由孔子：「學

而時習之，不亦悅乎」（《論語・學而1》）到孟子：「志壹則動氣，氣壹則動志也。」（《孟子・公孫丑上2》）〈性自命出〉：「凡人雖有性，心亡奠志，待物而後作，待悅而後行，待習而後奠。」〈性自命出〉清楚地爲孔孟搭起了思想傳承的橋樑，「習」→「悅」→「志」就是「習之」→「情悅」→「性長」→「志長」，透由「習」，內在的眞情眞性與「心」相合而產生「志」，此「志」所包含的內在眞性透由氣的作用，在人的行爲之中表現出來。

（三）道始於情

〈性自命出〉說：「道始於情，情生於性。始者近情，終者近義。知情者能出之，知義者能入之。」〈性自命出〉認爲「道」是由「情」發端，所謂「道始於情」也可看出〈性自命出〉對「情」的看重與肯定。「道」是萬事萬物的指導，道既出於情，則道的原始狀態必然離人之眞情不遠，「知情者」指的是聖人，「知情者能出之」指聖人依其眞情思想，建構「道」的準則，指導教化人民成爲「知義者」，「知義者」要將道的準則，以禮義的形式納入於心。〈性自命出〉說：「長性者，道也」，認爲「性」是可以透由「道」來「長養」的，所說的應與此處可以相互補充。王志楣說：

> 「長性」之道實際上包含了雙重規定：一是從性情中概括出「道」，
> 即「長出道」，另一則是納道於性情中，即「長入道」，二者結合
> 才能使民由質樸向善之性情走向自覺性遵守社會道德規範的現實
> 人性，這一點是〈性自命出〉所提出又不同於儒家孟、荀之處。
>
> 〔註57〕

〈性自命出〉說：「唯人道爲可道也」，竹簡論道集中於「人道」，即重在切合實際人生的爲人之道，由情開始建構人道，顯現〈性自命出〉於現實人情之中，建構理想的符合人性之道，於此可見出其對於人之「眞情」的重視。孟子提出的「良心」、「不忍之心」、「四端之心」都是發自內在的眞實情感，孟子用「夜氣」、「平旦之氣」來說明其表現於外在的氣象，都是在闡發人性中內在最眞實的情感，由〈性自命出〉發展至孟子，更清楚形成「習」→「悅」→「志」的進程，孟子：「志壹則動氣，氣壹則動志也。」（《孟子・公孫丑上2》）的提出，可以與〈性自命出〉「以情氣論性」、「道始於情」相互闡發。

〔註57〕王志楣，〈〈論戰國時期「情」概念的發展〉——以《孟子》、《莊子》、〈性自命出〉《荀子》爲範圍的考察〉，《先秦兩漢學術》，頁52。

（四）禮作於情

　　〈性自命出〉除了說「道始於情」之外，又說「禮作於情」。「禮」是調節人群社會和諧關係的形式，「道」則注重內心情感的涵養。故孔子曾說：「禮云禮云，玉帛云乎哉？樂云樂云鐘鼓云乎哉？」（《論語·陽貨 11》）〔註58〕〈性自命出〉認為「禮」的本質是「作於情」，唯有發自內在「眞情」的禮義，才有其眞正的價值，因此說「知情者能出之，知義者能入之」，王志楣說：「在〈性自命出〉那裡，後天的教化就不是對情性的改造，而是出於情性的自然需要了。」〔註59〕後天的教化，不是改造情性，而是引導情性。情性來自於內在，合於內在眞情則「悅」，「悅」顯示合於內心願望，合於情性的自然需要。「情」在中國哲學中通常是被排斥的，但〈性自命出〉肯定「情」的價值，認為導之以情，對於心志的發展有其積極的作用。

> 理其情而出入之，然後復以教。教所以生德於中者。禮作於情，或興之也。君子美其情，貴其義，善其節，好其容，樂其道，悅其教，是以敬安焉。（〈性自命出〉）

　　簡文認為：禮義教化都是因為情感的需要而興起，如果能夠發揮眞情之美，就能產生涵養道德的效果。「情」在〈性自命出〉中具有極為正面積極的意義與價值，〈性自命出〉對於人的「眞情」推崇備至。王志楣說：

> 〈性自命出〉在天→命→性→情→道每個環節不能單獨存在的互動流轉型態中，人之「情」才是理論的基礎與關鍵。〔註60〕

又說：

> 「情」雖不直接與天、命相交，它必須通過性與天、命發生關係，但因情是性的表現形式，若沒有情在具體的操捨存亡中發揮作用，性也就不可能證得天命。可見簡文的作者看的很清楚，沒有情感為動力，一切的向上提升都是不可能。〔註61〕

　　王志楣所說：「沒有情感為動力，一切的向上提升都是不可能」，是最合於眞實的發現。揭示「情」是使主體向上提升的主要動力，這是〈性自命

〔註58〕《論語·陽貨》。

〔註59〕王志楣，〈論戰國時期「情」概念的發展〉——以《孟子》、《莊子》、〈性自命出〉《荀子》為範圍的考察〉，頁53。

〔註60〕王志楣，〈論戰國時期「情」概念的發展〉——以《孟子》、《莊子》、〈性自命出〉《荀子》為範圍的考察《先秦兩漢學術》，頁54。

〔註61〕王志楣，〈論戰國時期「情」概念的發展〉——以《孟子》、《莊子》、〈性自命出〉《荀子》為範圍的考察《先秦兩漢學術》，頁54。

出〉的重要貢獻。簡文中的「悅」，更讓儒家心性理論，朗現清晰的脈絡。范斌說：

> 由於心具有思維功能，故而在性之發為情以及道德修養和實踐的過程中具有主導作用。……《性自》已注意到道德教化不應只停留於外在的儀式遵守和行為約束，而應注重贏得主體內在心性的認同。
> 〔註62〕

前述王志楣所說的：「沒有情感為動力，一切的向上提升都是不可能。」正回應了〈性自命出〉開篇「凡人雖有性，心亡奠志，待物而後作，待悅而後行，待習而後奠。」的觀點，而其中向上提升的關鍵之處，則在於「悅」，「悅」使得向上提升的「立志」成為可能。而范斌說的：「道德教化不應只停留於外在的儀式遵守和行為約束，而應注重贏得主體內在心性的認同。」也補充說明了「悅」的重要性，「贏得主體內在心性的認同」，主體才能感到「悅」，而能自覺自願地立志、定志。〈性自命出〉的「道始於情」、「禮作於情」都在傳達儒家重視內在真情的思想，是儒家心性理論的重要特質。

三、心

長久以來，學者都認為孟子是最早討論心性問題的哲學家，而自〈性自命出〉出土以後，簡文中記載了大量有關「心與性情」、「心與道」、「心與教」的內容，讓中國哲學對於「心」的討論，注入了一股新的源頭活水。蒙培元說：

> 〈性自命出〉的作者，不僅有了心靈反思的自覺，意識到思想的思想這個根本性的問題；而且從理論上提出了主體性的問題，從概念上說明了主體性的意義。〔註63〕

〈性自命出〉對於人「主體性」的肯定，從對於「心」的描述中可以清楚呈現。〈性自命出〉有許多精彩獨到之處，充分展現〈性自命出〉的「主體性」思想，以下做部分重點整理，分述如下：

（一）心取：知取、內取

〈性自命出〉提出了一個「心取」的概念，讓「心」的功能有了形象化

〔註62〕范斌，〈〈性自命出〉的思想及其對先秦儒家心性學說的推進〉，《社會科學論壇‧學者論壇》，2010年第17期，頁156。
〔註63〕蒙培元，〈〈性自命出〉的思想特徵及其與思孟學派的關係〉，《甘肅社會科學》，2008年第2期，頁42。

的嶄新含意。簡文云：「雖有性，心弗取不出。凡心有志也。」「心」與「性」存在「取」的關係，「性」必須通過「心」而取出，從簡文我們還看出：「取性」與「志」有密切的關係，〈性自命出〉在此將「志」做了更清楚地描述，〈性自命出〉認為「志」可以「取性」的觀念，對於我們理解孟子的「志」有極高的參考價值。蒙培元說：

> 這個「取」，是知取的意思，是以知和思為前提的，這就是它所說的「知性者能出之」。這是一種內取，不是外取，即從自身知而出之。在《性自命出》中，有兩種取的途徑，一個是內取即「心取」，一個是外取即「物取」。〔註64〕

蒙培元又提出《樂記》「感物而動」的觀點：「夫民有血氣心知之性而無哀樂喜怒之常，應感起物而動，然後心術形焉。」又言：「凡音之起，由人心生也，……感於物而動」。蒙培元說：「照《樂記》所說，人的情感是由血氣心知之性感物而動之後表現出來的。」〔註65〕認為這就是「物至知知，然後好惡形焉」，他強調了「心」的知覺作用，說：「這也是一種「感應」作用，即感於物而知之，內取與外取同時發生作用。」「心」可以向內「取性」，「心」也可以向外「感應」，這是〈性自命出〉對於「心」的獨特觀點的描述，有開創性的貢獻。

〈性自命出〉：「心無定志」，「志」的不同「性」的表現就不同，心是否有定志，對於「性」的外在顯現有重要影響。「人之雖有性，心弗取不出」，「性」需要通過「氣」展示為「情」才能表現出來，但這種由內而外、由「性」到「情」的過程並非自發，須經過「心取」才能實現。「取性」是心的重要功能，「取」，體現了「主體性」。是否能將「性」真實顯現為「情」，「心」的「取性」作用是重要的環節。范斌說：「這種功能並非簡單的知覺，而是一種較高層次的精神體悟，這種體悟由於主體不同而有所差異。」〔註66〕對於范斌所說的：「體悟由於主體不同而有所差異。」筆者認為，這裡說的就是「志」的不同，「志」的不同就是讓主體產生差異最重要的因素，也是決定「性」是否能順利表達的主要關鍵之處，而這種體悟與「思」有關，「思」在〈性自命出〉就是「一種較高層次的精神體悟」，與孟子的「思」都是心性理

〔註64〕蒙培元，〈〈性自命出〉的思想特徵及其與思孟學派的關係〉，《甘肅社會科學》，2008年第2期，頁42。
〔註65〕蒙培元，〈〈性自命出〉的思想特徵及其與思孟學派的關係〉，頁42。
〔註66〕范斌，〈〈性自命出〉的思想及其對先秦儒家心性學說的推進〉，頁155。

論的關鍵思想。

（二）思→悅→習（用心）

〈性自命出〉提出一個重要概念：「思」

> 凡憂思而後悲，凡樂思而後忻。凡思之用心爲甚。難，思之也。（〈性
> 自命出〉）

蒙培元說：「思是心的重要功能，是更高層次的知，不同於一般的知覺。但思是與情感聯繫在一起的，是一種情思，不是純粹的對象思維。」〔註67〕「憂思」、「樂思」就是與情感聯繫的「情思」。「思」就是由心「取」性的重要工夫，經由「憂思」、「樂思」取性之後所表現出來的就是「悲、忻」之情：「憂、樂——性→→憂思、樂思（愼——難）→→悲、忻——情」這樣的思，是具有理性意義的，〈性自命出〉認爲「思」要非常謹愼進行，因爲這種「思」是很難的，所以簡文說：「凡思之用心爲甚」，又說「難，思之也」。筆者認爲，此處的「思」與「習」有關，〈性自命出〉說：「待習而後奠。」「習」就是反覆的用「思」來調整「取性」的標準，這就是一種「用心」。丁原植說：「『物』是影響『性』的外在因素，『習』是調節『性』的內在運作」，又說「『悅』的意義，當從『物——性——習』的結構來了解」。

簡文說：「養性者，習也。」丁原植說：「所謂『養性』，即在於調節『性』之所出。」「《說文‧習部》：「習，數飛也。」「數飛，也就是自我經過調整而能適宜飛行。」〔註68〕筆者認爲，簡文所說的「難」就難在於「用心」，需要透過「習」來調整。「習」調整的是「心」，「習」過的「心」才是能發揮良好的「取性」功能的心。不斷地「習」才能達到「思」的理想狀態，進而達到「思」的完成。而「思」的理想狀態，往往就是表現出來的喜悅之情。簡文說：「逆性者，悅也」。「逆」《爾雅‧釋文》：「逆，迎也。」簡文說：「快於己者之謂悅。」《廣韻‧夬韻》：「快，稱心。」丁原植說：「能通達於心而有所迎合接受」又說：「之所以喜悅的原因，當指『心能有所通暢，可接物而應合』」。〔註69〕「悅」是因爲「心能有所通暢，可接物而應合」，「凡人雖有性，心亡奠志，待物而後作，待悅而後行，待習而後奠。」（〈性自命出〉）「悅」是「定志」的關鍵，「悅」是「心」經由「思」而與「性」相

〔註67〕蒙培元，〈〈性自命出〉的思想特徵及其與思孟學派的關係〉，頁42。
〔註68〕丁原植，〈性自命出〉篇釋析，《郭店楚簡儒家佚籍四種釋析》，頁19。
〔註69〕丁原植，〈性自命出〉篇釋析，《郭店楚簡儒家佚籍四種釋析》，頁18。

迎合，因而感到「悅」，「心」→「思」→「悅」→「行」→「習」→「志」。
范斌說：

> 儒家道德修養要落在實處，須得到主體之「心」的理解和認同，才
> 可自覺付諸實踐，引導性順利、真實地實現為外在之情。因此，《性
> 自》強調禮樂教化需達到「動心」的效果，若不能「撥人之心」便
> 是無效之教。只有將道德教化與現實人心密切結合起來，儒家學說
> 方能恢復生機活力。這也是心性學說之於儒家的重要性，而《性自》
> 篇中對此已有所揭示。〔註70〕

范斌說的「須得到主體之『心』的理解和認同」，指的就是「悅」，「悅」
就能「動心」，「動心」就能調動「志」的展現，孟子稱為「動心忍性」可以
「曾益其所不能」。

> 故天將降大任於是人也，必先苦其心志，勞其筋骨，餓其體膚，空
> 乏其身，行拂亂其所為，所以動心忍性，曾益其所不能。（《孟子·
> 告子下35》）

筆者認為這裡所說的「動心忍性」就是范斌說的能「撥人之心」的「悅」，
就是使主體能夠持續自覺自願而「習」的一個理想狀態，「悅」成為能否「定
志」的關鍵作用。

（三）思→悅→習（用心）→志

〈性自命出〉說：「凡心有志也」、「心無奠（定）志」。簡文雖然說「物
取之」，然而事實上，物並沒有取性的能力，「思」才是可以主動取性的重要
動力，「凡學者求其心之為難」，就是說要達到定「志」是很難的，而「思」
是將「性」表達為「情」再發展為「志」的重要條件，在「思」的作用下，「情」
便按其一定的方向發展，而終成為志，物→思（主動性）→心（取性）→志。
「雖能其事，不能其心，不貴。」就是說如果只是做了事，卻不用心思，並
不可貴，可貴在於用心，可貴在於能思，可貴在於能「求其心」而有「定志」，
這和「不以其情，雖難不貴」具有相同的意義。而在這一連串的過程中，「悅」
仍然起著關鍵作用。「凡學者求其心之為難」，就是說明「定志」之難。孟子
觀察使人「陷溺其心」的主要因素是「弗思」，

> 耳目之官不思，而蔽於物，物交物，則引之而已矣。心之官則思，

〔註70〕范斌，〈《性自命出》的思想及其對先秦儒家心性學說的推進〉，頁156。

思則得之，不思則不得也。此天之所與我者，先立乎其大者，則其小者弗能奪也。此爲大人而已矣。(《孟子‧告子上 15》)

牟宗三說：

案此中「思則得之，不思則不得也」，此語中之「之」字即指心官言。心官，孟子此處即隱指仁義之心言。心官與耳目之官相對而言，「思」是其本質的作用，故通過此「思」字，它可以與耳目之官區以別。「思」能使你超拔乎耳目之官之拘蔽之外，它是能開擴廣大你的生命者。故若你能思，則你便得到你的心官（你的仁義之本心）而實有之，即你的心官（仁義之本心）便可存在在這裡而不放失，你若不思而只隨物欲轉，一若純任耳目之官而逐物，則你便得不到你的心官（仁義之本心）而實有之，即你的心官（仁義之本心）便不能存在在這裡而亡失。此處以思不思定心之存亡，前第八中（按：「牛山之木」章）以操存與否定心之存亡。操存是工夫語，思是心官所發之明。操存底可能之內在的動力，即其最內在的根據，即是「思」也。「先立乎其大者，則其小者不能奪也」，此中之「立」亦是由思而立。〔註71〕

謝君直說：「思是大體本心的作用，有思才能實有你的心官，而隨耳目之欲則會亡失心官以致不思，亦即人性本善，其不善的表現乃肇因於人自陷其心而不思。」〔註72〕「物取之」就是由外物把「性」取出來，「性」是內在的，因外物的作用使「性」表現出來。這就是「待物而後作」、「動性者，物也。」「性」動起來之後，就是「情」，這其中主導的「情」就在於「悅」，所以說「待悅而後行」。「性」之發用←思→「情」的實現（志）——情志。人的「主體性」就由「思」來操控，而當「心」表現爲「有定志」的時候，「主體性」才能充分發揮，而「悅」即是「思」迎合「性」的良好之「思」的狀態。

（四）心與道

「凡道，心術爲主」，說明「心」在成道過程中起著主要的作用。「道始於情，情生於性。」是說，「道」源於喜怒哀悲等自然生命的情氣、眞實。郭

〔註71〕牟宗三，《圓善論》，臺北，台灣學生書局，1985 年，頁 51。
〔註72〕謝君直，〈郭店儒簡〈性自命出〉的心性論與當代孟學詮釋之對比〉，《鵝湖月刊》第 36 卷第 9 期，總號第 429，頁 19。

齊勇說：

> 「道」與人對「道」的把握和體認密切相關，也就與「心」認識、
> 體悟「道」的方法、途徑及養心、用心的方法相關。因此「凡道，
> 心術爲主。」這就是說心術「對於參贊道和體悟道來說，至關重要」
> 這可以說是人的主體性的建立。〔註73〕

〈性自命出〉說：「道四術，爲人道爲可道也。」〈性自命出〉認爲只有
「人道」是可說的，因爲「道」「始於情」，表現在人的生命活動與實踐中是
最眞實的。但是，人要遵「道」而行，首先要有心之「思」而得以明白，才
能自覺地行動。郭齊勇說：

> 「無定志」之「心」屬於血氣的範疇，有知覺反應而「有志」之心，
> 帶有意志力，具有「心之官則思」的性質。〔註74〕

又說：

> 血氣之「心」感物而動，隨波逐流，依靠「習」（即後天習行、訓練）
> 才能有所定。意志之「心」則不然，有指導定向的作用。〔註75〕

郭齊勇又說：

> 〈性自命出〉是以儒家身心觀爲內容，以探討「心術」爲中心的一
> 篇文章，它區分了「無定志」的血氣情感之「心」、有定志的道德意
> 志之「心」和介乎二者之間的思慮之「心」，認定「心有志也，無與
> 不可」，即意志之心對人的身體活動的參與、指向，對人之身、形、
> 狀、貌、情、氣的主導作用。它又暗示情氣之心、思慮之心與意志
> 之心是爲「一心」，相互影響〔註76〕。

「無定志」的「心」是「血氣之心」，「有定志」的「心」是「意志之心」。
「血氣之心」需要「習」才能成爲「意志之心」。筆者認爲，郭齊勇所說的「情
氣之心」、「思慮之心」、「意志之心」其實是同一個「心」的發展，就是在這
個「心」的發展過程，進行「思」→「習」→「悅」→「習」→「志」的一
個心性成長的過程，而其中的「習」是一個「道德實踐」的內涵，可以使「血
氣之心」成爲「意志之心」，「習」對於是否「定志」，是否「長性」起關鍵影

〔註73〕郭齊勇，〈郭店楚簡〈性自命出〉的心術觀〉，《安徽大學學報（哲學社會科學
　　　　版）》第 24 卷第 5 期，2000 年，頁 49。
〔註74〕郭齊勇，〈郭店楚簡〈性自命出〉的心術觀〉，頁 49。
〔註75〕郭齊勇，〈郭店楚簡〈性自命出〉的心術觀〉，頁 49。
〔註76〕郭齊勇，〈郭店楚簡〈性自命出〉的心術觀〉，頁 52。

響，而「悅」是讓這個實踐行為得以持續進行的最重要的因素，與真誠的「用心」，也就是「思」密切相關。

（五）心與教

〈性自命出〉很重視「教」對心的作用，即「其用心各異，教使然也。」「教」是除了「思」之外的「使心定志」的方法，「思」是由內而思，「教」是由外而教。由於心沒有固定的志向，不同的「教」就會使心向不同的方向用「思」。這裡所說的「教」，是「教所以生德於中」的「教」。因為「難，思之方也」，思是一件很難的事。〈性自命出〉說，「待悅而後行」，人只有在感到喜悅、快樂的時候，才能有所行動。「教」不是從外部給人以德，而是使人從內部生出德。與「教」有關的還有「習」。「習也者，有以習其性也。」「養性者，習也。」〈性自命出〉認為「習」的作用是「養性」而不「習得」。簡文說：「金石之有聲，弗考不鳴：人之雖有性，心弗取不出。」〈性自命出〉認為「習」的作用是「養性」而不是「習得」，可見〈性自命出〉由內而思的「思」，由外而教的「教」，還有「養性」的「習」，都是在提升「心」足以「取性」的功能。「思」、「教」、「習」都是能使「心」達於「悅」，而能「定志」，而能「取性」的方法。陳群說：

> 真正具有活動性的是心，性必須由心取才能表現於外，恰如金石必須敲擊才能發出聲音一樣。這意味著心具有活動性。心的活動性主要表現為心能思〔註77〕

又說：

> 《性自命出》的以心取性，則心性本身不具備必然的德性。〈性自命出〉就必須強調教或教化，簡文才特別強調對性的「習」、「養」及「長」，最終歸結為「教，所以生德於中」〔註78〕

可見「教」是要以禮義與道的內容，轉化為人心的定志，這就是簡文說的「心術」陳群說：「教化最終當落實於心上，以心產生定志為方式，實際上就是『求心』。」〔註79〕因此，〈性自命出〉的「教」仍以變化人心，發展定志為目標。

〔註77〕陳群，〈教而生德於心——以「教」為中心的〈性自命出〉研究〉，《武漢大學哲學院》，2015 年第 6 期，頁 66。

〔註78〕陳群，〈教而生德於心——以「教」為中心的〈性自命出〉研究〉，頁 68。

〔註79〕陳群，〈教而生德於心——以「教」為中心的〈性自命出〉研究〉，頁 70。

四、小結

〈性自命出〉言：「凡人雖有性，心亡奠志，待物而後作，待悅而後行，待習而後奠。」子曰：「學而時習之，不亦悅乎？」（《論語・學而1》）

千百年來中國文化皆著重在勉人以學，用不斷地「習」來超越自身命定的侷限性。只要能堅持努力地「習」終究會發自內心而產生「悅」，道德與學問都在一個自覺自願的「悅」之中才能真正成德成才，中國人堅苦卓絕的堅忍性格背後，其實是高度重視人之真情，也肯定人情之悅，生命之美真，才是圓滿生命之道。最理想的「志」便是在這樣的「習之而悅」的道德情感下完成，而這個優良的傳統由孔子開始，〈性自命出〉將其明顯呈現出來，到了孟子更發展出完整的「志氣論」，將儒家講求真實情感的思想特色，與操之在我的道德主體性充份完整地表達出來。

第三節　孟子「志」的形色內涵

君子所性，仁義禮智根於心。其生色也，睟然見於面，盎於背，施於四體，四體不言而喻。（《孟子・盡心上21》）

形色，天性也；惟聖人，然後可以踐形。（《孟子・盡心上38》）

這兩段內容，經常被引用作為《孟子》「踐形」理論的重要參考。《朱熹章句》：「踐，如踐言之踐。蓋眾人有是形，而不能盡其理，故無以踐其形；惟聖人有是形，而又能盡其理，然後可以踐其形而無歉也。」〔註80〕楊儒賓認同朱熹對於孟子「踐形」的理解，是將人的形體視為一個可以：「不斷成長、不斷走向完善的一種有機歷程之從事者。」認為是「形體內在自有一種動力，此種動力可將形體從一種欠缺的不完美狀態，擴充到至善至美。」〔註81〕程子曰：「此言聖人盡得人道而能充其形也。」其中的「充其形」，楊儒賓說是：「充分地體現……使潛存者變為即存者。」〔註82〕

一、「志」與「盡性」

張岱年說：「此種人之所以為人之特徵，實非已完成的，而僅是萌芽，故

〔註80〕 朱熹集註，蔣伯潛廣解，《廣解四書讀本》，頁712。
〔註81〕 朱熹集註，蔣伯潛廣解，《廣解四書讀本》，頁712。
〔註82〕 楊儒賓，《儒家身體觀》，臺北：中央研究院，1996年，頁133。

孟子稱之爲『端』。性中所有者，不過仁義禮智之端」。〔註83〕本文依張岱年所言，認爲孟子的「性」是未完成的「性」，熊十力說：「東方學術，歸本躬得，孟子『踐形盡性』之言，斯爲極則。」〔註84〕熊十力以爲可以達到「踐形」的方法，就是「盡性」。依此，我們應亦可將「性」視爲一種「潛存者」，需要經過道德修養的工夫，才能使「性」成爲眞正的「即存者」，而與「性」之呈顯同步者，則是「形體從一種欠缺的不完美狀態，擴充到至善至美。」〔註85〕。孟子有「盡心→知性」的工夫論，對於「盡心」，黃俊傑曾引中井履軒《孟子逢原》曰：「盡，是悉盡之盡，非窮盡之盡」與朱子《語類》卷60：「盡心，如何盡得？不可盡者心之事，可盡者心之理。」黃俊傑認爲中井履軒與朱子所說的「盡」，都是指盡心之「理」，盡心的「本質」而言。〔註86〕本文依此嘗試論證，在由「四端之心」發展而爲「完成之性」的「盡心」過程中，「志」是個體當下身心狀態所能完成「盡心」的層次，也就是個體當下身心狀態所能朗現的「性」的內涵。以此推論，「志」應可視爲「踐形」的階段性完成，亦包含有它所能於身體展現的形色內涵。

孟子曰：「夫志至焉，氣次焉」（《孟子·公孫丑上2》），楊儒賓說：「既然志至氣次，因此當志善時，氣也跟著爲善；志陷溺時，氣也跟著闇然不明。既然始源的志（四端）是善的，因此，始源的氣也是善的，這種氣就是『夜氣』、『平旦之氣』。」〔註87〕「始源的氣」來自「始源的志（四端）」，勞思光說：「『志』即『心』。二詞所指只有動靜之別。」〔註88〕楊儒賓將「四端之心」當成「始源的志」，《爾雅·釋詁第一》曰：「良，首也。」那麼，「良心」應該也是一種「始源的志」。「四端之心」是善的，「良心」也是善的。

> 其日夜之所息，平旦之氣，其好惡與人相近也者幾希，則其旦畫之
> 所爲，有梏亡之矣。梏之反覆，則其夜氣不足以存；夜氣不足以存，
> 則其違禽獸不遠矣。（《孟子·告子上8》）

「夜氣」是善的，如果「夜氣」得以保存，則在清晨時分人就會表現出一種神氣清明的氣象，這就是「平旦之氣」。「夜氣」是夜間所產生的內在之

〔註83〕張岱年，《中國哲學大綱》，頁304。
〔註84〕熊十力，《十力語要》，長沙：嶽麓書社，2011年，頁3。
〔註85〕朱熹集註，蔣伯潛廣解，《廣解四書讀本》，頁712。
〔註86〕黃俊傑，〈孟子盡心上第一章集釋新詮〉，頁105。
〔註87〕楊儒賓，《儒家身體觀》，頁52～53。
〔註88〕勞思光，《新編中國哲學史》，頁172。

氣，這種內在之氣的產生是來自：「形體內在自有一種動力」〔註89〕，這種動力便是來自於人最初始的「良心」，所自然產生的一種善的氣。王英說：「有一點卻是陽明念茲在茲的，就是良知中所蘊的必得要成聖人的『志』的意思，……而且這個志在陽明看來是每個人都已有的並且應該有的，這個志的確有一種普遍性在的。」〔註90〕「四端之心」、「良心」都是人生而本具的，一種自然想成為聖人的「志」，這就是人性異於禽獸的「幾希」。孟子說「夜氣不足以存，則其違禽獸不遠矣」，如果「夜氣」不再自然產生，那麼這個個體就失去了他做為一個人的特徵，而與禽獸相差不遠了。孟子在這裡明顯地以「氣」來說明「性」，與熊十力將「踐形」與「盡性」並論，可以相互補充說明。因此，關於「志」我們應該也可以從形——氣——志的架構來理解，也就是說，內在的「志」，可以藉由「氣」對身體的轉化，而從外在的「形」表現出來。

「良心」就是每個人最初始的「志」，是我們每一個人天生想要成為聖人的志向。關於「夜氣」楊儒賓還特別提出：「此種氣之生成作用並非緣於個人主觀的能力，相反地，正因為人在睡覺或在初醒時，諸緣放下，塵慮不起，所以它反而可以順遂流行。」〔註91〕呼應孟子「志壹動氣」的理論，「良心」這個初始的聖人之「志」，會自然地在夜間不斷地產生善良的「夜氣」。「夜氣」的產生無法用主觀的意志加以操控，而是來自於「良心」的自然氣之流行，「良心」這個「始源之志」，也並非是以主觀意志操控的「志」，它也是「形體內在自有的一種動力」，只要我們不干擾它，不戕害它，它就會源源不絕地產生「夜氣」，呈現「平旦之氣」，還可以經由努力積累，而形成「浩然之氣」。

> 雖存乎人者，豈無仁義之心哉？其所以放其良心者，亦猶斧斤之於木也，旦旦而伐之，可以為美乎？其日夜之所息，平旦之氣，其好惡與人相近也者幾希，則其旦畫之所為，有梏亡之矣。（《孟子·告子上8》）

「良心」天生本具，「夜氣」之不存，是因為「旦畫之所為」將「良心」梏亡所致。可見「夜氣」的產生源於人天生本具的「良心」，只要將「良心」

〔註89〕朱熹集註，蔣伯潛廣解《廣解四書讀本》，頁712。
〔註90〕王英，〈良知不是純形式——以王陽明為中心〉，《理論界·國學研究》，2009年12月，頁116。
〔註91〕楊儒賓，《儒家身體觀》，頁152。

保存好，人身上的善氣，會在每天的夜裡，在人心不受干擾的時刻，自然源源不斷地產生。因此，將「良心」保存好的工夫就顯得極其重要，孟子於是說：「學問之道無他，求其放心而已矣。」（《孟子・告子上・11》）「求其放心」是使「夜氣」自然流行的主要方法，而「求其放心」則以「誠」爲最根本之道。《中庸》曰：「唯天下至誠，爲能盡其性」（《中庸・23》）個人的天生之性，要能「充分地體現……使潛存者變爲即存者。」〔註92〕便是一個「盡性」的過程，孟子曰：「萬物皆備於我矣。反身而誠，樂莫大焉。」（《孟子・盡心上・4》）孟子「反身而誠」，即是用最眞誠的態度，回到最原初的善心，找回「良心」。

> 居下位而不獲於上，民不可得而治也。獲於上有道：不信於友，弗
> 獲於上矣；信於友有道：事親弗悅，弗信於友矣；悅親有道：反身
> 不誠，不悅於親矣。（《孟子・離婁上 12》）

一個人的行爲，如若不是來自良知的眞誠，那麼，不能「治民」，不能「獲上」，不能「信友」，亦不能「悅親」。父母愛子女之心乃天下最爲無私無求之愛，一個「反身不誠」的人，即便是至親父母也無法對於他的行爲感到欣悅。可見，唯有「誠」才能眞正做到不自欺，也不欺人，而逐漸成爲一個充分展現高尚之「志」的聖人，眞正成爲坦蕩蕩的「君子」。王英說：「這個志在陽明看來是每個人都已有的並且應該有的，這個志的確有一種普遍性在的。」〔註93〕陽明先生認爲，每一個人天生都有成爲聖人的志向願望，潛存於我們的良知之中，「求其放心」的成果越好，「良知」能夠展現的層次越高，「志」的層次也就相應提高。《大學》曰：「誠於中，形於外。」孟子曰：「至誠而不動者，未之有也」（《孟子・離婁上》）至誠的「良心」光輝在生命之中體現時，便能逐漸達於「盡性」的境界，足以「悅親」→「信友」→「獲上」→「治民」，能「盡性」則亦能「踐形」矣。

二、「志」與「踐形」

> 孟子自范之齊，望見齊王之子。喟然歎曰：「居移氣，養移體，大哉
> 居乎！夫非盡人之子與？」孟子曰：「王子宮室、車馬服多與人同，
> 而王子若彼者，其居使之然也；況居天下之廣居者乎？魯君之宋，

〔註92〕楊儒賓，《儒家身體觀》，頁 133。
〔註93〕王英，〈良知不是純形式——以王陽明爲中心〉，頁 116。

呼於垤澤之門。守者曰：『此非吾君也，何其聲之似我君也？』此無

他，居相似也。」（《孟子・盡心上 36》）

　　孟子提出「居移氣」的概念，並形象化地以魯君的例子做了說明。《孟子正義》爲此做注曰：「居尊則氣高，居卑則氣下，居之移人氣志，使之高涼，若供養之移人形身使充盛也。大哉居乎者，言當愼所居，人必居仁也。」這裡提出的重點是：所「居」不同，「氣」就不同。對於「居」眞正的意涵《孟子正義》〔疏〕做了進一步地說明：「乃聲之高明由於志之高明，志之高明由於居之尊貴，故既言聲氣，又云氣志。」《孟子正義》〔疏〕認爲「居」與「志」有著直接的關係。《孟子正義》〔疏〕還說：「同是居，宜擇而居其大者，必以居仁爲大也。」「同是子，而王子異於凡人，亦同是人，而君子異於小人，可相觀而喻矣。」可見，所「居」決定「氣」的不同，因此，「居」要注重選擇其「大」者，選擇成爲「君子」自然就比選擇成爲「小人」爲大。《孟子正義》〔章指〕又曰：「人性皆同，居使之異，君子居仁，小人處利，譬猶王子，殊於眾品也」。〔註94〕

　　筆者認爲，這裡所謂「居」者，說的就是一個人的自我定位，也就是一個人心中立定的志向。「志」呈顯於外則表現爲「氣」：氣質、氣勢、氣度、氣量、氣魄，志向提升「氣」就提升，可以從外在呈現出來。魯國的國君到宋國去，大喝一聲可以令宋守門人爲其開門，正在於爲國君者都有相同的氣勢，「居相似」就是他們有著相同的「自我定位」，表現出來的就是相同的氣勢。因此，孟子的「居移氣」就是在表達：一個人自我定位的志向不同，就能改變他外在氣的表現，人格形態與境界、氣象也將有所不同。楊儒賓說：

　　　　「居移氣，養移體」云云，並不是環境決定論的主張，而是「人的
　　　　形體並非定然不變，它可因諸種力量的滲透轉化，使其存在的性格
　　　　跟著發生轉變」的一種理念。〔註95〕

又說：

　　　　所謂的力量即不會來自習染，也不會來自聖賢的感召，而是他自己
　　　　立法，從四端流行處自充自盈，自生自長，從最隱微的地方轉變人
　　　　的氣性；及其至也，則於外在的形軀處証其效果。〔註96〕

〔註94〕焦循，《孟子正義》，頁 1005～1006。
〔註95〕楊儒賓，《儒家身體觀》，頁 141～142。
〔註96〕楊儒賓，《儒家身體觀》，頁 141～142。

楊儒賓認爲，「居移氣，養移體」的力量來自「自己立法」，筆者認爲「自己立法」者就是「良心」，孟子的「良心」就是人天生本具的道德法則，只要「且晝之所爲」都能不違反「良心」的法則，那麼，「夜氣」就會像生生不息的端芽，不斷地孳長茁壯，而成就出至大至剛，塞於天地之間的「浩然之氣」。否則「行有不慊於心，則餒矣」（《孟子·公孫丑上 2》），如果「且晝之所爲」違反「良心」法則，則「夜氣」就不再產生，餒矣。孟子曰：「心之所同然者何也？謂理也，義也。聖人先得我心之所同然耳。故理義之悅我心，猶芻豢之悅我口。」（《孟子·告子上 7》）君子之「始源之志」──「良心」，能自然地「悅理義」。〈性自命出〉曰：「待悅而後行，待習而後奠。」定「志」乃依所「悅」之「良心」法則而來，「居移氣，養移體」就是由內而外改變一個人的格局氣勢，就是「良心」之「志」所產生的「踐形」作用。

三、「志」與「神」

孟子曰：「存乎人者，莫良於眸子。眸子不能掩其惡。胸中正，則眸子瞭焉；胸中不正，則眸子眊焉。聽其言也，觀其眸子，人焉廋哉？」（《孟子·離婁上 15》）《朱熹章句》曰：「蓋人與物接之時，其神在目，……然言猶可以僞爲，眸子則有不容僞者。」〔註 97〕孟子與朱熹皆認爲，眼神是最無法掩飾的身體信息，楊儒賓說：

> 「神」字在先秦哲學中有特殊的涵意，它可以在「體氣」與「良知」
> 之間搭上一道橋樑。〔註 98〕

又說：

> 「志」是氣與道義合，但實踐者尚在跨邁前進的旅途中，所以重道
> 德意識的主觀面。「神」也是氣與道義合，但實踐者此時已由主觀進
> 入超主觀，全身是氣，全身是志，形氣志融會貫通。〔註 99〕

前文以「居移氣」說明「志」做爲一個人自我定位的志向，足以改變他外在的人格形態與境界、氣象。顯然，「志」雖由「悅理義」而自然產生的人格特質，然仍包含有強烈的主觀道德意識在其中。「神」則是「志」的自然流行，透由全身之氣表現出來，楊儒賓稱之爲：「超主觀」的「形氣志融會貫

〔註 97〕朱熹集註，蔣伯潛廣解，《廣解四書讀本》，頁 569。
〔註 98〕楊儒賓，《儒家身體觀》，頁 154。
〔註 99〕楊儒賓，《儒家身體觀》，頁 160〜161。

通」，「神」會由人的身體自然表現，包含聲音和眼神，這是無法掩飾的自然流露，所以孟子說：「睟然見於面，盎於背，施於四體，四體不言而喻。」（《孟子·盡心上 21》）。《管子·心術下》說：「全心在中不可匿，外見於形容，知於顏色。」《管子·內業》說：「全心在中，不可蔽匿，知於形容，見於膚色。」〈心術〉、〈內業〉都認為：人的內在思想修養，會在他的外在「形容」、「顏色」中呈現出來，他們都認為這種外在的表現，是不可藏匿的，無法用主觀意識來加以掩飾。《荀子·勸學》：「君子之學也，入乎耳，著乎心，布乎四體，形乎動靜。」《荀子》也認為真實地從內心修養自己的人，他內在美好的德性會自然地在他的外表顯現出來。《莊子》對此也有許多對應的內容。《莊子》中有一個故事說：

> 丘也嘗使於楚矣，適見豚子食于其死母者。少焉眴若，皆棄之而走。不見己焉爾，不得類焉爾。所愛其母者，非愛其形也，愛使其形者也。（《莊子·德充符》）

有一群小豬依偎著母豬在吃奶，當小豬們發現母豬死了，原本親暱的母親，突然變成了可怕之物，小豬都驚慌地逃走了。《莊子》在此提出一個結論：可見小豬所愛的並不是母親的形體，而是愛牠內在所呈現出來的「使其形者」。《莊子·德充符》中莊子還虛擬了一個人物——哀駘它，他的面貌非常醜陋，但是「丈夫與之處者，思而不能去也。婦人見之，請於父母曰『與為人妻，寧為夫子妾』者，十數而未止也。」哀駘它雖然面貌醜陋，但是無論男女都非常喜愛他。一個面貌醜陋的人可以得到眾人的深愛，可見，眾人所愛的也並非是他外在形體，而是他內在呈現出來的「使其形者」。而《莊子》所說的「使其形者」，到底指的是什麼呢？劉長林說：「《管子·內業》：『一物能化謂之神』神指物之所以能化以及化的表現。」〔註100〕又說：「劉宗周、黃宗羲主心氣合一說：『人心，一氣而矣。』『心即氣也。』認為『氣之靈處』即心作為氣的一種功能作用，指人的精神活動，亦即『神』。」〔註101〕《莊子》所說的「使其形者」，《管子》所說的：「知於形容，見於膚色」者，都在指出內在之「神」透過精氣的作用，所傳達出來的內在思想。〔註102〕日本學者池田知久說：「《管子》四篇的整個思想，與《五行篇》之思想關係

〔註100〕劉長林，藤守堯，《易學與養生》，臺北：大展出版社，2001年，頁169。

〔註101〕《易學與養生》，頁182。

〔註102〕這部分參考引用筆者碩士論文《試探《管子》「精氣」說中的信息科學》，頁151～154。

密切」〔註103〕黃俊傑曾討論過《五行篇》中「形於內」的問題，他說：「《五行篇》之『形於內』近於《孟子‧告子下》：『有諸內必形諸外』，應爲呈顯義。」〔註104〕黃俊傑認爲《五行篇》中提到的「形於內」，其中的「形」字應作「呈顯」解，意指將內在於心的五行（仁義禮智聖）彰顯出來時的狀態。〈經九說〉云：「輕則刑（形），刑（形）者刑（形）其所思也。」黃俊傑說：「所謂『形者，形其所思』的意涵，基本上是由內往外的，是內省的，而不是由外往內的，不是外鑠的。」〔註105〕外在所呈顯的，皆由內省而來，因爲「良心」與生俱有。楊儒賓說：「《五行篇》嚴格上說來，並不是這種作爲社會規範的『行』，而是內在化、意識化的『德之行』。」又說：「任一行的德之行都會帶來與之一致的『德之氣』……仁之行即有仁氣，義之行即有義氣等等。」〔註106〕內省的「德」，都將帶來內省的德之「氣」。《五行篇‧經十九》〈說〉：「『知而安之，仁也。』知君子所道而然安之者，〔仁〕氣也。『安而行之，義也。』既安之矣，而然行之，義氣也。『行而敬之，禮也。』既行之矣，「又」秋秋（愀愀）然敬之者，禮氣也。」《五行篇》的「德之行」以「氣」做爲「形其所思」的重要中介，形成「德──氣──形」的架構。蔣年豐說：「《五行篇》作者關切的是，心之四端在形氣中輾轉引生的過程。我們可以看到從道德的認知到其實現，心的四端乃以氣化的姿態，由內往外彰著出來。」〔註107〕

「四端之心」是始源之「志」，「四端之心」表現出來的則是一種「氣」。《管子‧內業》說：「乃能窮天地，被四海。中無惑意，外無邪菑；心全於中，形全於外；不逢天菑，不遇人害：謂之聖人。」《管子》所謂的「心全」就是一種內在道德修養的完美無缺，《管子》認爲這時人就能處在精氣充滿的狀態，他完美的內在就可以充分地對外展現出來，謂之「形全」。不論是《管子》的「形全」，《五行篇》的「德之行」，《莊子》的「使其形者」，《孟子》的「踐

〔註103〕池田知久，〈馬王堆漢墓帛書《五行篇》所見之身心問題〉，《氣論及身體觀》，臺北：巨流圖書公司，1993年，頁327。

〔註104〕黃俊傑，〈馬王堆帛書《五行篇》「形於內」的意涵〉，《氣論及身體觀》，臺北：巨流圖書公司，1993年，頁353。

〔註105〕黃俊傑，〈馬王堆帛書《五行篇》「形於內」的意涵〉，《氣論及身體觀》，頁356。

〔註106〕楊儒賓，《儒家身體觀》，臺北：中央研究院文哲所，1996年，頁279。

〔註107〕蔣年豐，〈從思孟後學與荀子對「內聖外王」的詮釋論形氣的角色與義涵〉，《氣論及身體觀》，頁369。

形」都顯出「氣」的自然流行作用，是超越主觀的（「形氣志」──「形氣德」）「形氣神」融會貫通。楊儒賓說：

> 形體之所以能生色睟盎，根本的原因不是用人的道德意識強加在形體上的結果，而是人身內部本來就具足這種條件。……由良知神氣之流行→體氣之充分轉化→形體之徹底精神化，我們可以看出這是種不斷擴充，不斷佔領價值中立區域，使之完全轉化成道德成就表徵的一種過程。〔註108〕

由前文我們了解到，「夜氣」乃於夜間清淨之時，「良心」自然產生。所謂：「志壹則動氣，氣壹則動志也。」（《孟子・公孫丑上2》），《孟子》此中的「動」，絕大的程度指的，都是一種自動的「動」，而不是人爲的操控。孟子說的「學問之道無他，求其放心而已矣。」（《孟子・告子上 11》）「良心」能自動滋長「仁義之氣」得以成就道德，使君子成爲一個形體之徹底精神化的「大丈夫」，只要找回純淨初始的「良心」，就掌握了孟子修養工夫最重要的綱領。

四、「神」與「化」

> 霸者之民，驩虞如也；王者之民，皞皞如也。殺之而不怨，利之而不庸，民日遷善而不知爲之者。夫君子所過者化，所存者神，上下與天地同流，豈曰小補之哉？（《孟子・盡心上13》）

對於孟子的「神」，《朱熹章句》曰：「心所存主處便神妙不測。」〔註109〕，說明眞正的王者，心所存主的「德」，會產生神妙不測的作用，感化他所經歷之處的人民，人無不化，不像霸者的表面作用，王者之民受到的是內在的變化，莫知其所以然而然。

《中庸》曰：「其次致曲。曲能有誠，誠則形，形則著，著則明，明則動，動則變，變則化。唯天下至誠爲能化。」（《中庸・23》）《朱熹章句》曰：「曲無不致，則德無不實，而形、著、動、變之功自不能已。積而至於爲能化，則其至誠之妙，亦不異於聖人矣。」〔註110〕朱熹言「至誠」則能「積」以至於能「化」，由「神」而「化」乃「至誠」之功。這個「化」的作用，猶如楊

〔註108〕楊儒賓，《儒家身體觀》，頁 161。
〔註109〕朱熹集註，蔣伯潛廣解，《廣解四書讀本》，頁 693。
〔註110〕朱熹集註，蔣伯潛廣解，《廣解四書讀本》，頁 77。

儒賓提到「夜氣」時說的：「此種氣之生成作用並非緣於個人主觀的能力，相反地，正因為人在睡覺或在初醒時，諸緣放下，塵慮不起，所以它反而可以順遂流行。」〔註111〕「夜氣」來自「良心」的順遂流行，「浩然之氣」乃經由「至誠」的「習」積累「夜氣」而成，可見「誠」是孟子最重要的修養與工夫。

孟子曰：「可欲之謂善，有諸己之謂信。充實之謂美，充實而有光輝之謂大，大而化之之謂聖，聖而不可知之之謂神。」（《孟子・盡心下71》）「化」是「神」的作用，是「至誠」的積累功夫，需要持之以恆地從事道德實踐的功夫，積累之後自然「熟之」而成，故張子曰：「大可為也，化不可為也，在熟之而已矣。」〔註112〕「化」不是主觀操作而得，這便是前述孟子所言的「王霸之分」。又如：孟子曰：

> 以力假仁者霸，霸必有大國，以德行仁者王，王不待大。湯以七十
> 里，文王以百里。以力服人者，非心服也，力不贍也；以德服人者，
> 中心悅而誠服也，如七十子之服孔子也。（《孟子・公孫丑上3》）

孟子所謂的「化」，乃是有德者經過長期的道德修養、道德實踐，由「至誠」積累所達到的境界，是真正「以德行仁者」。「化」就是「以德服人」，足以使人「中心悅而誠服」。孟子曰：「堯舜，性之也；湯武，身之也；五霸，假之也。久假而不歸，惡知其非有也。」（《孟子・盡心上30》）「性之」、「身之」、「假之」是不同層次的人格境界，然而，雖然霸者只是假藉仁義之名，如果他能「久假而不歸」，持之以恆地以「仁義之名」行之，終究還是會有所成。曹交問曰：「人皆可以為堯舜，有諸？」子曰：「然。」（《孟子・告子下22》）「人皆可以為堯舜」便是孟子勉人力行的一貫宗旨。

五、小結

梁濤說：「氣與義當是一不是二，並非是用義來『裁制』影響氣，而是義本身就是一種氣，二者不過是一體之不同面相而已。」〔註113〕黃梨洲《孟子師說》：「志即氣之精明者是也，原是合一，豈可分如何是志，如何是氣？」〔註114〕梁濤說「義」就是「氣」，黃梨洲說「志」就是「氣」，因此，我們可

〔註111〕楊儒賓，《儒家身體觀》，頁152。
〔註112〕朱熹集註，蔣伯潛廣解，《廣解四書讀本》，頁734。
〔註113〕梁濤，《郭店竹簡與思孟學派》，頁416。
〔註114〕黃宗羲，《黃宗羲全集》，《孟子師說》第一冊，頁62。

以說「志」＝「義」＝「氣」，也可以表述為：「志」←→「義」←→「氣」
←→「志」。龐樸說：「據說集義到了一定程度，便會發生一個突變，由善
而聖，出來浩然之氣，進入天地道德境界。」〔註115〕還說：「『是集義所生
者，非義襲而取之也。』在〈五行〉篇中，則叫做『積』：『舜有仁，我亦
有仁，而不如舜之仁，不積也。舜有義，我亦有義，而不如舜之義，不積
也。』」〔註116〕

　　龐樸認為不斷的積累仁義，就能像聖人一樣，培養出至大至剛的浩然之
氣。孟子曰：「君子所過者化，所存者神」(《孟子‧盡心上》) 劉長林說：「《管
子‧內業》：『一物能化謂之神』神指物之所以能化以及化的表現。」〔註117〕
又說：「劉宗周、黃宗羲主心氣合一說：『人心，一氣而矣。』『心即氣也。』
認為『氣之靈處』即心作為氣的一種功能作用，指人的精神活動，亦即
『神』。」〔註118〕

　　「神」是「氣的一種功能作用」，是經過有意「集義」的努力過程，所積
累而得的「仁義」之氣，積累「仁義」就是積累「氣」的過程，「仁義」之氣
積累既久，便可以由「量變到質變」，而生出「浩然之氣」來，「浩然之氣」
足以表現出「化」的功能與作用，此乃「至誠」之功也。

〔註115〕龐樸，《竹帛〈五行〉篇校注及研究》，臺北：萬卷樓，2000 年，頁 117～118。
〔註116〕《五行》，〈說24〉。
〔註117〕《易學與養生》，頁 169。
〔註118〕《易學與養生》，頁 182。

第五章　結　論

第一節　《孟子》「志氣論」是生命發展的哲學

　　孟子認為人的生命是一種尊貴的存在，因此，上天賜與人「天爵」。孟子曰：「仁義忠信，樂善不倦，此天爵也。」（《孟子・告子上 16》）所謂的「天爵」，就是「仁義忠信，樂善不倦」，這是人與一般動物不一樣的地方。人有「天爵」是因為人天生具有「惻隱、羞惡、辭讓、是非」四端之心，然而「四端之心」只是「端芽」，需要人主動努力培育，才能成長茁壯。《孟子》「志氣論」提出許多，足以讓「端芽」長成大樹，讓大樹蔚成森林的哲學，讓《孟子》「志氣論」成為一門豐富而生機盎然的「生命發展的哲學」。

　　孟子「即心言性」，「仁義禮智」乃人之性。「心」的表現，可以讓我們看到人內在的善性，而表現出來的「心」就是「志」，因此「志」也就是「性」的呈顯。「四端之心」是「始源的志」，可以表現「始源的志」的就是「夜氣」、「平旦之氣」。「良心」也是一種「始源的志」，孟子則從「夜氣」、「平旦之氣」是否出現，來判斷「良心」是否尚存。「志」是使「性」得以呈顯的「心」的活動，「志」的發展層次越高，表現出來的「心」就越能與「本心」相合，越是與「本心」合一，就越能表現出人之所以為人的特點，「仁義忠信，樂善不倦」的特色，就會越發顯著。

　　孟子曰：「志壹則動氣，氣壹則動志也。」（《孟子・公孫丑上 2》）「志」與「氣」有著緊密的互動關係，研究認為「志」其實就是一種「氣」。因此，「心」表現出來的「志」，是「性」的呈顯，而是以「氣」的方式來呈現。可見，「氣」與「性」也是息息相關的。孟子曰：「其日夜之所息，平旦之氣，

其好惡與人相近也者幾希，則其旦晝之所爲，有梏亡之矣。梏之反覆，則其夜氣不足以存；夜氣不足以存，則其違禽獸不遠矣。」（《孟子・告子上 8》）孟子認爲，一個人若是不再有善良的「夜氣」產生，就不再具有人性了，可見，「氣」與「性」相關。由此我們了解，「志」的表現，與「心」與「性」與「氣」都直接相關。

　　本文研究總結發現：「志」的其一內涵，就是行「義」的決心、信心、勇氣的集合。因此，我們可以說，孟子所謂的「志」，有著「心」、「性」、「氣」、「義」等內涵。而「志」又可發而爲「言」，因此，孟子的「志」就有了「心」、「性」、「氣」、「義」等內涵，還可以透由「氣」表現爲「言」。

　　經由研究我們也發現：孟子「集義」，是讓「心」得以變化，讓「氣」滋長的道德實踐工夫。使「心」變化，讓「氣」滋長，都是「集義」的目標，而「心」與「氣」的提升，亦決定「義」的積聚成長、「志」的層次提升，與內在善「性」的不斷得以呈顯。而「盡心」是擴充和發展主體「道德意志」的實踐工夫，「盡心」能使「志」得以提升，「仁義禮智」之「氣」都將在「盡心」的過程中得以提升。我們於此推論出：「志」的發用，包含有「仁義禮智」所有的內涵，是「氣」的一種形式，可以展現出來成爲一種「德性」。「情者性之動」，我們可以將其理解爲「惻隱、羞惡、辭讓、是非」之「情」的表現，就是「仁義禮智」之「性」的呈顯。「心」是「性」的表現（「即心言性」），「心」中有「性」→「情」是「性」之動→「心」中有「情」。而「志」是「心」的表現，因此，「情」必定也是「志」的一種內涵。

　　〈性自命出〉：「凡人雖有性，心亡奠志，待物而後作，待悅而後行，待習而後奠。」〈性自命出〉有重「情」的特點，「待悅而後行」說明了「悅」對於「志」的確立，有著決定性的作用。論語第一章，子曰：「學而時習之，不亦悅乎？」孔子亦早已看到「悅」之「情」在爲學做人中的特點，然而，孔子更了解「學習」是其中的關鍵。研究中我們肯認了「學習」與「性」的呈顯，與道德的提升皆密切相關，而孟子「存養擴充」、「盡心知性」、「求其放心」等，皆是道德學習的實踐工夫。足見，孟子工夫論中的「存養擴充」、「盡心知性」、「求其放心」等都有著「學習」的意涵，也都極可能在這些「學習」當中，產生「悅性」之「情」，而使人因「心」與「本心」的相合，「心」與「性」的相合，而能達「定志」的成果，並能在不斷的「學習」當中，使「志」得以不斷地提高。孟子說：

「口之於味也，有同耆焉；耳之於聲也，有同聽焉；目之於色也，
有同美焉。至於心獨無所同然乎？心之所同然者何也？謂理也義
也。聖人先得我心之所同然耳。故理義之悅我心，猶芻豢之悅我
口。」（《孟子·告子上7》）

「理義之悅我心，猶芻豢之悅我口。」就是「性即在於心」的表現，這
種「悅」乃出自於人的「性」，「悅」即在這「心」與「本心」相合的時刻，
自然產生。「人性」需要靠「心」來實現，「自覺心」包含各種「德性」需要
我們自覺地努力完成。本論文以「德心」→「德行」→「德性」做為「道德
實踐」的進路，其中「德行」即以「道德實踐」為主要進展動力。透過「道
德實踐」的工夫，自覺的「德心」得以擴充，「德性」得以不斷呈顯，最終達
於德性圓滿之境。

《孟子》「志氣論」從「心」、「性」、「氣」、「情」、「志」各方面，皆展現
為充滿生機的生命發展哲學，是中國古代重要的哲學資產，是建立積極向上
的幸福人生的重要哲學理論，值得深入研究探討。

第二節　《孟子》「志氣論」是生命幸福的哲學

口之於味也，目之於色也，耳之於聲也，鼻之於臭也，四肢之于安
佚也：性也，有命焉，君子不謂性也。仁之于父子也，義之於君臣
也，禮之於賓主也，智之於賢者也，聖人之于天道：命也，有性焉，
君子不謂命也。（《孟子·盡心下70》）

「命」是指生命的一種限制，焦循《孟子正義》「注」：「父頑母惡，命
也。而舜則大孝烝烝，瞽瞍底豫，此仁之於父子，君子不謂命也。」舜的父
母沒有良善的德性，這是舜的「命」，但是，舜依然用最純善的德，孝敬父
母，舜的父親因此而得到很大的快樂。君子不受「命」的限制，只依著人的
「性」去做。孟子曰：「人之所以異於禽於獸者幾希，庶民去之，君子存之。
舜明於庶物，察於人倫，由仁義行，非行仁義也。」（《孟子·離婁下47》）孟
子所謂的「性」，就是異於禽獸的「幾希」，就是「仁義禮智」的善性。孟子
曰：「不得乎親，不可以為人；不順乎親，不可以為子。舜盡事親之道而瞽瞍
底豫，瞽瞍底豫而天下化，瞽瞍底豫而天下之為父子者定，此之謂大孝。」
（《孟子·離婁上 28》）舜只知道「不得乎親，不可以為人；不順乎親，不可

以爲子。」舜依循「仁之於父子」之道，盡心事親，而終於得到父親的欣悅。舜也因此感化百姓皆能盡孝，天下之父子皆得到生命的幸福，也成就了舜對父母所盡的「大孝」。

孟子曰：「存其心，養其性，所以事天也。殀壽不貳，修身以俟之，所以立命也。」（《孟子・盡心上 1》）朱熹以「全其天之所付，不以人爲害之。」（《四書章句集註》）來說明「立命」。將上天所付與人的使命，盡力實踐出來，不管壽夭窮通都能不改其志，這就是「君子存之」。孟子曰：「莫非命也，順受其正。是故知命者，不立乎巖牆之下。盡其道而死者，正命也。桎梏死者，非正命也。」（《孟子・盡心上 2》）「知命」的君子懂得如何正確對待「命」的限制，盡自己的最大努力，去克服「命」所帶來的限制，絕對不做違背人性的事，不將自己置身於危險之境，能夠「盡其道而死」，這就是「正命」。如果說「命」是人的一種限制，那麼孟子所言之「性」就是人之最大的可能，「君子所性」是君子所堅持的人性的最佳狀態，需透由艱苦的道德實踐過程，不斷地突破「命」的限制，方能得到安處「仁心」所展顯的生命的喜悅。

> 君子有三樂，而王天下不與存焉。父母俱存，兄弟無故，一樂也。
> 仰不愧於天，俯不怍於人，二樂也。得天下英才而教育之，三樂也。
> 君子有三樂，而王天下不與存焉。（《孟子・盡心上 20》）

孟子認爲人生有三種最大的幸福，首要家人無恙是人生的大幸福，再者是自身的行事作爲，立身處世皆能「不愧不怍」也是人生很大的幸福，而「不愧不怍」的幸福，已幾乎包含了《孟子》「志氣論」，完整的道德實踐哲學。子曰：「君子不憂不懼。」又曰：「內省不疚，夫何憂何懼？」（《論語・顏淵 4》）又曰：「君子坦蕩蕩，小人長戚戚。」（《論語・述而 37》）君子內心坦蕩，「不愧不怍」、「不憂不懼」這就是人最幸福的生命狀態，在《孟子》「志氣論」的道德實踐工夫，如：「存養擴充」、「盡心知性」、「求其放心」無一不是在求內心的「不愧不怍」，以達「心安」，以「達之於其所忍」。《論語》中描述，「子之燕居，申申如也，夭夭如也。」（《論語・述而 4》）孔子平日閒居，總是神態自若、悠閒自在，展現了有德君子的生命狀態，就是一種「不愧不怍」、「不憂不懼」、悠閒自在的，生命幸福的狀態。

孟子曰：「萬物皆備於我矣。反身而誠，樂莫大焉。強恕而行，求仁莫近焉。」（《孟子・盡心上 4》）君子遵循「恕」道，以「求其放心」，用最眞誠的

心,將最初始的善心找回來。孟子曰:「居下位而不獲於上,民不可得而治也。獲於上有道:不信於友,弗獲於上矣;信於友有道:事親弗悅,弗信於友矣;悅親有道:反身不誠,不悅於親矣。」(《孟子‧離婁上 12》)孟子認為,一個人的行為如若不是來自合於「良心」的內在真誠,那麼,不能「治民」,不能「獲上」,不能「信友」,亦不能「悅親」。父母愛子女之心乃天下最為無私無求之愛,一個「反身不誠」的人,即便是至親父母也無法對於他的行為感到欣悅。反之,如果出於「至誠」,則能如舜得到父親發自內心的欣悅,真正感動他人,可以「悅親」,可以「信友」,可以「獲上」,亦可以「治民」,則人生之廣大的幸福自在其中矣。

　　孟子人生之樂,尚有「得天下英才而教育之」的幸福。孟子曰:「霸者之民,驩虞如也;王者之民,皞皞如也。殺之而不怨,利之而不庸,民日遷善而不知為之者。夫君子所過者化,所存者神,上下與天地同流,豈曰小補之哉?」(《孟子‧盡心上 13》)對於孟子的「神」,《朱熹章句》曰:「心所存主處便神妙不測。」〔註 1〕說明真正的王者,心所存主的「德」,會產生神妙不測的作用,感化他所經歷之處的人民,人無不化,王者之民受到的是內在的教化,莫知其所以然而然。孟子曰:「大而化之之謂聖,聖而不可知之之謂神。」(《孟子‧盡心下 71》)張子曰:「大可為也,化不可為也,在熟之而已矣。」〔註 2〕「化」是「神」的作用,是「至誠」的積累功夫,積累之後自然「熟之」而成。孟子曰:「以力假仁者霸,霸必有大國,以德行仁者王,王不待大。湯以七十里,文王以百里。以力服人者,非心服也,力不贍也;以德服人者,中心悅而誠服也,如七十子之服孔子也。」(《孟子‧公孫丑上 3》)孟子所謂的「化」,乃是有德者經過長期的道德修養、道德實踐,由「至誠」積累所達到的境界,是真正「以德行仁者」。「化」就是「以德服人」,足以使人「中心悅而誠服」。孟子「得天下英才而教育之」的幸福,與他「承三聖」之「志」可以相互呼應,孟子曰:「我亦欲正人心,息邪說,距詖行,放淫辭,以承三聖者」(《孟子‧滕文公下 14》)以古代聖王的教誨,來教化廣大的民心,藉以傳承「三聖」的學說思想,是孟子感到人生最大的幸福,而達到這種幸福的工夫技術,則蘊藏在《孟子》「志氣論」的道德哲學之中。

〔註 1〕　朱熹集註,蔣伯潛廣解,《廣解四書讀本》,頁 693。
〔註 2〕　朱熹集註,蔣伯潛廣解,《廣解四書讀本》,頁 734。

　　以此觀之，《孟子》「志氣論」，實爲孟學積極努力的安身立命之道，以「德心」→「德行」→「德性」爲其進路，將傳統儒家「知其不可而爲之」的求道之苦，與樂天知命的「孔顏之樂」有機融合，成就了合於天道的人道，最終將達於「浩然正氣」充滿，與天相合，與自然和諧的生命境界。因此，我們可以說《孟子》「志氣論」是生命幸福的哲學。

第三節　《孟子》「志氣論」研究的未來展望

　　潘小慧說：

> 亞里斯多德正是創建西方德行倫理學的第一人，他將倫理道德的核心問題置於人——行爲者的品格特性，而非行爲上。按亞氏的觀點，道德的基本問題不是「我應當做什麼？」（What should I do？）而是「我應當是什麼樣的人？」（What should I be？）於是，「成爲」一個有德者遠比「去做」一件道德上對的事還重要；「是」（being）比「做」（doing）優先。〔註3〕

　　「西方德行倫理學」關注的是「行爲者」本身是否眞正具有道德，與儒家倫理學，注重主體的眞實德性有相同之處。《孟子》「志氣論」主張道德應來自主體眞實的內在——「由仁義行」，而不在於對外在道德規範的遵循——「行仁義」，可見，中國哲學中的道德哲學，有可能與西方哲學進行對話。林火旺說：

> 亞里斯多德最重要的推論是：任何有機體的幸福在於實現其特殊能力，這就是其「目的」。亞里斯多德透過人不同於其他有機體，即人所獨有的特點來定義人的功能，這個特點就是「理性」（reason）。人具有思考能力，會在各種可能的、複雜的選項中進行選擇，也會透過理性分析、整理、歸納，找到大自然的運作規則，這些都是人類不同於其他生物的特殊能力。因此亞里斯多德認爲，表達理性或遵守理性的心靈活動，就是人的功能。〔註4〕

　　亞里斯多德的「功能論」認爲人最大的特點在於人具有「理性」的功能，可以良好地發揮人的功能特色，人生就能得到眞正的幸福。亞里斯多德這個

〔註3〕潘小慧，《多瑪斯的德行倫理學——德行與倫理》，臺南：聞道出版社，2007年。

〔註4〕林火旺，《基本倫理學》，臺北，三民書局，2009年。

論點，與《孟子》所謂：「人之所以異於禽於獸者幾希」（《孟子・離婁下 47》）的「道德哲學」論點也極端類似，可以彼此參照，相互闡發。

　　《孟子》「志氣論」與西方德行倫理學進行對話，彼此闡明相互補充，是《孟子》「志氣論」的道德哲學，值得耕耘的一片園地，尤其是亞里斯多德的「幸福論」與《孟子》「志氣論」道德哲學的對談，更是一個值得研究發展，極有意義的課題。《孟子》「志氣論」研究的未來展望，一個豐富的中西人文思想的對談，可以讓我們期待。「德行與幸福」是亞里斯多德的「幸福論」，與《孟子》「志氣論」可以進行對談的焦點，是二十一世紀人類社會需要關注的重要議題。

第四節　結語

　　〈性自命出〉：「凡人雖有性，心亡奠志，待物而後作，待悅而後行，待習而後奠。」文獻的出土，幫助我們更清楚理解《論語》：「學而時習之，不亦悅乎？」的深刻內涵，也揭示出了儒家重「情」思想的真正意義。「悅樂」精神是《孟子》「志氣論」道德哲學的「亮點」，「學而時習之，不亦悅乎？」──「待悅而後行，待習而後奠。」，在「習」→「悅」→「志」的「立志」過程中，「悅」顯然起著關鍵性作用。子曰：「不憤不啓，不悱不發」（《論語・述而 8》）「憤悱」一旦得到「啓發」將會產生無比的喜悅。《孟子》「志氣論」的道德哲學，主張人應該在人倫日用之間，在不斷地堅持「學習」的過程中，得到「覺悟」，受到「啓發」。「啓發」式的教育、自覺自願地「學習」、對於「悅」的掌握，都是現代「生命教育」可以研究發展的路線。

　　對於《孟子》「志氣論」道德哲學，有關「志」的深入研究探討，也是現代「生命教育」與學術研究可以持續學習與運用的重點。孟子對於「志」的理解，有極為寬廣的生命內涵，他曾舉過一個曾子的例子：

> 曾子養曾皙，必有酒肉。將徹，必請所與。問有餘，必曰『有』。曾皙死，曾元養曾子，必有酒肉。將徹，不請所與。問有餘，曰『亡矣』。將以復進也。此所謂養口體者也。若曾子，則可謂養志也。事親若曾子者，可也。（《孟子・離婁上 19》）

　　孟子說，曾子奉養父親，不僅養「口體」，還重在養「志」。「志」就是內心的願望，真正大孝之人，必能知道善養父母之「志」，父母的願望得以實現，

才能得到生命眞正的幸福。子游問孝。子曰：「今之孝者，是謂能養。至於犬馬，皆能有養；不敬，何以別乎？」（《論語・爲政 7》）人異於禽獸者，即在於此「幾希」之「志」。對於生命深切的關懷，才是《孟子》「志氣論」的道德哲學，最爲珍貴的文化資產。

　　鄔昆如說：「中國古代經典，無『哲學』之名，但有『哲學』之實，如『道學』、『玄學』、『理學』、『義理之學』、『心學』等等。都是在『定位宇宙』，並在宇宙中『安排人生』」。〔註 5〕孟子的「志」，即是表現一個人對於「定位宇宙」與「安排人生」的「人生觀」與「價值觀」的綜合體現，是極具研究價值的「生命教育」題材，值得學界加以重視。

〔註 5〕鄔昆如主編，《哲學概論》，臺北：五南圖書公司，2004 年，頁 1。

參考文獻

參考書目

1. 丁茶山，《孟子要義》，《與猶堂全書》，漢城：文獻編纂委員會，1960年。
2. 王夫之，《讀四書大全說》，臺北：河洛圖書出版社，1974年。
3. 王守仁，《傳習錄》，吳光、錢明、董平、姚延福編校，上海：上海古籍圖書公司，1992年，頁22。
4. 王聘珍，《大戴禮記解詁》，臺北：中華書局，1983年。
5. 中井履軒，《孟子逢原》第二，《日本名家四書註釋全書》。
6. 朱熹，《四書章句集注》，北京：中華書局，1983年。
7. 朱熹，《四書章句集註》，長沙：岳麓書社，1997年。
8. 伊藤仁齋，《語孟字義》，《日本儒林叢書》，東京：鳳出版社，1978年。
9. 伊藤仁齋，《孟子古義》，《日本名家四書註釋全書》。
10. 朱熹集註，蔣伯潛廣解《廣解四書讀本》，臺北：商周出版社，2016年。
11. 明·張岱《四書遇》，杭州：浙江古籍出版社。
12. 宋·陳淳，《北溪字義》，卷上，北京：中華書局，1983年。
13. 黃宗羲，《孟子師說》卷二，《黃宗羲全集》。
14. 焦循，《孟子正義》，北京：中華書局，2015年。
15. 鄭齊斗，〈浩然章上解一〉，《霞谷集》。
16. 明·劉宗周，《論語學案》，臺北：臺灣商務印書館，1986年。
17. 宋·錢時，《融堂四書管見》，臺北：臺灣商務印書館。
18. 戴震，《孟子字義疏證》，北京：中華書局，1961年。
19. 蘇轍，《孟子解》，文淵閣《四庫全書》。

20. 黎靖德，《朱子語類》，北京：中華書局，1986年，頁1244。

21. 丁原植，《郭店楚簡儒家佚籍四種釋析》，臺北：台灣古籍出版社，2004年。

22. 白奚，《稷下學研究——中國古代的思想自由與百家爭鳴》，北京：生活・讀書・新知三聯書店，1998年。

23. 牟宗三，《心體與性體》，臺北：正中書局，1991年。

24. 牟宗三，《圓善論》，臺北：台灣學生書局，1985年。

25. 李明輝主編，《孟子思想的哲學探討》，臺北：中研院文哲所出版社，1995年。

26. 李明輝，《孟子重探》，臺北：聯經出版社，2001年。

27. 林火旺，《基本倫理學》，臺北，三民書局，2009年。

28. 胡楚生，《新譯論語新編解義》，臺北：三民書局，2015年。

29. 郭梨華，《出土文獻與先秦儒道哲學》，臺北：萬卷樓圖書公司，2008年。

30. 張立文，《氣》，北京：中國人民大學出版社，1996年。

31. 張岱年，《中國哲學大綱》，北京：商務印書館，2015年。

32. 徐復觀，〈孟子知言養氣章試釋〉，《中國思想史論集》，臺北：台灣學生書局，1959年。

33. 徐復觀，《中國思想史論集》，上海：上海書店出版社，2004年。

34. 唐君毅，《中國哲學原論・原道篇・卷一》，香港：新亞研究所出版社，1976年。

35. 陳榮捷，《王陽明，傳習錄詳注集評》，重慶：重慶出版社，2017年。

36. 陳來，《陳來讀子思　竹簡〈五行〉篇講稿》，香港：香港中文大學出版社，2015年。

37. 陳特，《倫理學釋論》，臺北：東大圖書公司，1994年。

38. 陳來，《有無之境——王陽明哲學的精神》，北京：人民出版社，1991年。

39. 陳生璽等譯解，《張居正講評孟子》，上海：上海辭書出版社，2006年。

40. 陳特，《倫理學釋論》，臺北：東大圖書公司，1994年。

41. 陳鼓應，《管子四篇詮釋稷下道家代表作》，臺北：三民書局，2003年。

42. 陳榮捷，《王陽明傳習錄詳注集評》，臺北：台灣學生書局，1983年。

43. 黃俊傑，《孟學思想史論・卷一》，香港：東大圖書公司，1991年。

44. 黃信二，《孟子與象山心性學之詮釋意涵》，臺北：里仁書局，2014年。

45. 梁瑞明，《先秦諸子之道——唐君毅先生《中國哲學原論》原道篇卷一導讀》，香港：志蓮淨苑出版社，2011年。

46. 梁濤，《郭店竹簡與思孟學派》，北京：中國人民大學出版社，2008 年。

47. 曾春海，《中國哲學史綱》，臺北：五南圖書公司，2012 年。

48. 曾春海，《中國近當代哲學史》，臺北：五南圖書公司，2018 年。

49. 鄔昆如主編，《哲學概論》，臺北：五南圖書公司，2004 年。

50. 勞思光，《新編中國哲學史》，臺北：三民書局，1997 年。

51. 楊儒賓，《儒家身體觀》，臺北：中央研究院出版社，1996 年。

52. 楊澤波，《孟子與中國文化》，貴州：貴州人民出版社，2000 年。

53. 熊十力，《十力語要》，長沙：嶽麓書社，2011 年。

54. 蒙培元，《蒙培元講孟子》，北京：北京大學出版社，2006 年。

55. 蒙培元，《中國心性論》，臺北：台灣學生書局，1996 年。

56. 鄧艾民，《傳習錄注疏》，基隆：法嚴出版社，2000 年。

57. 劉長林、藤守堯，《易學與養生》，臺北：大展出版社，2001 年。

58. 潘小慧，《多瑪斯的德行倫理學──德行與倫理》，臺南：聞道出版社，2009 年。

59. 錢穆，《論語新解》，臺北：東大圖書公司，2015 年。

60. 龐樸，《竹帛〈五行〉篇校注及研究》，臺北：萬卷樓圖書公司，2000 年。

期刊與專書論文

1. 丁原植，〈竹簡《文子》哲學思想〉，《文子新論》，頁 57～76。

2. 王文欽，〈主體精神的後天涵養──論孟子的養氣說〉，《文史哲》第 6 期，1995 年，頁 66～68。

3. 王志楣，〈〈論戰國時期「情」概念的發展〉──以《孟子》、《莊子》、〈性自命出〉《荀子》為範圍的考察〉，《先秦兩漢學術》第 16 期，2011 年，頁 33～60。

4. 王英，〈良知不是純形式──以王陽明為中心〉，《理論界‧國學研究》，2009 年，頁 114～116。

5. 李志勇，〈孟子「氣」字的研究〉，《鵝湖月刊》第 15 卷第 8 期，頁 34～41。

6. 李臻穎，〈「不動心之道」小識──讀〈知言養氣章〉札記〉，《哲學史學研究》第 28 卷第 1 期，2009 年，頁 100～102。

7. 李洪衛，〈志氣相依與通達──王陽明心志與氣機關係略論〉，河北工業大學馬克思主義學院，《哲學分析》第 01 期，2015 年，頁 85～99。

8. 李加武、陳新建，〈孟子「不動心」說新探〉，《濟寧學院學報》第 34 卷

第 4 期，2013 年，頁 64～69。

9. 李友廣，〈孟子心性關係之研究〉，《宜賓學院學報》第 10 卷第 2 期，2010
   年，頁 1～4。

10. 李存山，〈《內業》等四篇的精氣思想探微〉，《管子學刊》，1989 年第 2
    期，頁 3～9。

11. 李景林，〈「浩然之氣」的創生性與先天性——從馮友蘭先生《孟子浩然
    之氣章解》談起〉，《社會科學戰線》，2007 年第 5 期，頁 12～16。

12. 李剛，〈從孔子到孟子：儒家「志氣論」思想傳承新探〉，《廣西社會科學》
    第 8 期，總第 254 期，2016 年，頁 48～52。

13. 李洪衛，〈志氣相依與通達——王陽明心志與氣機關係略論〉，《哲學分
    析》第 6 卷第 1 期，2015 年，頁 85～99。

14. 池田知久，〈馬王堆漢墓帛書《五行篇》所見之身心問題〉，《氣論及身體
    觀》，臺北：巨流圖書公司，1993 年，頁 327～352。

15. 余治平，〈孔子恕道的哲學辨證〉，《倫理學與公共事務》，頁 155～160。

16. 吳啓超，〈當代新儒家與英語哲學界對孟子之「擴充」及「端」的詮釋——
    以牟宗三、唐君毅與黃百銳、信廣來為例〉，《鵝湖學誌》第五十二期，
    2014 年，頁 82～113。

17. 吳成龍，〈孟子「志氣觀」及其當代培養〉第 09 期，2012 年，頁 87～88。

18. 岑溢成，〈孟子「知言」初探〉，《鵝湖月刊》第 40 期，1978 年，頁 39
    ～41。

19. 林盈君，〈學而時習之之「習」與身體〉，《新北大史學》第 6 期，2008
    年，頁 1～20。

20. 金銀潤，〈對孟子「浩然之氣」的另一種可能的解讀〉，《洛陽師範學院學
    報》第 28 卷第 1 期，2009 年，頁 45～47。

21. 周海濤，〈從「守約」看孔孟子心性論的不同及對宋明理學的影響〉，《北
    京教育學院學報》第 23 卷第 6 期，2009 年，頁 7～25。

22. 馬文增，〈《論語》「學而時習之」章新讀新解〉，《鵝湖月刊》第 39 卷第
    10 期，總號第 466，頁 26～31。

23. 范斌，〈《性自命出》的思想及其對先秦儒家心性學說的推進〉，《社會科
    學論壇，學者論壇》第 17 期，2010 年，頁 150～156。

24. 胡家祥，〈志：中國哲學的重要範疇〉，《江西師範大學學報（哲學社會科
    學版）》第 29 卷第 3 期，1996 年，頁 38～49。

25. 郭齊勇，〈郭店楚簡《性自命出》的心術觀〉，《安徽大學學報（哲學社會
    科學版）》第 24 卷第 5 期，2000 年，頁 48～53。

26. 張偉，〈學而時習之，不亦說乎中「習」含義辨析〉，《課程教育研究》，
    2015 年 11 月中旬刊，頁 241～242。

27. 夏世華，〈論孟子之不動心——讀《孟子》「知言養氣章」及朱子注的一些思考〉，《鵝湖月刊》第 31 卷第 12 期，總號第 372，頁 46～56。

28. 陸暢、白欲曉，〈道德先天性及其在經驗知識層面的展開——孟子「良知」理論的內在邏輯〉，《南昌大學學報（人文社會科學版）》第 45 卷第 4 期，2014 年，頁 17～22。

29. 高正偉，〈論《五行》說文對孟子仁義觀的發展〉，《孔子研究》第 5 期，2012 年。

30. 陳明，〈王船山對《孟子》「知言養氣」章的詮釋與其對孟子為學工夫的闡發〉，《湖北師範學院學報（哲學社會科學版）》第 31 卷第 6 期，1995 年，頁 84～88。

31. 陳麗桂，〈先秦儒道的氣論與黃老之學〉，《哲學與文化》第 33 卷第 8 期，2006 年，頁 5～18。

32. 陳群，〈教而生德於心——以「教」為中心的〈性自命出〉研究〉，《武漢大學哲學院》第 6 期，2015 年，頁 65～70。

33. 陳福濱，〈儒、道、釋三家的悅樂精神〉，《貴州大學學報（社會科學版）》第 34 卷第 4 期，2016 年。

34. 梁濤，〈性自命出〉的人性論問題〉，《管子學刊》第 1 期，2002 年，頁 65～69。

35. 黃俊傑，〈孟子知言養氣章集釋新詮〉，《國立台灣大學歷史學系學報》第 14 期，1988 年，頁 85～150。

36. 黃俊傑，〈先秦儒家身體觀中的兩個功能性概念〉，《文史哲》第 4 期（總第 313 期），2009 年，頁 40～48。

37. 黃俊傑，〈朝鮮儒者詮釋《論語》「學而時習之」章的思想基礎〉，《東亞傳統教育與法制研究（一）教育與政治社會》，頁 113～138。

38. 黃俊傑，〈從東亞儒學視域論朝鮮儒者鄭齊斗對孟子「知言養氣」說的解釋〉，《哲學評論》第 5 輯，頁 40～55。

39. 黃俊傑，〈德川日本儒者對《論語》「學而時習之」章的解釋：中日比較的視野〉，《東亞傳統教育與學禮學規》，頁 467～493。

40. 黃俊傑，〈孟子盡心上第一章集釋新詮〉，《漢學研究》，1992 年第 10 卷第 2 期，頁 99～122。

40. 黃俊傑，〈馬王堆帛書《五行篇》「形於內」的意涵〉，《氣論及身體觀》，臺北：巨流圖書公司，1993 年，頁 353～367。

42. 鄔焜，〈信息哲學的若干基本理論〉，《陝西廣播電視大學學報》第 10 卷第 1 期，2008 年，頁 37～39。

43. 劉艷俠，〈『學』的內求與外發——從《論語》首章看儒家教育要義〉，《湖南師範大學教育科學學報》第 14 卷第 1 期，2015 年，頁 24～27。

44. 彭戰果，〈孟子心氣關係論〉，《甘肅社會科學》第 2 期，2017 年，頁 23
～27。

45. 蔣年豐，〈從思孟後學與荀子對「內聖外王」的詮釋論形氣的角色與義
涵〉，《氣論及身體觀》，頁 369～392。

46. 劉長林，〈氣概念的形成及哲學價值〉，《哲學研究》，中國社會科學院哲
學研究所，1991 年第 10 期。

47. 楊祖漢，〈孟子與告子義內義外之辯論〉，《鵝湖月刊》第 14 卷第 3 期，
總號 159，頁 2～8。

48. 楊澤波，〈孟子氣論難點辨疑〉，《中國哲學史》，2001 年第 1 期，頁 54
～61。

49. 蒙培元，〈〈性自命出〉的思想特徵及其與思孟學派的關係〉，《甘肅社會
科學》第 2 期，2008 年，頁 36～42。

50. 潘小慧，〈孟子道德實踐的基本結構——性〉，《哲學論集》第 24 期，1990
年，頁 45～60。

51. 潘小慧，〈從儒道墨法四家對「為何道德？」之可能解答略論四家之「道
德」觀〉，《哲學與文化》第 21 卷第 3 期，頁 228～238。

52. 潘小慧，〈論「直」一是與非之間〉，《輔仁大學哲學論集》第 33 期，頁
125～144。

53. 潘小慧，〈孟子中的「智德」思想〉，《哲學與文化》第 29 卷第 10 期，2002
年，頁 891～903。

54. 潘小慧，〈多瑪斯論習慣之本性〉，《哲學與文化》第 33 卷第 7 期，2006
年，頁 103～117。

55. 潘小慧，〈「善」的意義與價值——以孔孟哲學為例〉，《哲學與文化》第
29 卷第 1 期，2002 年，頁 30～44。

56. 蔡祥元，〈孟子「不動心」的根源〉，《道德與文明》第 2 期，2013 年，
頁 55～61。

57. 謝君直，〈郭店儒簡〈性自命出〉的心性論與當代孟學詮釋之對比〉，《鵝
湖月刊》第 36 卷第 9 期，頁 14～31。

58. 謝君直，〈郭店儒簡〈性自命出〉的人道思想〉，《東吳哲學學報》第 21
期，2010 年，頁 29～50。

59. 顧寶田，〈試論《管子》精氣說的性質〉，《管子》研究第一輯，山東人民
出版社，1987 年，頁 115。

博士論文

1. 潘小慧，《論人類道德實踐的基本結構——析論先秦儒家與多瑪斯哲
學》，輔仁大學哲學研究所博士論文，1990 年。

2. 王英,《氣與感——張載哲學研究》,復旦大學哲學學院博士學位論文,2010 年。

3. 王正,《先秦儒家工夫論研究》,中國社會科學院研究生院博士學位論文,2013 年。

4. 李世平,《孟子良心思想研究》,復旦大學哲學學院博士學位論文,2012 年。

5. 江求流,《修爲以復性——朱子哲學的問題意識及其展開》,華東師範大學博士學位論文,2015 年。

6. 周貞余,《黃老道家的心與氣——以管子四篇爲中心》,中國社會科學院研究生院博士學位論文,2012 年。

7. 張艷婉,《儒家身心觀研究》,湖南師範大學哲學倫理學博士學位論文,2012 年。

8. 張杰,《先秦儒家性情思想研究》,武漢大學博士學位論文,2003 年。

9. 崔海東,《本體・工夫・發用:宋代儒學展開的「一貫之道」研究》,南京大學博士學位論文,2011 年。

10. 戴兆國,《孟子德性倫理思想研究》,華東師範大學博士學位論文,2002 年。

附錄：《孟子》「志氣論」中「志」的動能──「誠」

壹、前　言

　　《孟子》提出「思」作爲「心」的功能，(「心之官則思。」《孟子・告子上 15》) 王船山說：「孟子說此一思字，是千古未發之藏」又：「……蓋思因仁義之心而有」又：「是天之與我以思，即與我以仁義也。」又：「孟子之功不在禹下，此其一徵矣。」〔註1〕王船山稱其爲「千古未發之藏」，推崇備至。《孟子》說「心」之所以能「思」，主要在於人心具有反思的道德自覺能力。《孟子》曰：

　　　　是故誠者，天之道也；思誠者，人之道也。至誠而不動者，未之有
　　　　也；不誠，未有能動者也。(《孟子・離婁上 12》)

　　「思誠者，人之道也。」《孟子》以「誠」與「思」，爲實現「人之道」的重要條件，「心之官則思。」(《孟子・告子上 15》) 將《孟子》「誠」透由「思」與「心」聯繫了起來。「反身而誠，樂莫大焉。」(《孟子・盡心上 4》) 則揭示「誠」與「樂」的關係。

　　《孟子》又曰：「至誠而不動者，未之有也；不誠，未有能動者也。」蘇轍說：「孟子學於子思，……子思言至誠無敵於天下，而孟子言不動心於浩然之氣，誠之異名也。」〔註2〕蘇轍以「誠」來說明「浩然之氣」的本質，則讓

〔註1〕王夫之，《讀四書大全說》，〈卷十〉，臺北市：河洛圖書公司，1974 年，頁 40
　　　　～41。
〔註2〕蘇轍，《孟子解》，文淵閣《四庫全書》第 196 冊，頁 55。

「誠」與「氣」產生了連結。「誠」與「思」連結之後，對於「思」的功能產生何種影響，是本文的關注重點。

孟子曰：「志壹則動氣，氣壹則動志也。」（《孟子‧公孫丑上2》）本文亦嘗試由孟子對於「氣」的觀點，藉以推論孟子的「誠」很可能是可以充分開發「心」之「思」的功能，使「人心」感動，「己心」悅樂的一種「動能」，它極可能以「氣」的形態表現為「志」。

孟子對於「浩然之氣」的描述與管子的「精氣」理論有許多相似的內容，早為學界所注意。白奚曾提出：「《管子》中〈內業〉、〈心術〉上下和〈白心〉四篇中豐富的氣論和心論思想，同孟子養氣、養心的思想有很多相通之處。」〔註3〕《管子》四篇對於「思」的論述與其提出的「心中之心」的「心」概念，都極具特色，其中有關「精氣」的理論，可以對我們理解「誠」作為一種「動能」提供思路。

本文將從《孟子》與《管子》四篇中的「思」、「心」、「氣」幾個概念疏理對讀，嘗試探討《孟子》「志氣論」中有關「志壹則動氣，氣壹則動志也。」其中動「志」之氣與「誠」之間的可能聯繫。再由古代政治統治者之「誠」與「精」（氣）之關係，對孟子「所過者化，所存者神」作進一步的思考，來總結古代「內聖外王」的相關思想。（《孟子‧盡心上13》）。以期對《孟子》「志氣論」所提出的「志壹則動氣，氣壹則動志也。」在《孟子》道德哲學中所具有的深刻內涵做更深入的體察〔註4〕。

貳、「思」

《孟子》曰：

> 耳目之官不思，而蔽於物，物交物，則引之而已矣。心之官則思，
> 思則得之，不思則不得也。此天之所與我者，先立乎其大者，則其
> 小者弗能奪也。此為大人而已矣。（《孟子‧告子上15》）

孟子的「思」是天生「仁義之心」的一種能力，是人得以體察「良心」

〔註3〕 白奚，《稷下學研究——中國古代的思想自由與百家爭鳴》，北京：生活‧讀書‧新知三聯書店，1998年，頁161。

〔註4〕 （本文有關《管子》四篇中的「思」、「心」、「氣」的部分，改寫自筆者碩士論文〈試探《管子》「精氣」說中的信息科學〉）林怡玲，《試探《管子》「精氣」說中的信息科學》，高雄，中山大學中文研究所碩士論文，2003年。

的重要功能。「思」是「心」能夠認識自己的方法，也因為「仁義之心」是「天之所與我者」，所以孟子說「思則得之」，「先立乎其大者」就是優先確立自己修養的方法，在於用「良心」來體察外在事物，而不受耳目感官所遮蔽干擾。孟子提出「思」，就是掌握人性珍貴而不穩定的善端的首要工夫，故孟子曰：「先立乎其大者」。「先立乎其大者，則其小者弗能奪也。此為大人而已矣。」如果可以用反思的方法來觀察自我的行為，就能不受耳目感官的干擾，可以完成「仁」性而為「大人」矣。

為了進一步探索孟子「思」的內涵，本文採用與《管子》四篇的「思」對讀的方法，期望從中發現可以連結思考的線索。

一、《管子》四篇的「思」

《管子‧內業》說：「是故此氣也，不可止以力，而可安以德；不可呼以聲，而可迎以音。敬守勿失，是謂成德。德成而智出，萬物畢得。」〈內業〉作者認為：人如果能將精氣留駐於體內，精氣就會對人產生神妙的作用，使人智慧開發，對萬事萬物的道理了然於胸。《管子‧內業》又說：「氣，道乃生〔註5〕，生乃思，思乃知，知乃止矣。凡心之形，過知失生。」〈內業〉又說，精氣通了人就能「思」，能「思」進而便能產生智慧。

《管子‧心術下》說：「專于意，一于心，耳目端，知遠之證。能專乎？能一乎？能毋卜筮知吉凶乎？能止乎？能已乎？能毋問于人而得之于己乎？故曰，思之。思之不得，鬼神教之。非鬼神之力也，其精氣之極也。」

〈心術〉說，當精氣的作用在人的身上發揮到了極致，人就有了如鬼神之助般的通達智慧，可以不需卜筮而知道吉凶，不需求之於人便能具有掌握萬事萬物的道理與規律的智慧。能夠突破空間的障礙，知道遠方的消息。

〈心術〉、〈內業〉的作者都認識到，人之所以能有如此通達的思維，主要是在於精氣的作用。也就是說精氣對人有開發智慧的作用，精氣有使人能「思」的作用。

那麼精氣是如何使人能「思」的呢？以下針對《管子》這部份的內容，來對它的內涵作一些嘗試性的探討。

〔註5〕 《管子集校》：戴望云：左氏襄三十一年傳注「道，通也」，「氣道乃生」，猶言氣通乃生耳，頁786。

（一）精氣之「思」的意涵

1、「思」是：凝聚精氣開發智慧的過程

對於上文所引的〈內業〉、〈心術下〉的內容：「摶氣如神」、「能專乎？能一乎？能毋卜筮知吉凶乎？」「非鬼神之力也，其精氣之極也。」

顧寶田說：「摶氣就是精氣凝聚，精神專一。達此境界，則天地萬物備存於心，就可不用卜筮而知吉凶，動作合於道。這不是鬼神的力量，是精氣凝聚，精神專一的結果。這種神奇效應，與孟子的『盡心知性知天』『萬物皆備於我』是十分相近的。」顧寶田認為人之所以能達于「動作合於道」的神奇效應，主要是因為「精神專一」產生凝聚精氣、開發智慧的效果，並且認為精氣這樣的效果，可以和《孟子》「盡心知性知天」、「萬物皆備於我」的儒家修養境界有類似的生命狀態。〔註6〕可見「精神專一」是使精氣凝聚的主要原因，因此《孟子》曰：「志壹則動氣」（《孟子·公孫丑上 2》），精氣凝聚與「志」有關，「志壹」則最終可達「盡心知性知天」、「萬物皆備於我」。

2、「思」是：心對客觀世界的「照知」作用

《管子·內業》說：「正形攝德，天仁地義，則淫然而自至神明之極，照乎知萬物。」又說：「人能正靜，皮膚裕寬，耳目聰明，筋信而骨強。乃能戴大圓而履大方，鑒於大清，視於大明。」

劉宗賢說：「《管子》指出，人的心理現象也根源於『氣』，心知的產生就在於精氣在人體內的流通。人體有了精氣，精氣同外物發生感應，由此便產生人的認識。〈內業〉中說『神明之極照乎知萬物』，即指人具有『照知萬物』，反映客觀世界的能力。」「〈內業〉：『鑒於大清，視於大明』，『鑒』指鏡子，把人對客觀事物的認識比作鏡子照物……他們承認先有事物存在，才有『神明』的『照知』作用……說明其所理解的認識確實是對外物的反映。」〔註7〕

劉宗賢說明了精氣能開發智慧的原因，乃在於精氣能使人對外物產生「照知」作用，這是對外物的一種感應作用，《孟子》「知言」與此「思」的意涵相近。

〔註6〕顧寶田，〈試論《管子》精氣說的性質〉，《管子研究》第一輯，淄博社會科學聯合會，趙宗正、王德敏編，山東人民出版社，1987年。

〔註7〕劉宗賢，〈《管子》四篇的意識論〉，《管子研究》第一輯，淄博社會科學聯合會，趙宗正、王德敏編，山東人民出版社，1987年。

3、「思」是：「無思之思」的感通

《管子・心術下》說：「專于意，一于心，耳目端，知遠之近。能專乎？能一乎？能毋卜筮知吉凶乎？能止乎？能已乎？能毋問于人而得之于己乎？故曰，思之。思之不得，鬼神教之。非鬼神之力也，其精氣之極也」。

楊儒賓說：「『思』此處不當作『思慮』解，思慮在『為道日損』的工夫中，大體是負面的因素，需要損之又損的。管子也告訴我們：『思之而不捨，內困外薄，不蚤為圖，生將巽舍』（《管子・內業》）。顯然，『思之！思之！』的『思』不是智思的思，它接近孟子所說的『心之官則思』的『思』，它代表心靈一種覺醒靈敏的根本屬性……此時的『思考』不是腦神經的思考，它不依日常思考的規則從事……這是種『無思之思』的感通。」〔註8〕

楊儒賓說明了所謂的「思」，其實就是一種對事物的「感通」，這個看法與劉宗賢的理解不謀而合，「思」都是對於外在事物的靈敏感受。他認為這種感通就是《管子》的「心中之心」徹底顯現的境界，也就是精氣瀰滿，心的本質徹底朗現的「全心」狀態。他說：「這種『全心』的概念……意味著一種『全身的思考』，但此類型的思考不是感性的或智性的，而是帶有心靈——形上學的性質。」〔註9〕楊儒賓說：「此時的流通既然神感神應，內不見思慮，外不見物象，其感通悟知完全超出『人力』之外。」〔註10〕這種「感通」並不是人為作用的結果，它是「精氣」聚集所產生的作用。

4、「思」是：潛意識把握大道的過程

《老子》說：「載營魄抱一，能無離乎？專氣致柔，能如嬰兒乎？滌除玄鑒，能無疵乎？」〔註11〕高亨說：「《管子・內業》：『搏氣如神，萬物備存。』尹註：『搏謂結聚也。』」「《老子》之『專氣』與《管子》之『搏氣』同。」〔註12〕劉文英說：「老子講的『玄鑒』，實際上就是一種潛意識的直觀或直覺。『玄鑒』不是一般的鏡子，不是由人拿著它去觀照，它的觀照不受意識控制，是自然而然地顯現。」《管子・內業》說：「鑒於大清，視於大明」《管子》中的鏡子和《老子》中的鏡子顯然是同樣的作用，它們都如劉宗賢說的：「『鑒』指鏡子，把人對客觀事物的認識比作鏡子照物……是對外物的反映。」劉文

〔註 8〕 楊儒賓，《儒家身體觀》，台北：中央研究院文哲所，1996 年，頁 232。
〔註 9〕 《儒家身體觀》，頁 232。
〔註 10〕 《儒家身體觀》，頁 232。
〔註 11〕 陳鼓應，《老子今註今譯》第 10 章，臺北，商務印書館，1998 年。
〔註 12〕 陳鼓應，《老子今註今譯》第 10 章，臺北，商務印書館，1998 年，頁 83。

英還說：「莊子講『至人用心若鏡』〔註13〕，又講聖人之心『天地之鑒也，萬物之鏡也』〔註14〕也都指的是『玄鑒』，其特點就是『無心』，觀照萬物而不受情感利欲所左右。對於潛意識把握大道的這種過程，莊子把它解釋爲『以無知知』〔註15〕，具體地說：『其知似不知也，不知而後知之』〔註16〕『無知』當然『似不知也』，指的是潛意識的狀態及其精神特徵。『無知』或『不知』而後知之，則是潛意識對大道的認知。」〔註17〕

《老子》、《莊子》都曾說過這種對萬物的「觀照」作用，也都將它比喻成「鏡子」。劉文英認爲這種「觀照」的特點是：它不受意識控制、不受情感利欲所左右，它是一種自然而然顯現的潛意識的直觀或直覺。它是一種「無心」、「無知」的「知」，是潛意識把握大道的過程。如果眞如高亨所說的，這種「專氣」與《管子》所指的是相同的，那麼，《管子》所說的「精氣」之「思」的作用，也就可以推論爲如劉文英所說的，它是指心理學上「潛意識的直觀」作用，完全不是人爲掌控的思維。

5、「思」是：精氣信息的神妙作用

《管子·心術下》說：「能專乎？能一乎？能毋卜筮知吉凶乎？能止乎？能已乎？能毋問于人而得之于己乎？故曰，思之。思之不得，鬼神教之。非鬼神之力也，其精氣之極也」

精氣之「思」是人透過精氣對事物的感應作用，是「心中之心」對外物的認知過程。劉長林說：「易學和中國哲學稱宇宙萬物的運變功能爲神，同時稱人的心神爲神……人心之神，其最大的特點是接傳和加工信息，並利用信息達到對人體系統的控制……當古人以神來標示宇宙萬物的運變功能時，這『神』之中，包括著信息功能的涵義。這一點又與神即氣，氣可傳遞信息的思想相聯繫。」〔註18〕

劉長林說，精氣之所以能夠使人對大道產生神明的認知作用，主要在於精氣有傳遞信息的作用，精氣能傳遞信息，而人心之神能夠接傳和加工信息，

〔註13〕陳鼓應，《莊子今註今譯》，〈應帝王〉，臺北，商務印書館，1985 年。
〔註14〕《莊子》，〈天道〉。
〔註15〕《莊子》，〈人間世〉。
〔註16〕《莊子》，〈徐無鬼〉。
〔註17〕劉文英，〈道家的精神哲學與現代的潛意識概念〉，《跨世紀的中國哲學》，沈清松主編，台北：五南圖書出版公司，2001 年，頁 119。
〔註18〕劉長林、滕守堯，《易學與養生》，台北：大展出版社，2001 年，頁 172。

並能利用信息對人體系統產生控制。所以能達到「萬物備存」、「能毋卜筮而知吉凶」的作用。而人體之「神」指的就是凝聚於「心」的「氣」。

6、小結

對於《管子》「精氣」說中的「思」，學者們的看法是：它是凝聚精氣開發智慧的過程、是心對客觀世界的「照知」作用、是一種「無思之思」的感通、是精氣中信息的神妙作用，是人以非理性的心理體驗，去體悟宇宙本體和生命本質的一種「直覺」。「心中之心」對事物的認知，不同於一般意識的認知作用，它是一種人與宇宙整體相通的感應。

顧寶田認為，《管子》四篇的「思」與孟子的「盡心知性知天」「萬物皆備於我」是十分相近的。〔註19〕楊儒賓說：「它接近孟子所說的『心之官則思』的『思』，……是種『無思之思』的感通。」〔註20〕他們都直接指出《管子》四篇的「思」與《孟子》的「思」非常相近。陳鼓應說：

> 〈內業〉中關於諸如此類「摶氣」之後所能達成之境界的描述甚多，……我們也可以在孟子有關「養氣」的理論中發現，「養氣」基本上是一種氣之內聚的修養工夫，而其展現「萬物皆備於我」的成效則是氣之外放所造成的作用。從由內聚與外放的思考模式來比對孟子與稷下道家，孟子的氣論思想極可能受到稷下道家的影響。〔註21〕

接續學者們的研究，居於對《管子》四篇之「思」的認識，再對於《孟子》的「思」作爬梳整理，並將二者對讀學習。

二、《孟子》的「思」

《管子》四篇的「思」主要乃透過凝聚「精氣」來發揮「思」的功能，陳鼓應認為，《管子》四篇的「摶氣」之後所能達成之境界，可以在《孟子》有關「養氣」的理論中發現。《孟子》「志氣論」對於「思」的理解，有許多可以與《管子》四篇「精氣」思想對讀思考之處，以下提出有關總結加以討論：

（一）《孟子》的「知言」與「思」

公孫丑問：「敢問夫子惡乎長？」曰：「我知言，我善養吾浩然之氣。」

〔註19〕顧寶田，〈試論《管子》精氣說的性質〉。
〔註20〕楊儒賓，《儒家身體觀》，台北：中央研究院文哲所，1996年，頁232。
〔註21〕陳鼓應，《管子四篇詮釋稷下道家代表作》，臺北：三民書局，2003年，頁52。

孟子認爲「知言」和「養氣」的工夫，便是自己比其他人更勝一籌的地方。首先公孫丑問：「何謂知言？」孟子回答說：「詖辭知其所蔽，淫辭知其所陷，邪辭知其所離，遁辭知其所窮。生於其心，害於其政；發於其政，害於其事。聖人復起，必從吾言矣。」(《孟子・公孫丑上 2》)

黃宗羲說：「知者，氣之靈者也。氣而不靈則昏濁之氣而已。養氣之後，則氣化爲知，定靜而能慮，故『知言』、『養氣』，是一項工夫。」〔註22〕伊藤仁齋說：「蓋知言則心存。心存則智明。智明則放言之是非邪正，自無所迷惑，故知言爲存心之功。」〔註23〕

「知言」就是對於「詖辭、淫辭、邪辭、遁辭」這些不正當的辯解之辭都能夠洞察其偏頗之處，而不受其迷惑的工夫。黃宗羲認爲能夠「知言」是因爲「養氣」而使氣變得靈明，能使「心」清明定靜而能思慮，伊藤仁齋說，能「知言」是因爲「心」充滿智慧，都是「養氣存心」所獲得的成果。

岑溢成說：「『知言』即是知反映人生態度的道德之語言之正誤」。〔註24〕「知言」就是「心」發揮「思」的功能，得以正確判斷道德的一種「心」的狀態。明・張岱《四書遇》云：「養氣者養心，知言者知心，此孟子之得於心者也。」〔註25〕「知言」就是「知心」，「知言」是「心」發揮「思」的功能的結果。「心」若能充分發揮「思」的功能，那麼，不但能「知言」，還能「知人」。

《孟子・離婁上 15》說：「聽其言也，觀其眸子，人焉廋哉！」孟子的「思」就是一種心思清靈，可以正確判斷外在事物的一種「心」的能力。「觀其眸子」是人與人之間的相互感通，從一個人的眼神，就能感知其人的內心。因此，「知言」的「知」並不是知識上的「知」，而是透過「養氣」而提高「心的自覺性」的「知」。《論語・爲政》言孔子五十而知天命，孔子五十能「知天命」乃是經過長期進德修業，提升生命層次之後的自我德性的覺察，及對於自身立身處世的通達與認知，與孟子「知言」的「知」都是一種生命成長後的心靈明覺，可以對內在外在環境明察秋毫，並能對自身的立身處世有了然於心的判斷力。

勞思光說：「孟子之意在於『生命情意廣受德性我之統率，故心志定其所

〔註22〕黃宗羲，《孟子師說》卷二，《黃宗羲全集》第一冊，頁 64。
〔註23〕伊藤仁齋，《孟子古義》，《日本名家四書註釋全書》卷二，頁 56。
〔註24〕岑溢成，〈孟子「知言」初探〉，《鵝湖月刊》第 40 期，1978 年，頁 40。
〔註25〕明・張岱，《四書遇》，杭州：浙江古籍出版社，1985 年，頁 399。

向，而氣隨之』此即所謂『志至焉，氣次焉』」〔註26〕心靈的清明，主要來自內在道德心的明覺，即「志」的朗現，所以，孟子曰：「志壹則動氣，氣壹則動志也。」（《孟子・公孫丑上 2》），孟子的「志」與「氣」息息相關，由「思」來決定方向與功能。能「知言」、「知人」、「知天命」，這是對於「德」認知能力的提昇，也是「心」之「思」的功能層次的提昇，可以提高心「由仁義行」的自覺性，因此，「知言」、「知人」、「知天命」，都是「心」的功能層次的提昇，與「氣」對於「心」產生「思」的作用有關，主體的道德生命──「志」也將隨之提升。

公都子問曰：「鈞是人也，或為大人，或為小人，何也？」孟子曰：「從其大體為大人，從其小體為小人。」曰：「鈞是人也，或從其大體，或從其小體，何也？」曰：「耳目之官不思，而蔽於物，物交物，則引之而已矣。心之官則思，思則得之，不思則不得也。此天之所與我者，先立乎其大者，則其小者弗能奪也。此為大人而已矣。」（《孟子・公孫丑上 2》）

孟子回答公都子問，說明了，同樣是人，同樣都生而具有「仁義之心」，為什麼有的人成為成德的「大人」，而有的人卻沒有，其關鍵之處就在於是否能「思」。能「思」就能發揮「心」的功能，避免耳目感官的干擾，而「思」的功能是否得以發揮與「氣」是否能在「心」凝聚，有著決定性的關係。孟子認為「思」的功能與「氣」的是否凝聚於「心」有關，這與《管子》四篇認為「思」主要是透過凝聚「精氣」發揮「心」的功能，有著非常相近的論點。

（二）《孟子》的「集義」與「思」

公孫丑曰：「敢問何謂浩然之氣？」孟子曰：「難言也。其為氣也，至大至剛，以直養而無害，則塞于天地之間。其為氣也，配義與道；無是，餒也。是集義所生者，非義襲而取之也。行有不慊於心，則餒矣。我故曰，告子未嘗知義，以其外之也。必有事焉而勿正，心勿忘，勿助長也。」（《孟子・公孫丑上 2》）

《朱熹集注》：「集義，猶言積善。蓋欲事事皆合於義也。」

黃梨洲曰：

> 「集義」者，應事接物，無非心體之流行。心不可見，見之於事，
> 行所無事，則即事即義也。心之集於事者，是乃集於義矣。有源之
> 水，有本之木，其氣生生不窮。「義襲」者，高下散殊，一物有一義，

〔註26〕勞思光，《新編中國哲學史》，臺北：三民書局，1997 年，頁 107。

模倣迹象以求之，正朱子所謂「欲事事皆合於義」也。〔註27〕

朱熹說的是「事合於義」，梨洲說的是「心合於義」。做每一件事時心都能合於義，這些義將集於心，讓心如「有源之水」、「有本之木」，「氣」將由「心」生生不窮。所以「心」是本源，不是以「事」為主。

徐復觀說：「孟子的理是自內流出，而朱元晦則常常解為是從外面撿來」〔註28〕。徐復觀也不贊成朱熹對「集義」的理解。

朝鮮儒者丁茶山亦批判朱子云：

孟子以集義為生氣之本，而朱子以養氣為行義之助，其先後本末似顛倒也。原夫浩然之氣，不可徒生，不可強養……若有意養氣，以氣為業，則除了呴噓呼吸，熊經鳥伸，無所事於養氣也。揠苗助長之戒，正在於此，非義襲取之句，亦以申明此義。〔註29〕

徐復觀、丁茶山皆認為「集義」是對心用功，「集義」是生氣之本，時時合於義的心，氣自然油然產生，他們都不同意朱熹專就「事」來談「集義」。

全祖望《經史問答》云：「配義則直養而無害矣。苟無是義，便是無氣，安能免於餒？然配義之功，在集義。集義者，聚於心以待其氣之生也。曰生，則知所謂配者，非合而有助之謂也，蓋氤氳而化之謂也。不能集而生之，而以襲而取之，則是外之也。襲則偶有合，仍有不合而不慊於心，氣與義不相配，仍不免是餒矣。」〔註30〕（《焦循正義》）

中井履軒《孟子逢原》第二：「氣，譬穀苗也。集義，譬糞溉也。唯務糞溉，以俟其發生，可也。不當一概遽望其發生。蓋集義中，有勃然自生者，浩氣是也。」〔註31〕中井履軒把「集義」比喻成灌溉施肥，把「氣」比喻為穀苗，用「集義」的方法來灌溉，「氣」自然能培育長大。可見，「集義」就是以時時合於「義」的「心」來對待每一件事，如此則可以將「義」不斷聚集於「心」，這個充滿著「義」的心，就能源源不斷生出許多「氣」來。

「集義」與「知言」和「養氣」一樣，皆要在「心」上下功夫，充分合

〔註27〕黃宗羲，〈孟子師說〉，《黃宗羲全集》第一冊，杭州：浙江古籍出版社，1985年，頁62。

〔註28〕黃俊傑，〈孟子知言養氣章集釋新詮〉，《國立臺灣大學歷史學系學報》第14期，1988年，頁130。

〔註29〕丁茶山，《孟子要義》，《與猶堂全書》，漢城：文獻編纂委員會，1960年，卷1，頁20。

〔註30〕焦循，《孟子正義》，北京：中華書局，2015年，頁218。

〔註31〕中井履軒，《孟子逢原》第二，《日本名家四書註釋全書》第10卷。

於「義」的心才能生出「浩然之氣」，「集義」就是讓心成為一個充滿「義」之心的一種工夫，需要持之以恆地，時時刻刻事事皆合於義地長期進行，只要一有疏忽「配義與道；無是，餒也」、「行有不慊於心，則餒矣。」，只要稍有不合於「義」的言行，人內在的自覺心便會覺得心虛不滿足，氣就會隨之餒矣。可見，「集義」的重點在「心」而不在「事」，並非事情合義而是心要合義，《孟子》注重在「心」上下功夫，因此要用「思」的方法來立身行事，還要用「誠」的方法來「思」，也就是《孟子》說的「思誠」，這才是孟子認為自己「知言」和「養氣」最過人之處。

黃俊傑說：「『集義』是一種將人之內在善苗加以開發並聚存的內省行為。」〔註32〕又曾論及18世紀朝鮮儒學者鄭齊斗，對孟子「知言養氣」說所採用的陽明學立場。黃俊傑說：

> 鄭齊斗又以「心」定「氣」，主張「氣在乎心，心通乎氣」，強調孟子的「集義」，即為養「心」，「在心上集義」。〔註33〕

黃俊傑說的「將人之內在善苗加以開發並聚存的內省行為」，就是《孟子》「思」的工夫，鄭齊斗以「心」定「氣」，都是注重在《孟子》「先立其大者」的「思」的工夫的修養。

上述學者均認為，孟子的「集義」可以透由道德實踐的工夫使「心」產生變化，「氣」在「心」的產生與凝聚，便能開發「心」之「思」的功能，是成就道德生命的重要修養工夫。《孟子》的「氣」足以對「心」產生變化的作用，而《孟子》的「良心」則有讓「氣」不斷滋長的功能。《孟子》的「良心」可以自然地不斷滋長善良的「夜氣」，這個「夜氣」來自天生純善的「四端之心」，若要讓「夜氣」持續不斷地滋長，就要保持時時「集義」的道德心，讓天生純善的「良心」可以在「無愧無怍」的自在下舒展成長，只要「良心」能安，來自「良心」的「夜氣」便能源源不絕而來。《孟子》與《管子》四篇都主張「氣」足以開發「心」之「思」的功能，有著極其相近的論點。

（三）《孟子》的「擴充四端」與「思」

人皆有不忍人之心。先王有不忍人之心，斯有不忍人之政矣。以不忍人

〔註32〕黃俊傑，〈從東亞儒學視域論朝鮮儒者鄭齊斗對孟子「知言養氣」說的解釋〉，《哲學評論》第5輯，頁386。

〔註33〕黃俊傑，〈從東亞儒學視域論朝鮮儒者鄭齊斗對孟子「知言養氣」說的解釋〉，頁395。

之心，行不忍人之政，治天下可運之掌上。所以謂人皆有不忍人之心者，今人乍見孺子將入於井，皆有怵惕惻隱之心。非所以內交於孺子之父母也，非所以要譽於鄉黨朋友也，非惡其聲而然也。(《孟子・公孫丑上6》)

孟子在《公孫丑上》提出了他的「四端之心」。唐君毅說：

> 此四端之心，可說爲人之仁義禮智之四德之端始，然尚不足稱爲仁義禮智之全德。……如人之見孺子將入井，而不安、不忍，動一惻隱之心，此時人固可尚未有往救孺子之行爲。然此不安、不忍，已是往救孺子之行爲之開始，亦是救孺子之事功之開始，而爲仁之端。〔註34〕

「四端之心」是仁義禮智的端始，看到「孺子將入於井」會有想要「往救孺子」的心，至於能不能成就仁義禮智的全德，就要看是否付諸行動去救。唐君毅還說：

> 由自覺求合理之活動或自覺理性之運用，吾人乃能推擴仁義禮智之最初表現，成進一步之表現。……孟子之教，即要人自識此幾希，而存養之擴充之，以實成其仁德。〔註35〕

> 人之有是四端也，猶其有四體也。有是四端而自謂不能者，自賊者也；謂其君不能者，賊其君者也。凡有四端於我者，知皆擴而充之矣，若火之始然，泉之始達。苟能充之，足以保四海；苟不充之，不足以事父母。(《孟子・公孫丑上6》)

四端之心人人本具，然而需要自主地擴充之，才能發揮其功能。李明輝將這種「知皆擴而充之」的「知」稱做「隱默之知」，認爲這是一種未經反省的知，這種「知」有待學習而始成。〔註36〕黃信二則認爲這種先天的「知」需要後天的主觀「內在選擇」的思考歷程，方得完成。李明輝說「隱默之知」：「是一種未經反省的知，這種『知』有待學習始能在自覺中貞定自己。」〔註37〕「學習」才能「自覺」而後「貞定自己」就是《孟子》「立乎其大者」

〔註34〕 唐君毅，《中國哲學原論：原道篇（卷一）》，第五章：〈孟子之立人之道（上）〉，臺北：台灣學生書局，1986年，頁221。

〔註35〕 唐君毅，《中國哲學原論：原道篇（卷一）》，頁223。

〔註36〕 李明輝將「知皆擴而充之」的「知」稱爲「隱默之知」：是一種未經反省的知，這種「知」有待學習始能在自覺中貞定自己。李明輝：《康德倫理學與孟子道德思考的重建》，臺北：中央研究院中國文哲研究所，1994年，頁115～116。

〔註37〕 黃信二則認爲此種在自我自覺中貞定自己的思考歷程，是一種「內在選擇」。他認爲人的本然善性需經過反思，方得成爲系統的性善論，須包含直覺與深

的「思」的功能的自主開發與運用，這種學習與開發，需要儒家「思誠」的工夫，也就是主動的以「人道」來貫通「天道」的修養工夫。

蒙培元說：

> 所謂「四端」之情，雖出於心理情感或心理本能，但一旦「擴充」
> 而提高、昇華為仁、義、禮、智之性，便成為自覺的道德意識而具
> 有形而上的必然性。所謂「心之官則思」，……它不是獲得對於客觀
> 世界的認識，而是對道德理性的自我直覺。〔註38〕

「擴充」四端即是「思」的功能的開發與運用，是「對道德理性的自我直覺」，這裡說明「思」的工夫，主要價值體現在內在「心」功能的提升，這種提升「具有形而上的必然性」提示了「性」的同步呈顯，而這樣的「性」的呈顯，與「志」的提升存在著極為相同的意義。

> 雖存乎人者，豈無仁義之心哉？其所以放其良心者，亦猶斧斤之
> 於木也，旦旦而伐之，可以為美乎？其日夜之所息，平旦之氣，
> 其好惡與人相近也者幾希，則其旦晝之所為，有梏亡之矣。梏之
> 反覆，則其夜氣不足以存；夜氣不足以存，則其違禽獸不遠矣。人
> 見其禽獸也，而以為未嘗有才焉者，是豈人之情也哉？故苟得其養，
> 無物不長；苟失其養，無物不消。孔子曰：「操則存，舍則亡；出入
> 無時，莫知其鄉。」惟心之謂與？（《孟子·告子上8》）

「思」是「心」的「反思」功能，「擴充四端」需要時時「反思」自己的道德行為，使其合於「良心」的標準。當「良心」時時處於「無愧無怍」的自在狀態之時，天生本具的「良心」就會在夜間心思清明之際，不斷滋長出純善的「夜氣」。「夜氣」充滿，「平旦之氣」呈顯之時，便是「思」的理想狀態，可以內心清明，智慧開發，道德人格不斷地完善。反之，如果放任「心」不「思」，「心」就會亡失而被耳目之官所蔽。「良心」的蒙蔽，就猶如樹木新鮮的端芽不斷地被斲傷，原本生生不息的夜氣，就會如斲傷的端芽，失去生機而不再成長，夜氣不生，四端之心就無法擴充，人的道德生命便再也無法發展。這就是《孟子》所說：「耳目之官不思，而蔽於物，物交物，則引之而已矣。」因此，人雖有四端，仍需要主動擴充，即主動的用「思」的方法，立志的努力，使善良的「夜氣」不斷滋長，提升「思」的功能，而使「隱默

思，先天與後天的主觀「內在選擇」兩個層面。黃信二，《孟子與象山心性學之詮釋意涵》，臺北：里仁書局，2014年，頁73。

〔註38〕蒙培元，《中國心性論》，臺北：台灣學生書局，1996年，頁8。

之知」不斷擴充，道德生命自然提升。這也是《孟子》「志壹則動氣，氣壹則動志也。」(《孟子‧公孫丑上 2》)的重要意涵。

可見，《孟子》的「思」與《管子》四篇的「思」都認為心之「思」的功能與「氣」緊密相關，兩者所不同者，在於「氣」的來源不同，《管子》四篇的「氣」主要是來自外在，而《孟子》的「氣」則來自於天生本具的「良心」，其「思」的功能與狀態可以相互參照，而修養的工夫則各自不同。如果我們將《管子》思想歸於「道家」，那麼我們可以說，《孟子》的「思」與《管子》四篇的「思」其「氣」的來源不同，正是構成儒道對於修養工夫的思維的主要差異所在，然而，「氣」對於「心」可以有提升「思」的效果，儒道的看法都是相同的。

三、小結

王釆淇說：「儒家是道德地、創造性地講天人的縱貫關係，它的人與道的往來是垂直的動態的(dynamic)，道家重在境界上的觀照玄覽，將道與萬物渾化一體，道、人、萬物……皆繫在一己的工夫境界中舒展開來。」「儒家的形上學、心性論與工夫論，可組成天道性命相貫通、而天與人間有雙向往來關係的垂直線型，道家的論法則是將道與萬物之性在主觀境界的水平橫線上齊齊呈現。」〔註39〕《孟子》用「道德實踐」的方法增長「浩然之氣」，《管子》四篇用「德」──「虛」、「靜」讓氣留止，其目的都在於「氣」的聚集。《管子》四篇認為「道」止息於人便是「德」，楊儒賓談朱子的「致知」亦認為：「得之於外者，實得之於內。原本潛藏于內的理之重新發現，內外之識之重新認同，再度合流。」〔註40〕內外之識之重新認同，再度合流，說明了「氣」的內聚與外放，也說明了「氣」的內外溝通，從這個角度來看儒道對「心」與「氣」的關係，兩者便又有了相同的看法，「德」的層層提升，便是「天人合一」的境界。人「心」層次的提升，就能逐漸與「道」相合，主體「氣」的積聚，「心」的層次便能逐步提升，這就是「悟道」的過程。從《孟子》的「思」與《管子》四篇的「思」看儒道之間，兩者似乎不同，卻仍有其極為相近的生命思維，仍然可以相互闡發。

〔註39〕王釆淇，〈從儒、道理論比較研究探尋建立道家工夫論之路徑〉，《鵝湖月刊》第三七卷第一期，總號第四三三。

〔註40〕楊儒賓，〈「性命」怎麼和「天道」相貫通的──理學家對孟子核心概念的改造〉，《杭州師範大學學報（社會科學版）》，2010 年第一期。

參、「心」

一、《管子》四篇的「心中之心」

《管子・心術下》說：「心之中又有心。意以先言。意然後形，形然後思，思然後知。凡心之形，過知失生。」《管子・內業》說：「心以藏心，心之中又有心焉。彼心之心，音以先言。音然後形，形然後言。言然後使，使然後治。」〈心術〉、〈內業〉作者都提到了這個重要的概念──「心中之心」。為甚麼「心之中又有心」這「心中之心」到底指的是什麼？綜合學者們對「心中之心」的看法，試著作分析與探討。

（一）「心中之心」：就是藏於心之中的「精氣」

顧寶田說：「從精氣和心的關係上看，〈內業〉、〈心術〉等篇集中講心的問題，所謂心，是指思維器官。孟子說：『心之官則思。』這是古代的普遍觀念，但思維、智慧是怎樣由心產生出來，則是古人所不能科學的加以解釋的。」〔註41〕他說：「〈內業〉、〈心術〉等篇認為，有形體的心只是精氣居留的處所，稱之為『精舍』，真正發揮思維功能的不是『精舍』，而是充實其中的精氣，精氣存留於心中，即產生智慧。……為此，把精氣稱為心中之心。」〔註42〕「藏在心中的那個心，則是指精氣，是真正發揮心之思維作用的有靈性的東西。」〔註43〕

藏於心中的精氣被稱為「心中之心」，因為它是心之中真正能起「思」的作用的精粹部份。另外，他說：「這起主導作用的精氣，卻不是由有形體的心發出，而是由外面來的，是外來者進入心中發號施令。……精氣是與形體分離的，是客居於形體的支配者。」〔註44〕精氣並不是人體本來具有的，它從外而來，而藏於人的形體之中成了人的支配者。

《管子》四篇的精氣是外來的，居留於「心」而對「心」產生支配作用。《孟子》的「氣」則由天生本具的「良心」，自然源不絕地產生。「氣」的來源不同，然而「氣」使「心」發揮「思」的功能，對於這一點的看法是一致的。

〔註41〕顧寶田，〈試論《管子》精氣說的性質〉，頁120。
〔註42〕〈試論《管子》精氣說的性質〉，頁120。
〔註43〕〈試論《管子》精氣說的性質〉，頁121。
〔註44〕〈試論《管子》精氣說的性質〉，頁121。

（二）「心中之心」：是指心之中的「志意」

〈管子心學與生命的自我超越〉一文說：「人體的控制中樞——心，原來也是一個複雜的控制系統。在這個系統中，也有自己的控制中樞。……主持這一調控過程的，就是心中之心。」前文提出「心中之心」就是「精氣」，劉長林與胡奐湘則將「心中之心」理解為人的「志意」，說：「『志意』就起心中之心的作用」。〔註45〕

《孟子》「志氣論」所提出的「志壹則動氣，氣壹則動志也。」其中「志」也是一種「氣」，黃梨洲《孟子師說》：「志即氣之精明者是也，原是合一，豈可分如何是志，如何是氣？」〔註46〕《孟子》的「志」是道德增長所滋生的仁義之氣，足以讓主體逐漸養成行道德的勇氣與決心——「由仁義行」。《孟子》的「志」也如同主體生命的「控制中樞」，「志」決定了生命的方向與生命的成長，和《管子》四篇的「心中之心」含有相同的意涵。梁濤說：「氣與義當是一不是二，並非是用義來『裁制』影響氣，而是義本身就是一種氣，二者不過是一體之不同面相而已。」〔註47〕《管子》四篇與《孟子》，都主張「氣」的聚集使「心」能「思」，「思」可以成為主體的操控者，這裡的「思」可以成就主體「志」的定向與完成。

（三）「心中之心」：就是精氣的神妙作用

部份學者將「心中之心」理解為「神」：

劉長林說：「張載《正蒙·神化》：『神，天德；化，天道。德其體，道其用，一於氣而已。』神是氣運動變化的本性，化是氣變化的過程；前者為體，後者為用，但皆一統於氣。神和化乃陰陽之氣變易的性能和表現。」〔註48〕

顧寶田說：「精氣說中使用的概念，如精、精氣、神等，統統指氣而言。」「神則指氣之運動、變化、功能。因其神妙莫測，不可捉摸，『一來一往，莫之能思』〈內業〉：『不見其形，不聞其聲，而序其成。』所以稱為神，非鬼神之義也。」〔註49〕

劉長林說：「易學和中國哲學稱宇宙萬物的運變功能為神，同時稱人的心

〔註45〕劉長林、胡奐湘，〈管子心學與生命的自我超越〉，台灣：東海大學，《中國文化月刊》第165期，1993年，頁15。
〔註46〕黃宗羲，《黃宗羲全集》，《孟子師說》第一冊，頁62。
〔註47〕梁濤，北京：中國人民大學出版社，2008年，頁416。
〔註48〕《易學與養生》，頁171。
〔註49〕〈試論《管子》精氣說的性質〉，頁114。

神為神，表明易學和中國哲學強調這兩者的同一性。而人心之神，其最大的特點是接傳和加工信息，並利用信息達到對人體系統的控制。……這一點又與神即氣，氣可傳遞信息的思想相聯繫。……神是道的功能顯現，是宇宙萬物內含的能動因素，神主導和控制物，決定物如何變易，但不在物外。在神的推動下，神和物的統一體有可能超越自己，而實現演化。」〔註50〕

前述學者所理解的「心中之心」，主要指的都是「氣」神妙莫測的運動功能，這個「神」就是指「精氣」而言。學者將「心中之心」同時詮釋為「精氣」和「神」兩種含義，於此我們就能理解它所指的一體兩面的同一內涵，它們都是指外來的精氣對心產生的神妙作用。劉長林認為，這種神妙作用足以使人達到「自我超越」、「實現演化」的目的。「氣」能使「心」產生變化，進而提升生命的成長，這就是《管子》四篇與《孟子》「心氣」理論相通的共同點，而這個共同點就表現在「思」的功能。

（四）「心中之心」：是超越意義的、前知覺的、神感妙用的深層之心

楊儒賓說：「《管子》論及的治氣養心之術，其實質的內涵也就是在意感——言語之心與前意感——前言語之心這兩層的心靈間如何調停返復的過程。」〔註51〕他說：「《管子》認為：在『意』、『言』、『思』的後面，還有一種不可意求、無從言得、難以思取的心靈……這種前知覺的心靈即為《管子》所謂的『彼心之心』」〔註52〕。楊儒賓認為，如果人要能「體道」，則必須透過精氣的妙用達於「心中之心」，因為「道只能安居在『心中之心』」。

《管子》與《孟子》對於「氣」的觀點，都認為「氣」是可以經由主體的努力來掌握，進而達到改造生命的目標，《管子》認為主體自覺的努力，很可能來自「超越意義的、前知覺的、神感妙用的深層之心」的感悟。

（五）「心中之心」：是一種人與道合一的深層意識

劉文英引用《莊子·知北游》：「精神生於道，形本生於精」，來說明「道是精神的根源」。劉文英說：「道為什麼能產生精神，因為道本身就包含著精氣，精氣就會變化。」〔註53〕劉文英在此也將「精氣」與「道」聯繫了起來。而他在解釋「形本生於精」時說：「精神為什麼能產生肉體，因為精氣能給肉

〔註50〕《易學與養生》，頁172。
〔註51〕楊儒賓，《儒家身體觀》，台北：中央研究院文哲所，1996年，頁220。
〔註52〕《儒家身體觀》，頁221。
〔註53〕〈道家的精神哲學與現代的潛意識概念〉，頁116。

體注入一種生命力，精氣能在心中產生一種『神明』的作用。」〔註 54〕他並明白地指出這與〈內業〉的觀念有聯繫。

劉文英引用〈內業〉的觀念，說明了人的精神與肉體都可以經由精氣來產生與變化。〈內業〉的說法，給予了「氣」的作用極爲寬廣的詮釋空間，既不侷限在物質，也不單純作爲精神理解，而是貫通於物質與精神二者，而兩者之間，很明顯的可以互相轉化。這個說法，爲我們對「氣」的理解，帶來極大的生命力。他提到莊子〈天下〉篇中說的「獨與天地精神往來」，以及老子說過的「獨與神明居」。無異說明了《管子》學說中人的精神可以與道合一的道理，而「氣」聚集於「心」，便能接通宇宙的信息。

劉長林說：「神是道的功能顯現，是宇宙萬物內含的能動因素，神主導和控制物，決定物如何變易，但不在物外。在神的推動下，神和物的統一體有可能超越自己，而實現演化。」〔註 55〕

劉長林說的「神和物的統一體」即說明：「心」與「氣」的結合，讓「心」之「思」的功能開發與運用，使「心」更有能力運用「思」的功能，而對主體產生理想的操控主導作用，進而使主體「超越自己，而實現演化」。

（六）小結

綜合上述學者所論的內容，我們可以得到一些結論和推想：

在管子「精氣」說理論中，所謂的「心中之心」，與「道」、「精氣」、「神」有密不可分的關係。就現代心理學觀念來說，它指的是深層心理學上的「無意識」概念。「精氣」說認爲人經由精氣神妙的作用，可以達到內在精神與宇宙信息合一的狀態，此時人與「道」便能相互聯繫融合爲一體。本文認爲，《管子》四篇的「心中之心」與《孟子》「志氣論」的「志」有極爲相近的意涵，以下嘗試比較探討，希望對於《孟子》「志氣論」「志」的內涵能有進一步的發現：

二、《孟子》「志氣論」的「志」

基於前文對於《管子》四篇的「心中之心」的詮釋，本文認爲《管子》四篇的「心中之心」與《孟子》「志氣論」的「志」，存在許多相近的內涵，而《孟子》「志氣論」的「志」仍具有其獨特的理論創見，兩者對讀對於我

〔註 54〕〈道家的精神哲學與現代的潛意識概念〉，頁 116。
〔註 55〕《易學與養生》，頁 172。

們深入理解《孟子》「志氣論」的「志」有極大的幫助，從以下從幾點加以
論述：

（一）《孟子》「志氣論」的「志」是凝聚於心的「氣」

　　學者認爲「心中之心」是指心中的精氣，精氣能對心產生神妙的作用，
這種神妙作用足以使人達到「自我超越」、「實現演化」的目的。以這個內涵
來說，筆者認爲《管子》四篇的「心中之心」與《孟子》「志氣論」的「志」
有著極爲近似的意涵。

　　王子墊問曰：「士何事？」孟子曰：「尚志。」曰：「何謂尚志？」曰：「仁
義而已矣。殺一無罪，非仁也；非其有而取之，非義也。居惡在？仁是也；
路惡在？義是也。居仁由義，大人之事備矣。」（《孟子・盡心上 33》）

　　孟子認爲君子之「志」乃在「居仁由義」，心中存「仁」，行之由「義」。
「由仁義行」，是有道之士的成德志向，而力行實踐，提升生命的自覺則是最
重要的關鍵。「居仁由義」需要「思」來凝聚氣，方能提升仁義之心，掌握仁
義的方向，與正確判斷仁義的實質內容。《管子》四篇的「心中之心」與《孟
子》「志氣論」的「志」，都是經由「氣」透過「思」來掌握「心」的一種功
能狀態，居於主體「操控者」的位置。《孟子》曰：

> 耳目之官不思，而蔽於物，物交物，則引之而已矣。心之官則思，
> 思則得之，不思則不得也。此天之所與我者，先立乎其大者，則其
> 小者弗能奪也。此爲大人而已矣。（《孟子・告子上 15》）

　　《孟子》的君子之「志」是經由「思」而來，是「氣」對於「心」的道
德自覺提升的結果，如孔子五十「知天命」（《論語・爲政》）乃是經過長期進
德修業，提升生命層次之後的自我德性的覺察，與孟子「知言」的「知」提
升對於道德的判斷力，都是一種生命成長後的心靈明覺。

　　勞思光說：「孟子之意在於『生命情意廣受德性我之統率，故心志定其所
向，而氣隨之』此即所謂『志至焉，氣次焉』」〔註56〕提高心「由仁義行」的
自覺性，是「心」之「思」的功能層次的提昇，「志」也將隨之提升。《管
子》四篇「心中之心」的幾個內涵：如「心中之心」：就是藏於心之中的「精
氣」，「心中之心」：是指心之中的「志意」，「心中之心」：就是精氣的神妙作
用，等幾個對於《管子》四篇「心中之心」的詮釋，都與《孟子》「志氣論」

〔註56〕勞思光，《新編中國哲學史》，臺北：三民書局，1997 年，頁 107。

的「志」內涵有可以互相參考之處，也讓我們更清楚得出：「志」實際上就是一種凝聚於心的「氣」，凝聚需要「專一」，「志壹則動氣，氣壹則動志也。」「志」就可以不斷成長，因此我們推論：「思」需要「專一」的心志，「專一」就是「誠」的特質，故《孟子》曰：「思誠」，如此推論我們便找到了「思誠」與「動志」的連結關係。《孟子》「志氣論」的「志」是一種透過「思」凝聚於心的「氣」。

（二）《孟子》「志氣論」的「志」是發自內心的「義」

孟季子問公都子曰：「何以謂義內也？」曰：「行吾敬，故謂之內也。」（《孟子・告子上 5》）孟子「義內」最主要的內涵是：「義」的標準必須來自於主體的內在，而非來自外在的規定。孟子曰：「人之所以異於禽於獸者幾希，庶民去之，君子存之。舜明於庶物，察於人倫，由仁義行，非行仁義也。」（《孟子・離婁下 47》）「由仁義行」即是發自內心地去行仁義之事，而非遵行外在的仁義法則而行。公都子曰：「冬日則飲湯，夏日則飲水」（《孟子・告子上 5》）公都子以冬天愛喝熱湯，夏天自然喜愛涼水來形容「義內」甚為貼切，「義內」就是符合主體內在願望，而主動採取的道德行動，與《管子》四篇的「心中之心」指心之中的「志意」，將「心中之心」當作「人體的控制中樞」非常近似。《孟子》「志氣論」的「志」，是經由「思」的功能，而使「心」正確掌握「義」作為道德的方向。梁濤說：「氣與義當是一不是二，並非是用義來『裁制』影響氣，而是義本身就是一種氣，二者不過是一體之不同面相而已。」〔註57〕《孟子》「志氣論」的「志」就是發自內心的「義」。

（三）《孟子》「志氣論」的「志」是行動之「氣」

〈五行〉說文云：「不直不適。直也者，直其中心也，義氣也。直而後能適，適也者，終之者也；弗受於眾人，受之孟賁，未適也。」（第11章）〔註58〕高正偉說：

說文作者把孟子仁、義、禮的端緒分別看成是一種內心固有的氣，就是說，仁氣、義氣、禮氣實際上就是孟子的仁之端、義之端、禮之端。每種氣經過『養』而逐步提升到一個新的階段，在一系列的擴充之後達到圓滿境界

〔註57〕梁濤，北京：中國人民大學出版社，2008年，頁416。
〔註58〕高正偉，〈論《五行》說文對孟子仁義觀的發展〉，頁60。

──仁、義、禮。〔註59〕

若以「不直不適」爲例，陳來認爲其中「直」表達的就是一種「前道德意識的內心狀態和意向表現。」陳來說：

> 從直的意向到義的意識……可以説是前道德行爲的階段。説文把這些前道德意識和前道德行爲的階段都稱作氣，表示作者對德行的理解，不是僅僅將之理解爲行爲，而是用氣來表達行爲之前的心理狀態和活動。〔註60〕

「氣」是「行爲之前的心理狀態和活動」，可見，「志」的出現是「氣」的凝聚而來，所以說「氣壹動志」。而「氣」就是「行爲之前的心理狀態和活動」，所以，其實「氣」就是「志」，「志」可以是「行爲之前的氣」，也可以是「表現行爲的氣」，也就是說，「志」是一種行動前的意向，也是一種行動力，要能將「意向」（想做）和「行動力」（去做）統一起來，才算完成「志」，如此，則「氣」與「志」完全合一。從這個內涵看《孟子》的「志」，便與《管子》四篇的「心中之心」：是超越意義的、前知覺的、神感妙用的深層之心，這個意涵不謀而合。唯《孟子》「志氣論」的「行爲之前的氣」──「志」，還可以通過「養氣」工夫，擴充而爲完成的圓滿之性，相較於《管子》四篇的「心中之心」，《孟子》「志氣論」的「志」，更具有積極實踐，主動擴充的能動性與自主性。

（四）小結

將《孟子》「志氣論」的「志」與《管子》四篇的「心中之心」互相參看，我們似乎更能掌握，《孟子》的「志氣論」中「志壹則動氣，氣壹則動志也。」的形象內涵，更具體感受「志」層層往上迴旋提升的事實。將《孟子》「志氣論」的「志」與《管子》四篇的「心中之心」合觀對讀，讓抽象思維的道德修養哲學，更具體落實於生命之中。

肆、「氣」

劉長林曾說：「『氣』概念的向前發展，是一個逐層遞加的累進過程。在

〔註59〕高正偉，〈論《五行》說文對孟子仁義觀的發展〉，《孔子研究》，2012 年第 5 期，頁 61。
〔註60〕陳來，《陳來讀子思竹簡〈五行〉篇講稿》，香港：香港中文大學出版社，2015 年，頁 115。

這個過程中，新獲得的屬性並不排斥早先具有的內容，抽象理性與感情直觀和諧地綜合在同一個『氣』概念中。」〔註61〕這一小節，本文將從「氣」的角度，來探討《孟子》「志氣論」中的「氣」與《管子》四篇的「精氣」，可以互相參考討論的部分，主要仍圍繞「氣」在主體修養工夫上，對於「心」可能的影響。

一、《管子》四篇的「德」與「精氣」

　　丁原植說：「『精氣說』的探源，必然將我們導向於『道』、『德』兩觀念結構性作用的思考中去。」《老子》「道」論並沒有明確論述：道如何創生蓄養萬物，稷下道家以「精氣」說明：道化生萬物。《管子》四篇中「精氣」的物質性讓我們看到《老子》形上的「道」具體落實為可以為學者所掌握的修養工夫。從《管子》四篇中有關「德」的部分，是可以深入探討的重要元素。〈管子·內業〉：「德成而智出，萬物果得」，〈管子·內業〉：「是故此氣也，不可止以力，而可安以德。」，〈管子·內業〉：「正心在中，萬物得度」。《管子》四篇幾乎貫穿著「德」就是「聚氣」——「得道」的主要條件。顯示「德」與「得道」密切相關，而「德」又與「氣」緊密相聯。

　　《管子·白心》說：「道者，一人用之，不聞有余，天下行之，不聞不足，此謂道矣。」又說：「小取焉，則小得福；大取焉，則大得福；盡行之，而天下服；殊無取焉，則民反，其身不免於賊。」《管子·白心》是站在政治的立場來說明在位者得道的「小取大取」，很顯然，「小取大取」與在位者的德性修養有關，德性高者取於道的就多，可以分享給人民的自然就多，達到極致者就能使「天下服」，反之，德性不足者取於道的就少，可以分享給人民的自然就少，等而下之者是「則民反，其身不免於賊」。因此，我們推論：所謂的「德」是個人體道之後在人間的分享，根據個人得道層次的高低，「德」便有小德大德的不同，決定個人的發展與成就。「德」是「有德者」將「道」的德澤在人間與他人的分享。

　　陳麗桂在〈先秦儒道的氣論與黃老之學〉一文中說：「〈韓非·解老〉將一切形上的精神活動看成物質性精氣聚散的結果。精氣聚積則神清智明，叫做『有德』；精氣消散，則神亂智昏，便叫『無德』，德與不德成了物質性的

〔註61〕劉長林，〈氣概念的形成及哲學價值〉，《哲學研究》，中國社會科學院哲學研究所，1991年，第10期。

生理作用。整篇〈解老〉有一大部份是以這樣的方式在詮釋《老子》的道德與修養論。」又說：「韓非·解老：『身以積精爲德，家以資財爲德。』。精氣的貯積叫『德』，『德』是精氣的表現。人能貯積精氣，保住精氣，便叫『有德』。」這裡明顯可見，「氣」在主體身心充滿，可以提升主體的「德」，「德」成爲「得氣」的內涵，「有德者」能夠「體道」，故「得氣」亦可理解爲「得道」。「德」、「道」、「氣」成爲可以互通的內涵。「韓非·解老：『上盛蓄積而鬼不亂其精神，則德盡在於民矣。所謂崇者，魂魄去而精神亂，精神亂則無德。』」〔註62〕「德」是精氣聚集的結果，「精氣聚集」是使「德」增長的要件，而「德」的增長又有助於「精氣聚集」，有「德」則能體道並分享他人，成爲「體道」而「有德」的人。

二、《孟子》「志氣論」的「德」與「氣」

公孫丑問曰：「「敢問何謂浩然之氣？」孟子曰：「難言也。其爲氣也，至大至剛，以直養而無害，則塞於天地之閒。其爲氣也，配義與道；無是，餒也。是集義所生者，非義襲而取之也。行有不慊於心，則餒矣。我故曰，告子未嘗知義，以其外之也。」

孟子講求「義內」，所謂「集義」聚集的必是內在的精神。「集義」有利於內在「仁義之心」的開發，有利於「志」的提升。顯示出「心——志——德」不斷成長的過程，他們可能以螺旋式地因相互的支持，而不斷往上提升。

孔子說：「吾未見好德如好色者也。」又說：「善人吾不得而見之矣，得見有恆者，斯可矣。」可見孔子認爲人性並不原來就是善的。然而，孔子認爲人心是向善發展的傅佩榮因此認爲孔子是「以向說性」〔註63〕：人性是依「本我」之向善要求而定其性。「本我」的呈顯必定伴隨著某種要求，「敦促」人去呈現。按照傅佩榮的說法，孔子「以向說性」是肯定人人都有一個本能要求自己爲善的「本我」，會讓人自然向「善」的方向發展。孔子說：「性相近也，習相遠也。」：每個人「本我」的呈顯程度不同。人的「本我」恒在要求實現之中，不可能予以定型。終其一生，「本我」永無懈怠之時，而「本我」所能抵達的完美程度亦永無止境。

〔註62〕 陳麗桂，〈先秦儒道的氣論與黃老之學〉，《哲學與文化》第卅三卷第八期，2006年。

〔註63〕 傅佩榮，〈解析孔子的人性觀點〉，《哲學與文化》第二十五卷第二期，1998年。

孔子認為人性可以因努力而朝向「至善」發展，可以不斷向上提升的。那麼，讓「本我」得以呈顯的主要力量到底是什麼？人又如何才能配合做到「本我」對主體「向善」的要求？子曰：「克己復禮為仁」，孔子講求「克己」，主要在避免受「血氣」和「心」的干擾，然而「克己」的力量又將從何而來？

子曰：「仁遠乎哉？我欲仁，斯仁至矣！」又曰：「為仁由己，而由人乎哉？」又：「有能一日用其力於仁矣乎？我未見力不足者。蓋有之矣，我未之見也。」孔子似乎認為人只要有願望就會有能力讓自己成為一個「仁人」，但是孔子仍然沒有說明：足以讓主體感悟到「為仁」的重要性，這個感悟的動力和感悟之後努力實踐的力量該從何處來。

《管子·內業》認為，呈顯「心中之心」的正是「精氣」，只要能聚集「精氣」就有可能達到「全心」呈顯的境界，「全心」呈顯就可以解答上述孔子「人性論」中「本我」呈顯的問題。《孟子》「志氣論」的道德實踐工夫，即從「存養擴充」、「盡心知性」、「求其放心」及「集義」等工夫，藉以提昇「氣」在主體身心的聚集，來達到「心」的變化與提升，促使道德生命經由體悟提升心「志」，而使道德生命不斷地成長。

三、「德」與「氣」的「信息性」

鄔焜曾用「信息」的觀點說明王陽明的「知行合一」，他說：「（王陽明）『知是行之始，行是知之成』的觀點中所蘊含的是：人的意識乃是人的行為活動信息中介，人的行為活動的成果乃是人的意識信息的體外載體。」〔註64〕鄔焜〔註65〕說：「人的認識活動就其本質而言乃是一個以信息為中介的信息活動。」「在存在論領域，傳統哲學有一個基本的信條：存在＝物質＋精神。」「然而，現代信息科學與信息哲學則揭示了一種區別於物質世界與精神世界的自在信息的世界，並且精神世界又是信息活動的高級形態。於是關於存在領域分割的理論便有必要重新予以闡釋：存在＝物質＋信息〔自在信息＋精

〔註64〕鄔焜，〈明清哲學家物身、心物關係論中的信息認識論思想〉，《重慶郵電大學學報（社會科學版）》第 20 卷第 4 期，2008 年。

〔註65〕鄔焜先生 1980 年開始涉入建立信息哲學的研究領域，1981 年起開始陸續發表該領域的論文和著作。至 2008 年止所提出並建立的信息哲學體系日臻全面和完善，已出版與該領域相關的系列著作 11 部，在已發表的 230 餘篇論文中與信息哲學領域相關的就有 170 餘篇。

神（自爲、再生信息）」。〔註66〕

從鄔焜的信息理論，我們可以推論「氣」的「信息性」就是讓「心」產生變化的重要因素，「信息」可以透由「氣」作爲載體傳播而影響他人，「氣」的「信息」還可以改變主體的「心」，讓主體身心產生極大的變化。《孟子》浩然之氣產生的過程，極可能與氣的「信息」有關，這些信息很可能就是合於人心的「義」，或是「德」，這些良好的信息可以經由「集義」的「道德實踐」過程，經由「量變質變」的機制，改變我們的身心素質，內化而成我們體內源源生出的浩然正氣。〔註67〕崔玖說：「近代的物理學家也能證明信息是藉著『能』與『質』來傳遞的，……它可以用數學將它表達成波，或用儀器檢測波中信息的內涵或用時間、空間、頻率等的函數去了解信息的特性。這麼說來，信息是以近似於物質的結構存在。」〔註68〕崔玖認爲「信息」是一種眞實的存在，她並且認爲信息概念可以透過現代物理學與數學來理解，並可藉由科學儀器來作測量。透過對於「信息」的認識，很可能幫助我們瞭解「心」與「氣」對於道德生命成長的關係。

丁原植曾提出《文子》有關「信息」概念的思考。丁原植說：「《老子》與《文子》針對『道』始源性質的解說，雖然要求的方向有異，但在哲學的構建中卻有一個重要共同的籌劃，這就是『其中有信』的確立。」「『其中有信』的意義，可以哲學性地解釋爲『其中顯示著明確的信息，人得以藉此表現在言說之中』。」〔註69〕《老子》曰：「道之爲物，唯恍唯惚。忽兮恍兮，其中有象；恍兮忽兮，其中有物。窈兮冥兮，其中有精；其精甚眞，其中有信。」（《老子‧21》）「道」之中有「信息」，「道」的「信息」可以透過「氣」在人的「心」中凝聚，而使主體成爲一個「體道」的有德者。「有德者」可以透由「言說」將「道」的「信息」表現出來。

丁原植說：「（文子）在哲學的探討中，體認『道』的存在不再是『王』的特權」「（文子）對於『道』的界定並不是以文字來定義或描述，而是透過

〔註66〕鄔焜先生說：「三個信息世界：自在信息世界（以客觀信息體的方式存在）、自爲、再生信息世界（以主觀精神活動的方式存在）、文化信息世界」。

〔註67〕馮國瑞，〈信息科學的認識論探索〉，《現代科學的哲學探索》，北京大學出版社，1993年。

〔註68〕崔玖，《信息、人體與醫學──能量醫學簡介》，國立陽明大學傳統醫學研究所教授，國際醫學科學研究基金會編印，1992年，頁2。

〔註69〕丁原植，〈竹簡《文子》哲學思想〉，《文子新論》，頁66。

『道』的領會，實際地將它作爲根基作用的籌劃展現出來。」〔註70〕《文子・道德》將「聽道」分成三種型態：「上學以神聽，中學以心聽，下學以耳聽；以耳聽者，學在皮膚，以心聽者，學在肌肉，以神聽者，學在骨髓。」竹簡《文子》還提出：「學」來自於「聽」。而「聽」的方式有三種，至高的「學」，是「神聽」。丁原植認爲：「《文子》的『學以神聽』，是建立起『道』與『人』間這種本質關連的一種積極性的取向。」〔註71〕

《莊子，人間世》提到「聽」與「道」的特殊關係，說：「若一志，無聽之以耳，而聽之以心，無聽之以心，而聽之以氣。聽止於耳，心止於符。氣也者，虛而待物者也。爲道集虛。虛者，心齋也。」《莊子》以「氣」聽，讓我們聯想到《管子》四篇以「氣」體道的論述。丁原植說：「『以氣聽』也就是在空虛的肅穆之中聆聽『道』的所言。《莊子》把這種狀態稱之爲『心齋』。」〔註72〕「聽」是「體道」的方法，與「氣」的聚集直接相關。

〈管子・內業〉：「搏氣如神，萬物備存。能搏乎？能一乎？能無卜筮而知吉凶乎？能止乎？能已乎？能勿求諸人而得之己乎？思之思之，又重思之。思之而不通，鬼神將通之，非鬼神之力也，精氣之極也。」〈管子・內業〉：「不可止以力，而可安以德」，可見，想要「學道」、「體道」是無法單純從感官知覺，知識層面來獲得，而是要用「德」來積累「精氣」，要以「氣」來「聽」，才能有所體得，「聽」不是感官的認知，是超越感官的「思」的作用。

陳鼓應說：「〈內業〉用『氣』轉譯老子的『道』，氣經由『心』的收集，凝聚而爲生命的能量。」〔註73〕又說：「『氣』雖爲宇宙之元體，可以生成而主導萬物，但如果不經過心對氣的收聚，那麼它將永遠處在飄散的狀態中；而『心』雖然爲認識萬物的主體，但它如果不能收聚精氣，便不能『德成而智出』，也就因此失去認識宇宙的本然可能性。兩者是相互依存的關係。修治心才能收聚氣，而氣的收聚又能反作用於心，使心能生出智慧並認識和把握宇宙萬物。」〔註74〕陳鼓應將「道」──「氣」──「心」的關係充分表明，並明白指出〈內業〉中的「氣」就是「道」，我們則認爲，這個「氣」包含著「道」所傳遞的「信息」。〈內業〉用「氣」轉譯老子的「道」，對於中國哲學

〔註70〕丁原植，〈竹簡《文子》哲學思想〉，《文子新論》，頁59。
〔註71〕丁原植，〈竹簡《文子》哲學思想〉，《文子新論》，頁60。
〔註72〕丁原植，〈竹簡《文子》哲學思想〉，《文子新論》，頁61。
〔註73〕陳鼓應，《管子四篇詮釋稷下道家代表作》，臺北：三民書局，2003年，頁44。
〔註74〕陳鼓應，《管子四篇詮釋稷下道家代表作》，臺北：三民書局，2003年，頁45。

中的無論是「氣論」或「道論」，都可能帶來突破性的發現。

鄔昆如說：「如果說，先秦哲學有瑕疵的話，那便是人性論與宇宙論沒有統一起來；道家自然之說與儒家修身之道，並沒有融洽到一起」〔註75〕，筆者認為「精氣說」某種程度上統一了「儒家」的修身之道和「道家」的自然之說，也許可以說：「精氣說」的「道論」可能為把人生安置在宇宙之中的哲學體系奠定了理論基礎。

〈管子·內業〉中存在許多超越一般常規認知的內容，譬如：

〈管子·內業〉：「精存自生，其外安榮，內藏以為泉原，浩然和平，以為氣淵。淵之不涸，四體乃固，泉之不竭，九竅遂通，乃能窮天地，被四海。中無惑意，外無邪菑。心全於中，形全於外，不逢天菑，不遇人害，謂之聖人。」〈管子·內業〉對「聖人」的描述，超越了常規對於人的能力的理解。〈管子·內業〉：「搏氣如神，萬物備存。能搏乎？能一乎？能無卜筮而知吉凶乎？能止乎？能已乎？能勿求諸人而得之己乎？思之思之，又重思之。思之而不通，鬼神將通之，非鬼神之力也，精氣之極也。」而其中〈管子·內業〉點出「精氣」乃是神奇能力的主要來源。

〈管子·內業〉所敘述的內容，隱微透露出「人性論」的最高理想的「神性境界」，〈管子·內業〉認為「聖人」近乎「神性」的境界，可以在「精氣」不斷聚集之後，成為可以實現的可能，「精氣」可以使人「得道」，而超凡入聖。〈管子·內業〉這個說法，無疑為儒家「內聖外王」的學說理論，開了另一扇窗，設了另一道門，讓我們可以從另一個角度，思索一個純粹理論的哲學問題。本文推論，從另一個通道進入這個問題的開關，極可能存在於我們在中國古代哲學中「誠」內涵的深入理解，及對於「誠」概念更高層次的認識。這個推論首先來自於「誠」被作為一種「氣」的概念的提出。

伍、「誠」

一、「誠」與「精氣」

丁原植在《文子》與《淮南子》參看之中，發現了「誠」與「精」兩個概念之間的聯繫，如以下兩組文字：

〔註75〕鄔昆如，《哲學十大問題》，東大圖書公司，頁19。

A：精誠形乎內，而外諭於人心，此不傳之道也。(《文子・精誠》第三章)

B：精神形於內，而外諭哀於人心，此不傳之道。(《淮南子・冥訓》)

A：精神越於外，智慮蕩於內者，不能治形。神之所用者遠，則所遺者近。故不出於戶以知天下，不窺於牖以知天道，其出彌遠，其知彌少。此言精誠發於內，神氣動於天也。(《文子・精誠》第十章)

B：精神之越於外，智慮之蕩於內，則不能漏理其形也。是故神之所用者遠，則所遺者近也。故老子曰：「不出戶以知天下，不窺牖以見天道。其出彌遠，其知彌少。」(《淮南子・道應劍》)〔註76〕

(一)「誠」是一種具有動能的「精氣」

從《文子》與《淮南子》的內容參看，我們推論：「誠」很可能可以作為一種「氣」來理解。

陳平坤說：

「從《呂氏春秋》所謂萬物「化於陰陽」的宇宙氣化論思想來看，「氣」不僅具有「陰」、「陽」二種性質上的區別，事實上也還可有「最好的」與「次之的」——「精」、「粗」之差等的分辨。因此，「精氣」、抑或「精」，乃如〈管子・內業〉所說，意指「氣之精者」；換言之，即是可以把它稱為「品質最好的氣」。這種「品質最好的氣」，足以作為通貫天人、物我的憑藉或橋樑，乃是因為它內藏極具微妙功能的作用——所謂「神」；一如〈管子・心術下〉所說：「一氣能變曰『精』。」〔註77〕

陳平坤認為「氣」的「精」、「粗」代表著「氣」的品質，也代表著「氣」的功能。

從孟子「知言」我們看到透過「氣」可以感知人心的可能，從《呂氏春秋》及《淮南子》等著作中的「感應思維」，我們看到「氣」感知外界信息的能力，而在《文子》的「誠」中，「精氣」除了「對外的感知收攝於內」之外，「精氣」還能向外作用影響外在廣大的範圍，此時「精氣」的作用已然由「靜態」的感知，提升為「動態」的對外作用的力量了。從這個觀點看，「誠」極

〔註76〕丁原植，〈竹簡《文子》哲學思想〉，《文子新論》，頁313。
〔註77〕陳平坤，〈《呂氏春秋》與《淮南子》的感應思維〉，《台灣大學哲學論評》第三十二期，國立台灣大學哲學系，頁167～222。

可能是一種具有動能的「精氣」。而「氣」的「精」、「粗」也很可能與「氣」的承載主體「誠」的狀態有關，「誠」對於「思」在精神修養上的深淺高低狀態，極可能影響著「氣」的「精」、「粗」狀態，也決定了主體之氣的人格氣象，與主體對於外界足以產生的影響。

（二）「誠」是「非語言」的影響力

丁原植說：

> 上兩組引文均「精誠」與「精氣」二詞互用。這也顯示出，「精氣」與「精誠」兩觀念中的「氣」與「誠」，具有相似的作用。它們均說明一種感通的作用。作爲萬物質素的「氣」，指向與天地萬物的感通，而作爲人義本質的「誠」，則指向於天下萬民的順服。〔註78〕

「誠」可以與天地萬物感通，也可以使天下萬民的順服。說明了「誠」作爲一種「精氣」，具有神奇的功能。

〈管子‧內業〉：「徧知天下，窮於四極；敬發其充，是謂內得。」「誠」是人透過修心而得的一種純粹的「精氣」充滿的生命狀態，可以藉由「精氣」充分感知外在事物，也足以影響外在的事物與人心。日本學者佐藤將之提到：「《呂氏春秋》的「誠」與「精」概念非常密切，而基於「類比」的思維模式，係指人和人之間「非語言」的意念傳達（即「精」和「精」之間的互應）。具體而言，《呂氏春秋》的作者認爲，有「誠心」的統治者之「精」會引起被統治者的正面反應，藉此便能夠不靠法令等語言手段而贏得人民服從。」〔註79〕「誠」是一種精神狀態，卻能外放成爲一種影響他人的「氣」，這種「氣」帶有「動能」可以「悅人」，故《孟子》說：「悅親有道：反身不誠，不悅於親矣。」又說：「至誠而不動者，未之有也；不誠，未有能動者也。」「誠」成爲一種可以讓人心喜悅的能量，可以「悅人」，也可以「樂己」，所以《孟子》說：「反身而誠，樂莫大焉。」人心之「悅」也是一種「動能」，故「悅人」的「誠」可以回收反饋的「動能」，再度成爲一種「樂己」的「動能」，因此，「誠」者必能「樂」，「反身而誠，樂莫大焉。」。

《呂氏春秋》這部分的論述，也可見於〈管子‧內業〉中：

> 「全心在中，不可蔽匿。和於形容，見於膚色。善氣迎人，親於弟

〔註78〕 丁原植，〈竹簡《文子》哲學思想〉，《文子新論》，頁 313。
〔註79〕 佐藤將之，〈戰國早期的「非語言」統治思想以及其與「誠」概念之結合〉，《政治科學論叢》第四十三期，民國 99 年 3 月，頁 55。

兄。惡氣迎人，害於戎兵。不言之聲，疾於雷鼓。心氣之形，明於
日月，察於父母。賞不足以勸善，刑不足以懲過。氣意得而天下服。
心意定而天下聽。」二者的論點，有極為相合之處。

《文子》提出「誠」是足以影響外在的一種「精氣」，與〈管子‧內業〉
理論相合，《文子》的「誠」由「靜態」的感知，提升為「動態」的可以外放
的力量。一個人內心的「誠」是一種透過修養聚集於「心」的精氣，這種精
氣的「信息」可以傳遞給他人，由於「誠」是內在最良善的信息，因此，足
以引起外界「正向的回應」；如果是一個統治者，便能得到人民的順服，如果
是一個「聖人」便可以不需言說，而能自然得到他人正向的支持力量。只要
精氣充滿，人便能感知外在，並能經由氣的溝通，影響他人。

佐藤將之說：「值得注意的是，這樣的觀點超越了學派，在各家著作中普
遍可見。我們甚至可以推測：在戰國末年，如何建立適當的「非語言」統治
方式似乎成為當時思想家的共同課題。……「誠」概念就是富有如此「非語
言」統治思想的概念。」〔註80〕

佐藤將之認為，「誠」的「非語言」統治概念，是戰國時期一個超越學派
的課題，而「氣」是構成生命的基本元素，那麼，我們在此將《管子》四篇
的「思」與「心中之心」及「精氣」理論，與《孟子》「志氣論」的對讀，似
乎也得到了相關論點的支持。我們也發現，「非語言」統治思想的概念，亦在
《孟子》中不乏可見。《孟子》曰：

> 霸者之民，驩虞如也；王者之民，皞皞如也。殺之而不怨，利之而
> 不庸，民日遷善而不知為之者。夫君子所過者化，所存者神，上下
> 與天地同流，豈曰小補之哉？（《孟子‧盡心上13》）

《孟子》認為一個真正能夠以「誠」「化」民的統治者，其對於人民的影
響力是無形無影的，就算是直接受到感化的人民也不易覺察。「民日遷善而不
知為之者」，人民受到統治者「誠」的感化而日益遷善，卻沒有人知道這個改
變的力量從何而來，「王者之民」在統治者「誠」的感化下自在地生活，卻從
來不知道是誰的功勞。以「誠」「化」民的統治者，即使「殺」了人民，人民
也不怨恨他，做了對人民有「利」的事，人民和統治者都不認為這是功勞之
事。統治者的「誠」真正與人民之「利」相融合，對人民有害的則「殺」之，

〔註80〕佐藤將之，〈戰國早期的「非語言」統治思想以及其與「誠」概念之結合〉，《政
治科學論叢》第四十三期，民國99年3月，頁54。

對人民有利的則「利」之。有德的統治者的教化，就是，以「誠」「化」民，達到「非語言」統治的政治理想境界。從「誠」與「氣」的關係，來思考生命價值的提升，達到生命「非語言」的影響力，這個論點，在王船山的哲學思想中也屢屢可見，以下我們就以王船山的論點來與《孟子》「志氣論」對讀，進一步探討有關「誠」的內涵。

二、「誠」與「志」

（一）王船山的「思誠」與《孟子》的「反身而誠」

王船山說：「說到一個『誠』字，是極頂字，更無一字可以代釋，更無一語可以反形，盡天下之善，而皆有之謂也……盡天地只是個誠，盡吾聖賢學問只是個思誠」。〔註81〕又說：「誠則形，形乃著明，有成形於中，規模條理未有而有，然後可著見而明示天下。故雖視不可見，聽不可聞，而為物之體歷然矣。」〔註82〕

王船山認為：「誠」是使萬物產生出現的因素，即使我們看不見、聽不到的事物的規模條理，也將透過「誠」而從無到有，確實存在。他說：「一乎誠，則盡人道以合天德，而察至乎其極。」〔註83〕他認為人「心」具有認識功能，通過心的作用，最終將能窮盡天下之理，這個「心」的功能就是「思」。「誠」作為一種本體性存在，人們通過「致思」的方式實現與「誠」相合，便能逐漸趨近于天人合一的「至誠」狀態，而能「窮盡天下之理」。這「窮盡天下之理」的「至誠」狀態，也就是《孟子》所說的「萬物皆備於我」的生命狀態，是一個「樂莫大焉」的「至誠」也「至樂」的狀態。

他說：「若夫天，則《中庸》固曰『誠者，天之道也』。誠者，合內外，包五德，渾然陰陽之實撰，固不自其一陰一陽、一之一之之化言矣。……天固為理之自出，不可正名之為理矣，故《中庸》言誠也曰一，合同以啟變化，而無條理之可循矣。」〔註84〕王船山把「誠」解釋為渾然之「氣」，「誠」這種渾然之「氣」，具有「合同以啟變化」的內在功能，能「聚而成形」，形成有條理之萬物。「誠」作為「天道」，需要被人所感知，才能轉化為「人

〔註81〕 王夫之，《讀四書大全說》，臺北：河洛圖書出版社，1974年，頁605。

〔註82〕 王夫之，《思問錄·內篇》，第422頁，《船山全書》卷12，嶽麓書社，1990年。

〔註83〕 《讀四書大全說·中庸》，卷三，頁135。

〔註84〕 王夫之，《船山全書》（第6冊），嶽麓書社，2011年，頁1113。

道」，然而「天道」要轉化為人「人道」需要人主動、自覺地向「誠」反思，並回歸於自身，這個反思的過程就是「思誠」。人要主動、自覺地向「誠」反思，所以要「先立其大者」，要用「思」的方法，充分發揮「心」的功能。蒙培元說：

> 「盡心」是把主體的道德意志加以擴充和發展，並推向客體；「存心」則是通過實踐把道德意志實現出來。因為心是一切善的根源，是主客體統一的能動方面，因此，只有返回到自身，充分認識到自我，才能體驗到「萬物皆備」的最高境界。〔註85〕

《孟子》「盡心」和「存心」都是主動、自覺地向「誠」反思的方法，是使生命成長的「反身而誠」工夫，也是船山哲學強調的「思誠」工夫。

（二）王船山的「誠」與《孟子》的「化」

李存山說《管子》的精氣：「『精氣』即細微、純粹、神妙之氣，它進入人的身體可以轉化為人的精神。」〔註86〕「『藏於胸中，謂之聖人』（《管子·內業》），則是把孟子的『浩然之氣』（一種精神狀態）給物質化了。」〔註87〕李存山認為「精氣」是一種細微、純粹、神妙之氣，這種「精氣」本來是一種物質性的氣，當他進入人體之中，就可以轉化成為人的精神。李存山還認為，《管子》精氣的物質性影響了《孟子》的「浩然之氣」，可見，李存山認為，《孟子》的「浩然之氣」是透過物質轉精神的過程，來提升人的內在之氣，成為一種至大至剛，頂天立地的精神力量。而這個「物質轉精神」的過程，極可能就是人心「思」的過程，而推動「思」達到理想狀態，則需要的「誠」作為其中的「動能」，來推動「物質轉精神」，精氣由「粗」到「精」的一種轉化力量。孟子曰：「志壹則動氣，氣壹則動志也。」（《孟子·公孫丑上2》）即是「思誠」工夫「物質轉精神」←→「精神轉物質」的層層的升，「氣」的「質」越來越「精」，「量」越來越「大」的變化過程，這就是《孟子》的「思」的過程，「誠」便是其中變化的主要「動能」。

黃俊傑說《孟子》「養氣說」：「開啟了『養』字義的『內轉』……孟子主張以理性來轉化原始生命，把生理意義的『氣』轉化為具有人文理性內容的

〔註85〕蒙培元，《中國心性論》，頁11。
〔註86〕李存山，〈《內業》等四篇的精氣思想探微〉，《管子學刊》，1989年第2期，頁4。
〔註87〕李存山，〈《內業》等四篇的精氣思想探微〉，頁4。

『浩然之氣』……有思辨能力的氣。」〔註 88〕黃俊傑也認爲《孟子》的「養氣」，就是將物質性生理意義的「氣」，轉化爲具有精神內涵的「氣」。與王船山說「誠」爲：「盡天下之善，而皆有之謂也……盡天地只是個誠，盡吾聖賢學問只是個思誠」。〔註 89〕「誠則形，形乃著明，有成形於中，規模條理未有而有，然後可著見而明示天下。故雖視不可見，聽不可聞，而爲物之體歷然矣。」〔註 90〕王船山的「誠」與《孟子》的「養氣」，都具有自我轉化的功能，也都與「心」之「思」的功能直接密切的關係。王船山還認爲「誠」可以化生天下萬物，則更將主體的自主性，提升到了極至的境界。

　　黃俊傑說：「孟子所說的『大而化之之謂聖。』（《孟子·盡心下 71》），特指內聖領域之修養工夫而言。」〔註 91〕黃俊傑認爲「大而化之之謂聖」指的是內在修養的轉化工夫，所謂「內聖」的工夫。儒家的「內聖」工夫主要就是「思誠」的工夫，以理性來轉化原始生命，把生理意義的「氣」轉化爲具有人文理性內容，轉化爲具有思辨能力的氣。黃俊傑說：「先秦儒家在內、外兩種語境脈絡中使用『化』這個概念，既主張人的身體可以『化性起僞』，從『自然』走向『人文』；也可以『化民成俗』，以聖人轉化大眾的生命。」〔註 92〕「化性起僞」是「內聖」工夫，「化民成俗」是「外王」工夫，都是一種「氣化」的作用，都需要「思誠」的工夫。所以「思誠」是生命主動、自覺地向上提升，有「志」於提升生命境界的自覺努力，如孔子的「吾十又五而志於學」，是主動地立志向學。而孟子曰：「志壹則動氣，氣壹則動志也。」（《孟子·公孫丑上 2》）則是經由專一的「誠」的努力，開發「心」之「思」的功能，而使心中之「志」不斷提升。子曰：「吾十有五而志于學，三十而立，四十而不惑，五十而知天命，六十而耳順，七十而從心所欲，不踰矩。」（《論語·爲政 4》）即是「有意立志」到「無意而提升志向」的變化過程，「志」的不斷提升是「思」開發「心」的能力，使「志」自然提高的變化過程，與前述《管子》四篇精氣的「無思之思」，精氣可以使人智慧開發，自然了悟「道」的說法，是一種可以相互映證的內涵。「五十而知天命」就是

〔註 88〕　黃俊傑，〈先秦儒家身體觀中的兩個功能性概念〉，《文史哲》第 4 期（總第 313 期），2009 年，頁 46。
〔註 89〕　《讀四書大全說》，《孟子·離婁上》，頁 605。
〔註 90〕　《思問錄·內篇》，頁 422。
〔註 91〕　黃俊傑，〈先秦儒家身體觀中的兩個功能性概念〉，頁 44。
〔註 92〕　黃俊傑，〈先秦儒家身體觀中的兩個功能性概念〉，頁 46。

生命層次提升，自然而然的「知」，「志」便相應產生，絲毫不待強求。《管子》四篇的精氣凝聚而成「意志」，《孟子》「集義」使「心」變化而滋生聚集，「氣」使「志」再提升，皆為「誠」之功也。

（三）王船山的「性日生日成」與《孟子》的「氣壹則動志」

《中庸》曰：「自誠明，謂之性；自明誠謂之教。誠則明矣；明則誠矣。」「思誠」，即是主體對「誠」的認知和把握，「誠」是主體對客體特性的一種認識和把握，進而生成人之為人的善德，主體又通過「誠」來表現，這便是「至誠」的境界。因為外物的干擾人會亡失善良的本性，為了使人回歸真實，回歸本性之「至善」，就必須通過「思」來回歸真實本性，這也就是孟子所謂的「反身而誠」。「反身而誠」就是不斷地「思」的過程，在這個過程「思」的層次可以逐漸提升，主體對於生命的領悟，境界可以也將逐漸提高。因此，「誠則明矣；明則誠矣。」就是在「自誠明——自明誠」的往復進行中，生命境界逐步提升，這也就是《孟子》：「志壹則動氣，氣壹則動志也。」（《孟子‧公孫丑上 2》）的真實內涵，其中的「志」也將逐步提升。「誠」就是這樣「合同以啟變化」的「氣」的運動變化過程，在這個過程中，「誠」作為一種「氣」，就是其中使生命運動變化，逐步提高的一種「動能」，所以《孟子》說：「至誠而不動者，未之有也；不誠，未有能動者也。」（《孟子‧離婁上 12》）

王船山認為，所謂「思誠」就是「以肖天之行，盡人之才，流動充滿于萬殊，達於變化而不息」〔註93〕，「思誠」就是學習天道「誠」的德性，充分發揮人的聰明才智，根據「萬殊」的流動變化而變化不已。「思誠」是「變動」的，「誠」是變化的，人心「思」的功能，也在萬事萬物中學習。所以船山認為人是在萬事萬物中學習成長，人性也在「思誠」過程中日生日成，這就是孟子「反身而誠」的真義所在。孟子曰：「反身而誠，樂莫大焉。」（《孟子‧盡心上 4》）生命的成長就是人生的至樂，「誠」則是使生命不斷成長的重要「動能」。

王船山言「思誠」與《孟子》言「反身而誠」，都是透由「氣」的運動而進行，《孟子》「志壹則動氣，氣壹則動志也。」（《孟子‧公孫丑上 2》）即是人主動、自覺地向「誠」的反思，也就是「思誠」。「誠」作為一種「氣」的形式，在運動、變化、凝聚而改變人的「思」的狀態，讓「心」對於外物可

〔註93〕王夫之，《船山全書》第 6 冊，嶽麓書社，2011 年，頁 997。

以靈敏地感知，如《孟子》的「知言」；也對於內在「心」的調理的認知，如《孟子》的「集義」；而逐漸提升人的人格道德層次，「君子之志」可以層層提升，如《孟子》的「志壹則動氣，氣壹則動志也。」（《孟子・公孫丑上 2》）因此，《孟子》的「存養擴充」、「盡心知性」、「求其放心」都可以作爲一種「思誠」的運動變化，作爲「反身而誠」的內涵來加以理解，「思誠者，人之道也。」「思誠」的運動是終其一生都要持續進行的修養工夫。

三、「誠」與「性」

王船山說：「誠，心也，無定體而行其性者也。心統性，故誠貫四德，而四德分一，不足以盡誠。性與生俱，而心由性發。故誠必詫乎仁義禮知以著其用，而仁義禮知靜處以待誠而行。」〔註94〕

王船山又將「誠」當作一種「心」，這種「心」是「無定體而行其性者也」。郭店竹簡〈性自命出〉曰：「凡人雖有性，心亡奠志，待物而後作，待悅而後行，待習而後奠。」王船山所謂「無定體而行其性者也」與〈性自命出〉的「志」有雷同之處，似乎王船山也將「誠」當作一種「志」，這種「志」在「思誠」的實踐過程，可以呈顯「性」的內涵，「誠」的程度越「精」，「性」的誠顯也越顯著，人與生俱來的善性就表現得越明顯，「由仁義行」的「志」也就越高明。

王船山對於「心」與「性」的理解，應該受到孟子「即心言性」的影響，認爲「心」呈顯「性」的內涵，而人的「心」從最初始的「四端之心」，可以逐漸擴充而完成人心本具的仁心。「心」的擴充就是天生本具善「性」的不斷呈顯，而「性」的呈顯在《孟子》則表現爲「志」。〈性自命出〉「凡人雖有性，心亡奠志，待物而後作，待悅而後行，待習而後奠。」表明了「志」是「性」的表現，「習之而悅」而後能「定志」。船山說：「誠，心也，無定體而行其性者也。」表達了「誠」就是讓「心」能「行其性者」，「誠」能夠讓「性」呈顯。

船山又說：「性日生日成」，可見，「誠」就是讓「性」呈顯，讓生命不斷成長的動能，《孟子》於是說：「志壹則動氣，氣壹則動志也。」（《孟子・公孫丑上 2》）又說：「至誠而不動者，未之有也；不誠，未有能動者也。」（《孟子・離婁上 12》）「志」的提昇就是「性」的呈顯，「性日生日成」君子之志便

〔註94〕《讀四書大全說・中庸》，卷三，頁 161。

能不斷提升，人格道德生命不斷趨於完善。

　　船山說：「誠者，則天之道也。二氣之運行，健誠乎健，而順誠乎順；五行之變化，生誠乎生，而成誠乎成。終古而如一，誠以爲日新也；萬有而不窮，誠以爲富有也。惟天道以誠爲道，故人得實有其道體。」〔註95〕陰陽二氣運行，生成萬有，日新不息，是天道之誠，誠就是萬物生成的動力。「誠」能「推陳出新」，「誠」能「化生萬有」，誠具有動態性和生命性。這種動態性和生命性，就在於「誠爲天之道，則道之用非天所爲功，而存乎人，於是有誠之者焉。」〔註96〕天道的發用不是天的功能，而是人的主體能動性，使天道之誠發用流行爲生命的功能。「誠之者」是人對天道之誠的認知和把握。誠不僅是外在的天道，更是內在的人道。王船山認爲，誠是天道，下注於人心而成性，誠是道德修養的極致。

　　王船山說：「愚于《周易》《尙書》傳義中，說生初有天命，向後日日皆有天命，天命之謂性，則亦日日成之爲性。」〔註97〕王船山人性論的最大創見，就在於提出「性日生日成」的觀點。

　　他說：「夫性者，生理也，日生則日成也。則夫天命者，豈但初生之傾命哉？但初生之傾命之，是持一物而予之於一日，俾勞持終身以不失。天且有心以勞勞於給與，而人之受之，一受其成形而無可損益矣。夫天之生物，其化不息。初生之傾，非無所命也。何以知其有所命？不更有所命，則年逝而性亦日忘也。形化者，化醇也；氣化者，化生也。二氣之運，五行之實，始以爲胎孕，後以爲長養，取精用物，一受于天地之精英，無以異也。形日以養，氣日以滋，理日以成。方生而受之，一日生而一日受之。受之者有所自授，豈非天哉？故天日命於人，而人日受命於天。故曰性者生也，日生而日成之也。」〔註98〕

　　船山說：「形日以養，氣日以滋，理日以成。」他認爲人不論內在外在的生命，每天都在滋養成長，人的生命就是一個變動提升的過程。船山「性日生日成」的觀點，對於人性的樂觀態度，充分展現儒家樂觀進取的精神，爲學者的道德修養，生命完成注入無限生機。「性日生日成」的生機則在於人足以掌握的「誠」的工夫，一個「誠」，讓高遠的生命境界，成爲人人可爲，日

〔註95〕 《四書訓義・中庸二》，《船山全書》第七卷，嶽麓書社，2011 年，頁 182。
〔註96〕 《四書訓義・中庸二》，頁 182。
〔註97〕 《船山全書》第六冊，頁 405。
〔註98〕 《尙書引義》卷三，中華書局，頁 64。

日可成的修養工夫。生命是生生不息的，人性隨著生命的進程而日趨豐富，表明了王船山「性日生日成」的人性論，實際上就是對於《孟子》「性善論」的一種完善，而其中「誠」則是最重要的動能。

四、「誠」與「樂」

王船山在《讀四書大全說》中提出了「先天之性天成之，後天之性習成之」的觀點，他把人性看成是先天與後天的共同完成。後天之性乃從先天之性發展而來，「人之道」就是要不斷地「習」以發展天賦的善性。

孔子說：「性相近也，習相遠也」，王船山說：「孟子言性，孔子言習。性者天道，習者人道。」〔註99〕王船山說：「習者人道。」《孟子》說：「思誠者，人之道也。」人的一生都要持續不斷地「習」，要不斷地「思誠」。《孟子》認爲所謂「人性」者，乃是指人之異於禽獸的「仁義禮智」。張岱年說：「此種人之所以爲人之特徵，實非已完成的，而僅是萌芽，故孟子稱之爲『端』。性中所有者，不過仁義禮智之端。」〔註100〕孟子未完成的性，需要後天的「習」來完成。《孟子》曰：「故天將降大任於是人也，必先苦其心志，勞其筋骨，餓其體膚，空乏其身，行拂亂其所爲，所以動心忍性，曾益其所不能。」（《孟子·告子下 35》）就是一個艱苦的「習」的過程。而在王船山這裡，「思誠」是「習」最重要的工夫，「誠」才能「動志」，「誠」才能「動心忍性」增益其所不能。

王船山的「思誠」與《孟子》的「反身而誠」有著極爲相同的內涵，孟子曰：「反身而誠，樂莫大焉」（《孟子·盡心上 4》）「誠」將爲「思誠者」帶來極大的快樂。子曰：「學而時習之，不亦說乎？」（《論語·學而 1》）孔子認爲「習」會帶來發自內心的喜悅。〈性自命出〉：「養性者，習也。」「《說文·習部》：「習，數飛也。」「習」要像初生的小鳥練習飛行一樣，透過「習」而培養出強壯的翅膀，和能夠駕馭飛翔的能力。

王船山說：「故誠必詫乎仁義禮知以著其用，而仁義禮知靜處以待誠而行。」〔註101〕「仁義禮知靜處以待誠而行」就是指「誠」作爲一種「動能」，會調動「性」中原有的「仁義禮知」，讓原本潛存的「性」呈顯出來，也就是「氣壹動志──志壹動氣」的眞義。《孟子》曰：

〔註99〕 《船山全書》第二冊，頁299。
〔註100〕 張岱年，《中國哲學大綱》，頁304。
〔註101〕 《讀四書大全說·中庸》，卷三，頁161。

居下位而不獲於上，民不可得而治也。獲於上有道：不信于友，弗
獲於上矣。信于友有道：事親弗悅，弗信于友矣。悅親有道：反身
不誠，不悅於親矣。誠身有道，不明乎善，不誠其身矣。是故誠者，
天之道也；思誠者，人之道也。至誠而不動者，未之有也；不誠，
未有能動者也。（《孟子・離婁上 12》）

《孟子》認爲一個人想要有人生與事業上的成功，就需要在「誠」上下
工夫，因此說：「思誠者，人之道也。」一個能夠得到長官信任的人，才能擁
有治理屬下的能力。而一個人要能做到獲得長官的信任，就必須是一個對朋
友誠信的人。如果一個人無法做到對朋友誠信，那麼他必定無法獲得長官的
信任。檢驗一個人是否對朋友誠信，就看他是否能得到父母的歡心，一個能
夠讓父母感到歡心的人，必定是一個能夠對朋友誠信的人。而一個人若要能
夠做到讓父母感到歡心，就需要時時反思自己的行爲舉止，一個無法做到「思
誠」的人，侍奉父母，父母也不會感到快樂。

《孟子》講「思」與「誠」是從人倫日用下工夫，每一個人都有善良的
初始之心──「良心」，每一個人也都有善良的初始之「志」──「四端之心」，
「誠」就是用「思」的方法返源於初始之「志」，當一個人的所作所爲都能符
合眾人的初始之「志」時，就能「悅人」──足以獲得他人的信任與喜悅，
也能夠「樂己」──讓自己感到人生的幸福與發自內心的快樂。從「非語言」
影響力的觀點來看，主體帶來他人心中的「悅」，也可能因此讓主體自己得到
「樂」，因爲「人和人之間『非語言』的意念傳達（即「精」和「精」之間的
互應）。」〔註102〕是可以互相感通，互相影響的。

這就是一個「思誠」的過程，其中「誠」作爲一種「氣」，也作爲一種「動
能」，在人我之間相互感應交流。作爲一個有「志」的君子，就在這樣的修身
過程中，志向不斷提高，生命不斷成長，最終達於「萬物皆備於我矣」而「樂
莫大爲」的理想生命狀態。

陸、結語

林建德說：「現今學界兩種意識概念及意識問題的區分，其中一種是科學

〔註102〕佐藤將之，〈戰國早期的「非語言」統治思想以及其與「誠」概念之結合〉，《政
治科學論叢》第四十三期，民國 99 年 3 月，頁 55。

所能解釋的，而非科學所能說明的則被稱爲艱難問題。」又說：「艱難問題所面對的是現象意識，或稱爲感質的問題，而這是意識問題中棘手的部分。」「意識的主觀經驗、內在感覺的艱難問題，與道德等價值性特質接近，而此艱難問題無法被回答，而可視爲是存在界的一種基本性質，目的之一是使人對道德等價值性的問題做出思考與實踐。」〔註103〕「精氣」的「感應思維」應該屬於哲學上的「艱難問題」，而中國哲學對於「誠」的理解則足以補足「對道德等價值性的問題做出思考與實踐」的功能。

　　鄔昆如說：「理性的極限，應由啓示來補足，正如人性中感官的極限由理性補足一般。」〔註104〕我們可以說「誠」對於中國人的生命觀，就是一種「啓示」。而「氣」作爲生命的元素，卻是具體可感的。孟子曰：「萬物皆備於我矣。反身而誠，樂莫大焉。強恕而行，求仁莫近焉。」（《孟子·盡心上 4》）子曰：「其恕乎！己所不欲，勿施於人。」（《論語·衛靈公 24》）「誠」是善待萬事萬物的一種至善的品格，對於萬事萬物的善，也將得到萬事萬物善的回饋，本文將「誠」作爲一種「氣」來思考，「悅人」與「樂己」的「誠」，將透由人與人之間的溝通交往，相互回報。中國哲學作爲一種生命的學問，需要實踐力行，不斷修正，「恕」就是返回「良心」的自我修正，「誠」的眞義就在其中矣。

參考文獻

參考書目

1. 王夫之，《讀四書大全說》，臺北：河洛圖書出版社，1974 年。
2. 白奚，《稷下學研究——中國古代的思想自由與百家爭鳴》，北京：生活·讀書·新知三聯書店，1998 年。
3. 劉宗賢，〈《管子》四篇的意識論〉，《管子》研究第一輯，淄博社會科學聯合會，趙宗正、王德敏編，山東：人民出版社，1987 年。
4. 楊儒賓，《儒家身體觀》，台北：中央研究院文哲所，1996 年。
5. 陳鼓應，《老子今註今譯》，臺北：商務印書館，1998 年。

〔註103〕林建德，〈從東方哲學論意識問題——以價值實踐爲主的探索——〉，《哲學論集》第四十四期。
〔註104〕鄔昆如，《哲學十大問題》，東大圖書公司。

6. 劉長林、滕守堯，《易學與養生》，台北：大展出版社，2001 年。

7. 顧寶田，〈試論《管子》精氣說的性質〉，《管子》研究第一輯，淄博社會科學聯合會，趙宗正、王德敏編，山東：人民出版社，1987 年。

8. 勞思光，《新編中國哲學史》，臺北：三民書局，1997 年。

9. 黃宗羲，〈孟子師說〉，《黃宗羲全集》第一冊，杭州：浙江古籍出版社，1985 年。

10. 丁茶山，《孟子要義》，《與猶堂全書》，漢城：文獻編纂委員會，1960 年。

11. 焦循，《孟子正義》，北京：中華書局，2015 年。

12. 唐君毅，《中國哲學原論：原道篇》，臺北：台灣學生書局，1986 年。

13. 李明輝，《康德倫理學與孟子道德思考的重建》，臺北：中央研究院中國文哲研究所，1994 年。

14. 顏昌嶢，《管子校釋》，湖南：岳麓書社，1996 年。

15. 黃信二，《孟子與象山心性學之詮釋意涵》，臺北：里仁書局，2014 年。

16. 鄔昆如，《哲學十大問題》，東大圖書公司。

17. 蒙培元，《中國心性論》，臺北：台灣學生書局，1996 年。

18. 陳來，《陳來讀子思竹簡〈五行〉篇講稿》，香港：香港中文大學出版社，2015 年。

19. 崔玖，《信息、人體與醫學——能量醫學簡介》，國立陽明大學傳統醫學研究所，國際醫學科學研究基金會編印，1992 年。

20. 丁原植，〈竹簡《文子》哲學思想〉，《文子新論》，臺北：萬卷樓圖書公司，1999 年。

21. 陳鼓應，《管子四篇詮釋稷下道家代表作》，臺北：三民書局，2003 年。

22. 陳平坤，〈《呂氏春秋》與《淮南子》的感應思維〉，《台灣大學哲學論評》第三十二期，國立台灣大學哲學系，頁 167～222。

23. 王夫之，《船山全書》（第 6 冊），嶽麓書社，2011 年。

24. 張岱年，《中國哲學大綱》，北京：商務印書館，2015 年。

期刊與專書論文

1. 王采淇，〈從儒、道理論比較研究探尋建立道家工夫論之路徑〉，《鵝湖月刊》第三七卷第一期，總號第四三三。

2. 楊儒賓，〈「性命」怎麼和「天道」相貫通的——理學家對孟子核心概念的改造〉，《杭州師範大學學報（社會科學版）》第一期，2010 年。

3. 高正偉，〈論《五行》說文對孟子仁義觀的發展〉，《孔子研究》第 5 期，2012 年。

4. 劉長林，〈氣概念的形成及哲學價值〉，《哲學研究》第 10 期，中國社會

科學院哲學研究所，1991 年。

5. 陳麗桂，〈先秦儒道的氣論與黃老之學〉，《哲學與文化》第卅三卷第八期，2006 年。

6. 傅佩榮，〈解析孔子的人性觀點〉，《哲學與文化》第二十五卷第二期，1998 年。

7. 鄔焜，〈明清哲學家物身、心物關係論中的信息認識論思想〉，《重慶郵電大學學報（社會科學版）》第 20 卷第 4 期，2008 年。

8. 馮國瑞，〈信息科學的認識論探索〉，《現代科學的哲學探索》，北京大學出版社，1993 年。

9. 佐藤將之，〈戰國早期的「非語言」統治思想以及其與「誠」概念之結合〉，《政治科學論叢》第四十三期，2000 年，頁 53～82。

10. 李存山，〈《內業》等四篇的精氣思想探微〉，《管子學刊》第 2 期，1989 年。

11. 黃俊傑，〈孟子知言養氣章集釋新詮〉，《國立台灣大學歷史學系學報》第 14 期，1988 年。

12. 黃俊傑，〈先秦儒家身體觀中的兩個功能性概念〉，《文史哲》第 4 期（總第 313 期），2009 年，頁 40～48。

13. 林建德，〈從東方哲學論意識問題──以價值實踐為主的探索──〉，《哲學論集》第四十四期。

14. 劉文英，〈道家的精神哲學與現代的潛意識概念〉，《跨世紀的中國哲學》，沈清松主編，台北：五南圖書出版公司，2001 年。

15. 岑溢成，〈孟子「知言」初探〉，《鵝湖月刊》第 40 期，1978 年。

16. 黃俊傑，〈從東亞儒學視域論朝鮮儒者鄭齊斗對孟子「知言養氣」說的解釋〉，《哲學評論》第 5 輯，頁 40～55。

17. 劉長林、胡奐湘，〈管子心學與生命的自我超越〉，台灣：東海大學文學院，《中國文化月刊》第 165 期，1993 年。

學位論文

1. 林怡玲，《試探《管子》「精氣」說中的信息科學》，高雄：中山大學中文研究所碩士論文，2003 年。